시 창작 길라잡이

현대시 창작 방법과 실제

김관식 저

도서출판 이바구

책을 펴내며

지금 시 창작론이 필요한 이유

　필자는 1976년 신춘문예 문학평론으로 문단에 나왔다. 그 뒤 문학평론을 쓰게 된 동기는 시를 어떻게 하면 잘 쓸 수 있을까 하는 고심에서 시작했다. 용아 박용철 시인의 시 세계를 정리한 글이 첫 평론이다. 이후 동시 창작 활동과 아동문학 평론을 발표해 왔다. 하지만 시 창작에 대한 미련을 못 버리고 1998년 『자유문학』 시 부문 신인상으로 다시 시단에 나왔다. 시를 쓰면서도 꾸준히 유명 시인의 시를 연구했다. 그리고 나름대로 정리하여 평론집으로 묶어 냈다.
　2010년부터는 이왕 시를 쓰려면 정말 시다운 시를 써 봐야겠다고 결심했다. 그래서 본격적으로 우리나라에서 발간한 시론, 시 창작론을 수집하며 읽기 시작했다. 그러면서 느낀 것은 시 창작 이론서의 체제가 대부분 엇비슷하고 너무 이론에 치우친 점이었다.
　이론과 실기가 따로 편집되어 습작하는 시인에게 별로 도움이 되지 못하고, 오히려 창작 의욕을 위축하게 만든다는 생각이 들었다. 유명 시인의 문학 강연을 찾아다니며 들어봐도 하나 같이 창작 방법을 시원스럽게 언급하지 않았다. 강연자가 잘 알고 있으면서 언급하지 않은 것일 수도 있겠지만, 잘 몰라서 언급하지 않은 것일 수도 있겠다는 생각이 들었다.
　최근 들어 시 창작 이론서가 쏟아져 나오고 있지만 천차만별이다. 잘못된 이론을 용감하게 내세운 책도 있고, 그릇된 창작 방법을 제시한 책도 있다.
　이 책은 기초 습작 이론과 실제에 중점을 두고 엮었다. 그리고 묵혀 두기 아까워하던 차에 도서출판 이바구에서 기꺼이 기획 출판을 허락했다. 필자의 20년 고심은 『현대시 창작 방법과 실제』라는 책으로 드디어 햇빛을 보게 되었다.

  그런 의미에서 이 책은 초보자에게는 기초 습작 이론과 실제, 이미 등단한 시인에게는 한 단계 성숙한 시를 창작할 수 있는 계기가 될 것이라고 확신한다.

  아무쪼록 이 책을 읽고 많은 분이 더 높은 수준의 시를 쓰는 시인으로 거듭나시길 바랄 뿐이다.

2021년 봄, 香山齊에서 저자 김관식

현대시의 창작 방법과 실제

책을 펴내며 : 지금 시 창작론이 필요한 이유 : 5

제1장 내 안의 감정을 시(詩)로 : 11
  시의 태어남 : 12
  묘사와 진술 : 27
  나를 멀리서 보기 : 48
  정서와 이미지 만들기 : 61
  시적 정서 만들기 : 76
  시의 병치 : 88
  시의 대화 : 104
  시의 패러디 : 118
  시의 언어유희 : 135
  데페이즈망 : 150
  랩(RAP)에서 시를 : 168
  이야기 시 : 184

제2장 시인들의 시 창작 : 201

고양이를 소재로
  — 이장희 「봄은 고양이로다」와 황인숙 「나는 고양이로 태어나리로다.」 : 202

시의 공간 인식
  — 백석 「남신의주 유동 박시봉방」과 박목월 「나무」 : 214

감각적 이미지
  — 정지용 「바다 2」와 김광균 「외인촌」 : 226

시적 체험
  — 오장환 「다시 미당리」와 함민복 「눈물은 왜 짠가」 : 241

「풀」을 소재로
  — 김수영 「풀」과 나희덕 「풀포기의 노래」 : 255

시에서의 여백 처리
  — 김종삼 「묵화(墨畫)」와 고진하 「즈므 마을 2」 : 266

관찰을 통한 '몸' 시
  — 김기택 「주정뱅이」와 박혜람 「낡은 침대」 : 279

시와 에코 페미니즘
  — 최승자의 「Y를 위하여」와 박혜경의 「도마뱀」 : 291

제3장 서정시 습작 방법의 실제 : 309

1. 서정시란 무엇인가 : 310
2. 서정시에서 배제해야 할 사항 : 312
3. 시적 발상 : 313
4. 시의 표현(묘사와 진술) : 317
5. 기초 연습 방법 : 321
6. 연극 무대 연출가 가정 무대 배치 훈련 : 326

7. 병치 기법   : 334
8. 시의 제목 붙이는 방법   : 357
9. 습작기 시인의 일반적인 시 경향   : 359

맺음말 : 시를 바라보는 사람   : 362

제1장 내 안의 감정을 시(詩)로

시의 태어남

발상의 시작

　시적 발상이란 우연히 어떤 사물이나 광경을 목격하고 번뜩 떠오르는 생각, 즉 영감을 자신이 경험한 것들과 관련지어서 어떤 이미지의 형태로 연상하고 상상하여 다듬고 재구성하여 하나의 통일된 의미 있는 형태로 창조하는 일련의 행위를 의미한다. 오스본(John Osborne : 영국 1929~1994)은 "발상이란 작품의 아이디어를 산출하는 그 사람 나름의 고유하고 창조적인 이미지의 발상, 즉 작품의 아이디어를 내고 선택하고 구체화하는 과정"이라고 했다.
　좋은 시는 똑같은 소재를 다른 사람과 같은 눈으로 보고 생각한 평범한 것보다는 나름대로 사물을 새롭게 보고 새롭게 창조해낸 발상이 참신한 시를 말한다. 따라서 참신한 발상으로 좋은 시를 창작하려면 기존에 존재하는 사물을 새로운 눈으로 보고 사물과 일체감을 이루도록 고정 관념의 틀을 깨부수는 획기적인 변용이 전제되어야 한다.
　이러한 발상의 원리는 과학자들이나 발명가들의 아이디어를 찾아내는 것과 매우 흡사하다. 이들은 일상생활에서 불편한 점을 개선하기 위해 부단히 노력한다. 다시 말해서 한 사물에 대해서 여러 가지 관점에서 생각해 보고 남이 미처 발견하지 못한 원리를 일상에서 발견해내는 인지 능력을 향상하기 위해 스스로 부단히 노력한다.
　예를 들어 뉴턴이 사과가 떨어지는 것을 보고 물체와 물체 사이에 만유인력이 있다는 과학적인 이론을 체계화시켰다던가, 아르키메데스가 금관의 순도를 알아내기 위해 고민하던 중 우연하게도 목욕탕에서 목욕하다가 욕조에 들어가면 물이 차오르는 것에서 답을 얻었다. 이것은 번뜩 떠오르는 생각을 말한다.

그래서 많은 발명가가 발명품을 만들어 낼 때 흔히 적용하는 발명 아이디어의 발상 기법으로 첫째, 주어진 문제의 속성, 모양, 크기, 색깔, 용도 등을 열거하고 기존의 아이디어와 다르게 재창조하여 새로운 아이디어를 산출해내는 특성 열거법. 둘째, 서로 관계가 없는 사물이나 아이디어를 강제로 연결해 새로운 아이디어를 만들어 내는 사고 기법으로 강제 결합법. 셋째, 아이디어의 좋은 점, 나쁜 점, 흥미로운 점 등을 나열하여 새로운 아이디어를 도출하는 PMI(Plus-Minus-Interesting) 기법. 넷째, 어떤 사물이 어떻게 바뀌었으면 좋겠다는 희망 사항을 열거함으로써 개선 방법을 찾는 사고 기법으로서 희망 열거법. 다섯째, 집단 아이디어를 생성하는 방법으로 여러 사람이 자유스러운 분위기 속에서 많은 아이디어를 내놓고 결합하고 개선하는 브레인스토밍의 단점을 보완하기 위한 사고 기법으로 말을 하지 않고 기록하는 브레인라이팅 기법 등을 적용하여 발명품을 만들어 내고 있다.

이러한 다양한 발명 기법으로 새로운 발명품이 만들어지는 것과 같이 시의 발상법도 똑같은 원리에 의해 시가 완성된다. 다만 새로운 발명품을 만들어 내기 위해 발명가들은 다양한 발명 기법으로 아이디어를 창출하고, 이에 가장 적합한 재료를 사용하여 발명품이라는 새로운 물건을 만들어 낸다면, 시의 발상은 경험을 중심으로 시상을 형성하는 아이디어를 창출하여 시로 형상화한 언어를 소재로 한 편의 시를 완성하는 것이 다를 뿐이다.

정리하자면, 시 창작을 위한 발상은 영감에 의해 아이디어를 생성하게 되며, 이 과정에서 시적 변용 과정과 재창조하는 형상화 단계를 거쳐 이미지로 성숙시켜 나가는 과정이 바로 시적 발상이다.

시의 태어남

우리들의 잠재의식 속에 있는 경험들이 어떤 사물을 보는 순간 수면 위로 번뜩 떠오르게 된다. 이를 시적인 영감이라고 하는데 즉, 시적 영감은 발명의 원리에서 아이디어가 떠오르는 순간적인 이미지라고 할 수 있다. 이러한 시적 영감을 감각적인 발상으로 채택하여 자신의 경험이나 정서를 바탕으로 구조화된 시상, 형상화하여 쓸거리를 창조해내는 인지적, 정의적인 활동을 우리는 시적인 발상이라고 한다. 따라서 발상은 시의 구체적인 출발점으로 시적 대상으로부터 시적 진실을 발견하는 일련의 과정이라고 볼 수 있다.

발상 단계는 머릿속에서 떠오르는 아이디어로 연상 작용을 거쳐 여러 유사 이미지와 융합하여 관념의 상태를 구체적인 이미지나 사물로 변용하게 되며, 이때 가장 적합한 시어를 선택하여 표현하게 되는데, 시어는 발명품의 재료에 해당한다.

가장 적합한 재료가 적절하게 결합할 때 유용한 발명품이 만들어지듯 시 창작 과정에서 형상화라는 설계도가 완성되었더라도 그에 꼭 알맞은 시어로 표현되어야 비록 허구이지만, 허구가 아닌 진실로 받아들여지게 된다. 누구나 공감할 수 있는 객관적인 상관물을 통해 정서를 환기해야 공감을 얻게 되는 것이다. 이때 주관적인 자기감정을 억제하지 못하면, 주관적인 정서에 머물러 독자들에게 공감을 주지 못하는 주관적인 발상으로 남게 된다. 따라서 결국 혼자만의 넋두리 같은 시가 되고 만다.

시적 발상은 꾸준한 훈련을 통해 창의적인 인지 능력을 신장시킬 수 있는데, 바로 훌륭한 시인은 이러한 훈련 기간을 많이 거쳤기 때문에 남보다 좋은 시를 쓸 가능성을 지니게 되는 것이다. 바로 창의적인 인지 능력을 신장시키기 위해 좋은 시를 읽고 감상하고 많이 써 보는 꾸준한 훈련 기간을 습작기라 한다.

훌륭한 시인은 이러한 인지 능력의 신장을 위해 신인의 자세로 꾸준히 훈련한다. 이러한 노력이 없으면 타성에 빠지게 된다. 따라서 시인은 시 창작을 하면서 기쁨과 희열을 느끼는 사람을 말하며,

평생을 숙명처럼 시 창작을 위해 노력하는 과정에 있는 사람이다. 따라서 시를 쓰지 않고 멈추는 순간은 시인이 아니다. 시인의 칭호를 한 번 얻고 시를 쓰지 않으면서 시인 노릇을 하는 행위는 자신을 기만하는 일이다.

따라서 시인이라는 칭호는 시를 창작하는 과정에 붙여진 것이다. 자칫 시를 쓰지 않으면 스스로가 시인임을 포기하는 일이며 진실을 전달하는 시인의 숙명을 저버린 허위적인 행동으로 명리적인 가치에만 집중하게 된다.

운동선수가 운동하지 않으면 몸이 굳어 운동선수의 역할을 할 수 없는 것처럼 시인이 시를 쓰는 일을 일상화하지 않으면 시적인 발상력이 마비된다.

결과적으로 시인은 습작을 많이 할수록 창의적인 인지 능력이 신장되는 것이다. 이렇게 습작을 통해 주어진 시간 내에 정해진 주제로 가능한 많은 아이디어를 생각해내는 발상의 속도가 빠르고, 다른 사람들보다 월등한 아이디어를 생성해내는 능력으로 유창성(流暢性), 다른 형태의 사고방식으로 아이디어를 도출해내는 유연성, 새로운 아이디를 생산해내는 독창성, 다소 엉성한 핵심 아이디어를 구체화하거나 섬세하게 만들어 내는 정교성이 길러진다.

이러한 창의적인 인지 능력을 일컬어 창의성이라 부르고 훌륭한 시인은 선천적으로 창의성이 뛰어난 시인도 있지만, 대부분 후천적으로 여러 시인의 좋은 시를 읽고 다양한 기법을 익히기 위해 꾸준히 시 창작 활동을 생활화하여 독특한 시 세계를 구축하게 된다.

습작이란 결국 자신만의 독특한 시적인 발상 기법을 익히는 과정으로 시인이 죽을 때까지 숙명처럼 습관화해 나가야 할 과업이라고 할 수 있다.

이러한 시적 발상은 경험→발상(영감 : 순간적 이미지, 연상, 변용)→형상화→시어 표현→시→퇴고의 과정으로 한 편의 시가 완성된다. 시를 발상할 때 기본은 경험을 바탕으로 시적인 소재와 내면적인 정서를

시의 태어남

결합한 이미지를 생성하고, 독백적 진술, 권유적 진술, 해석적 진술로 시상을 펼쳐 나가거나 감각적으로 서경적으로 묘사, 심상적인 묘사, 서사적인 묘사 등으로 시적 대상을 사실적으로 또는 변형하여 묘사하는 방법을 기본으로 한다. 따라서 경험은 시적 발상의 가장 기본적인 원천이라고 할 수 있다.

여러 가지 시적 발상법

① 현장 취재 진술형

　시인이 직접 시의 화자로 등장하고, 과거의 경험을 변용하여 진술하는 발상법이 있다. 습작 단계에서는 단순하게 과거에 체험한 것을 그대로 감각적으로 모상(模象)해 내는 기억을 재생적 상상이라고 하고 이때의 이미지를 재생적 이미지라 한다. 이 단계에서 재생적 상상력에 의해 채택한 이미지는 단순히 시의 소재를 나열해 놓은 상태에 불과하다.

　좀 더 나아가 두 가지 이상의 관련 이미지를 유사성으로 병치하거나 결합하여 새로운 이미지를 만들어 내는 연합적 상상력으로 재창조해내야 비로소 시적인 발상이 구체화 된다. 이것이 재생적 상상력보다 더 발전된 형태가 연합적 상상력인데, 두 가지 이상의 이미지가 유사성을 바탕으로 합치되면서 새로운 이미지가 창출된 것이다. 경험 그 자체를 그대로 그려 내는 재현적 이미지의 발상법보다는 여러 관련 이미지를 연결한 연합적 이미지나 창조적인 이미지로 시를 발상할 때 시적인 효과를 거둘 수 있게 된다.

　따라서 좋은 시는 좋은 발상에서 나오게 되며, 이때 시인에 따라 그 시인만이 가지고 있는 독특한 느낌을 환기시킨다. 이는 시인만의 독특한 시상을 구성하는 형상화의 차이 때문이다.

2004년 동아일보 신춘문예 시 부문 당선작인 김성규의 「독산동 반지하동굴 유적지」는 신문이나 텔레비전 뉴스에 보도된 화재 사건으로 반지하에 살던 일가족이 죽은 사건 현장에 관해 유적지를 탐사하는 기자의 시선으로 발상한 시이다.

　　　가슴을 풀어헤친 여인,
　　　젖꼭지를 물고 있는 갓난아기,
　　　온몸이 흉터로 덮인 사내
　　　동굴에서 세 구(具)의 시신이 발견되었다
　　　시신은 부장품과 함께
　　　바닥의 얼룩과 물을 끌어다 쓴 흔적을 설명하려
　　　삽을 든 인부들 앞에서 웃고 있었다
　　　사방을 널빤지로 막은 동굴에서
　　　앞니 빠진 그릇처럼
　　　햇볕을 받으며 웃고 있는 가족들
　　　기자들이 인화해 놓은 사진 속에서
　　　들소와 나무와 강이 새겨진 동굴 속에서
　　　여자는 아이를 낳고 젖을 먹이고
　　　사내는 짐승을 쫓아 동굴 밖으로 걸어 나갔으리라
　　　굶주린 새끼를 남겨 놓고
　　　온몸의 상처가 사내를 삼킬 때까지
　　　지쳐 동굴로 돌아오지 못했으리라
　　　축 늘어진 젖가슴을 만져보고 빨아보다
　　　동그랗게 눈을 뜬 아기
　　　퍼렇게 변색된 아기의 입술은
　　　사냥용 독화살을 잘못 다루었으리라
　　　입에서 기어 나오는 구더기처럼
　　　신문 하단에 조그맣게 실린 기사가
　　　눈에서 떨어지지 않는 새벽
　　　지금도 발굴을 기다리는 유적들
　　　독산동 반지하동굴에는 인간들이 살고
　　　　　　　― 김성규, 「독산동 반지하동굴 유적지」 전문

시적 대상을 어떠한 시각으로 바라보느냐에 따라 시상의 전개가 달라진다. 가난한 달동네에서 살아가는 가난한 빈민 가족의 화재로 인한 죽음을 사실적으로 유적지 발굴단의 눈으로 그려 냈다는 점이 이 시인만이 가진 독특한 발상법이다.

이러한 현장 취재 경험의 진술형 발상법은 화자가 마치 기자이거나 유적지 발굴에 참여한 고고학 관련자처럼 생생하게 현장 보고 진술하는 형식의 발상과 형상화로 긴장감을 조성한다.

② 경험의 고백적 진술형

경험의 고백적 진술형은 화자인 '나'가 직접 등장하여 자신의 경험을 진술하는 방법이 있고, 또 다른 형태는 화자를 자기의 분신이나 타자를 등장시켜 화자의 입장을 대신하여 진술하는 형태가 있다.

화자인 '나'가 직접 등장하여 자신의 경험을 진솔하게 고백하는 형식으로 주로 시인들이 어린 시절에 경험한 일들을 떠올리듯 진술하는 발상법이다. 습작기에 있는 시인뿐만 아니라 많은 시인이 경험의 고백적 진술형 발상법을 적용하고 있다.

많은 시인이 흔히 적용하는 방법으로 주로 재생적인 상상력에 의해 경험을 진술하기 때문에 주관에 치우칠 우려가 있다. 이 경우 시적 변용의 과정이 없는 이야기체로 진술하는 화자는 이야기꾼의 역할을 담당하여 진술한다. 이때 화자의 정서적인 개입을 최소화하는 대신 자신의 이야기를 전적으로 객관화하고 비인격화된 하나의 동질적인 기억[1]에 의존하여 경험을 객관적으로 진술해야 한다. 자칫하면 산문과 시의 경계가 모호해질 우려가 있으며, 체험을 시적으로 승화시키지 못하고 사향(思鄕) 의식을 관념 상태로 진술할 우려가 있다. 이때 관념 상태의 표현은 관념 속의 형상화와 시적인 형상화를 엄

---

[1] S. Langer, 이승훈 역, 1993, pp.237-242.

격하게 구분하는 서술 방법을 익히지 않으면 시적인 형상화가 실패한 경험의 나열에 그치고 만다는 사실을 꼭 기억해 두어야 한다. 화자인 '나'가 직접 등장하여 자신의 경험을 진술하는 방법으로 발상한 시를 소개하면 다음과 같다.

> 툭하면 아버지는 오밤중에
> 취해서 널브러진 색시를 업고 들어왔다.
> 어머니는 입을 꾹 다문 채 술국을 끓이고
> 할머니는 집안이 망했다고 종주먹질을 해댔지만,
> 며칠이고 집에서 빠져나가지 않는
> 값싼 향수내가 나는 싫었다.
> 아버지는 종종 장바닥에서
> 품삯을 못 받은 광부들한테 멱살을 잡히기도 하고,
> 그들과 어울려 핫바지 춤을 추기도 했다.
> 빚 받으러 와 사랑방에 죽치고 앉아 내게
> 술과 담배 심부름을 시키는 화약장수도 있었다.
>
> 아버지를 증오하면서 나는 자랐다.
> 아버지가 하는 일은 결코 하지 않겠노라고.
> 이것이 내 평생의 좌우명이 되었다.
> 나는 빚을 질 일을 하지 않았다.
> 취한 색시를 업고 다니지 않았고,
> 노름으로 밤을 지새지 않았다.
> 아버지는 이런 아들이 오히려 장하다 했고
> 나는 기고만장했다. 그리고 이제 나도
> 아버지가 중풍으로 쓰러진 나이를 넘었지만,
>
> 나는 내가 잘못했다고 생각한 일이 없다.
> 일생을 아들의 반면교사로 산 아버지를
> 가엾다고 생각한 일도 없다. 그래서
> 나는 늘 당당하고 떳떳했는데 문득
> 거울을 보다가 놀란다. 나는 간 곳이 없고
> 나약하고 소심해진 아버지만이 있어서,

> 취한 색시를 안고 대낮에 거리를 활보하고,
> 호기 있게 광산에서 돈을 뿌리던 아버지 대신,
> 그 거울 속에는 인사동에서도 종로에서도
> 제대로 기 한번 못 펴고 큰소리 한번 못 치는
> 늙고 초라한 아버지만이 있다.
>
>   ― 신경림의 「아버지의 그늘」 전문

 이 시는 아버지에 대한 기억을 소재로 화자 자신의 삶을 투사하여 깨달음을 제시하는 서술적인 자세를 보인다. "투기성이 있고 술과 여자를 좋아하는 아버지"의 가부장적인 가정 문화를 사실적으로 묘사한 시다. 시적 화자는 아버지의 이야기와 자신의 감정을 혼합한 고백적 진술과 묘사로 한 시적 발상으로 단순하고 알기 쉬운 기억에 의존한 발상법이다.
 1연에서 아버지에 대한 기억을 떠올리고 있고, 2연에서 유년 시절 아버지 나이가 된 현재까지 살아온 아버지와 관련된 경험 이야기, 3연에서 아버지보다 더 못한 현재 자신의 모습에 대한 깨달음을 고백하고 있다.
 다음은 화자를 자기의 분신이나 타자를 등장시켜 화자의 입장을 대신하여 진술하는 형태의 김선향의 시 「안녕, 엄마」를 소개하면 다음과 같다.

> 엄마, 그거 알아? 난 노점상에서 떨이로 사 온 귤 대신 고디바 초콜릿이고 싶었어. 단화를 신고 온종일 마트에서 일하는 엄마 같은 여자, 생리휴가도 없이 서서 피 흘리는 가장은 사절이야. 내가 엄마를 고를 수 있다면 킬힐을 신고 거릴 활보하는 여자를 골랐을 거야. 노동이라곤 모르는, 죄의식이라곤 티끌만큼도 없는 그런 여자 말야. 애초에 엄마 자궁은 비정규직처럼 허술했어. 하수도처럼 어둡고 비좁았지. 어쩌지? 의사 선생님이 계류유산이라고 말하자 안도하는 엄마 얼굴 다 봤어. 내가 이해할게. 난 반 근짜리 고깃덩어리. 신경 쓰지 마. 내가 위로해줄게. 수시로 도려내는 엄마 발바닥의 굳은살이 글쎄 차오르듯 엄만 늘 슬프니까. 눈빛사막달저수지

생인손디즈니랜드카니발꽃그늘몽고반점편도…다만 이런 것들이 조
금, 아조 조금 궁금했을 뿐야. 엄마, 안녕. 쿨하게 안녕.
― 김선향의 「안녕, 엄마」 전문

    화자는 '나'의 뱃속에 들어 있는 계류유산의 태아이다. 계류유산이란 임신 초기에 발생하는 유산의 한 종류를 말한다. 보통 태아가 사망하면 아기집 밖으로 태아와 태반이 동시에 배출되지만, 태아가 엄마 뱃속에서 사망 후에도 자궁 밖으로 나오지 않고 아기집 안에 그대로 머물러 있는 상태를 말한다. 이런 상태의 엄마 뱃속에 있는 죽은 태아가 엄마의 입장을 대변하여 고백하는 진술의 형태로 구성한 유산 경험의 시이다. 이처럼 일터에서 고통을 겪는 여성의 아픔을 죽은 태아를 화자로 등장시켜 진술함으로써 임산부가 열악한 상황에서 일해야 하는 사회 현실과 여성의 입장을 사실적으로 진술하고 있다.

③ 경험의 고백적 묘사형

    과거의 경험을 발상할 때 주로 고백적 묘사로 서술하는 방법이다. 자신을 둘러싼 기억 속에서의 주변인들을 등장시키는 시적 발상의 유형으로 이야기꾼으로서 역할을 극대화하는 구비 서사시로 변용하는 발상법이다. 신화적인 모티브로 인유나 판소리 가락을 변용하여 주변인들을 묘사한다. 이런 특이하고 독특한 발상법으로 시를 빚은 서정주 시인의 「눈들 영감의 마른 명태」가 있다.

    〈눈들 영감 마른 명태 자시듯〉이란 말이 또 질마재 마을에 있는데요. 참, 용해요. 그 딴딴히 마른 뼈다귀가 억센 명태를 어떻게 그렇게는 머리끝에서 꼬리끝까지 쬐끔도 안 남기고 목구멍 속으로 모조리 다 우물거려 넘기시는지. 우아랫니 하나도 없는 살짜리 늙은 할아버지가 정말 참 용해요. 하루 몇십 리씩의 지게 소금장수인

시의 태어남

이 집 손자가 꿈속의 어쩌다가의 떡처럼 한 마리씩 사다 주는 거
니까 맛도 무척 좋은 테지만 그 사나운 뼈다귀들을 다 어떻게 속
에다 땀 담는지 그건 용해요. 이것도 아마 이 하늘 밑에서는 거의
없는 일일 테니 불가불 할수없이 神話의 일종이겠읍죠? 그래서 그
런지 아닌게 아니라 이 영감의 머리에는 꼭 귀신의 것 같은 낡고
낡은 탕건이 하나 얹히어 있었습니다. 똥구녁께는 얼마나 많이 말
라 째져 있었는지, 들여다보질 못해서 거까지는 모르지만…….
— 서정주의 「눈들 영감의 마른 명태」 전문

눈들 영감은 화자가 어린 시절에 보았던 인물이다. 마을 사람들의 존경을 받는 인물이나 마을 아이들이 바라보고 있어도 아랑곳하지 않는 인색한 인물로 묘사하고 있다. 질마재 마을의 인물에 얽힌 이야기를 인물의 경험이나 이야기를 인유하여 고백적 묘사형으로 시적 발상을 할 수 있다.

④ 심상적 묘사의 발상

생활 속에서 밤을 잘랐을 때 밤 속에서 벌레가 나온 경험을 화자의 내면 정서와 결합하여 심상적 이미지로 묘사하는 시적 발상이 있다. 들려주는 신화적인 발상으로 구성한 시이다. 이처럼 특정한 지역에 전해 오는 전설과 세심한 사물의 관찰력을 바탕으로 내면 정서의 심상과 결합하여 의미를 확장해 나가는 발상법이다. 아래 시의 발상법은 심상적 묘사의 발상으로 시상을 전개한 시이다.

갓 삶은 뜨끈한 밤을 큰 칼로 딱, 갈랐을 때
거기 내가 누워있는 줄 알고 소스라치게 놀랐다
벌레가 처음 들어간 문, 언제나 처음은 쉽게 열리는
작은 씨방 작은 알 연한 꿈처럼 함께 자랐네
통통하니 쭈글거리며 게을러지도록 얼마나 부지런히 밥과 집을
닮아갔는지

> 참 잘 익은 삶
> 딸과 딸과 딸이 둘러앉아 끝없이 밤을 파먹을 때마다
> 빈 껍질 쌓이고 허공이 차오르고 닫힌 문이 생겨났다
> 말랑한 생활은 솜털 막을 두르고 다시 단단한 문을 여미었다
> 강철 같은 가시는 좀도둑도 막아주었다
> 단단한 씨방 덜컹덜컹 뜨거워지는데
> 온 집을 두드려도 출구가 없네
> 달콤한 나의 집, 차오른 허공이 다시 밥으로 채워질 때, 혹은 연탄가스로 뭉실뭉실 채워질 때
> 죽음은 알밤처럼 완성된다
>
> 죽음은 원래가 씨앗이기 때문이다
> ― 이소회의 「율가(栗家)」 전문 (2018 부산일보 신춘문예 당선작)

 이 시는 밤나무의 밤 열매를 세밀하게 관찰하고 떠오른 이미지를 하나의 가족 생태계로 의인화한 리좀(Rhizome)적 생성 사고로 발상한 시이다. 벌레와 화자를 일체화시켜 딱딱하게 잘 익은 밤 열매를 가족으로 의인화하여 발상했는데, 발명 아이디어 기법의 특성 열거법을 활용하고, 밤 열매+가족의 더하기 기법을 활용하여 발상한 시이다.
 밤송이를 가족과 비유하여 "강철 같은 가시는 좀도둑도 막아 주"는 역할, "단단한 씨방 덜컹덜컹 뜨거워지는데"라는 밤을 굽는 경험, "온 집을 두드려도 출구가 없네"라는 세상과 단절된 가족의 상상력으로 은유하여 "죽음은 원래가 씨앗이기 때문이다"라는 종의 번식을 위한 사유는 하나의 생명이 소멸함으로써 새로운 생명의 씨앗으로 종족이 번식한다는 수목적 사유의 중심에 의해 의미화, 주체화된다. 이는 식물적인 소재를 자세하게 관찰하고 리좀적 사유에 의한 심상적 묘사로 깊은 인생의 의미를 상징적으로 드러내는 발상법이다. 리좀은 돌뢰즈와 가타리의 공저 『천 개의 고원』에 등장하는 은유적 용어, 혹은 철학 용어로 원래 지하경(地下莖)을 의미하며, 가지가

흙에 닿아서 뿌리로 변화하는 지피식물들을 표상한다는 의미를 지닌 말이다.

⑤ 서사적, 암시적 묘사의 발상

　시의 발상은 경험과 상상력에서 시작한다. 최근의 신춘문예 유형의 시들은 경험과 상상력을 엉뚱하게 결합하여 서사적으로 시상을 전개해 나가기도 하고, 암시적 묘사로 발상한 시를 창작하기도 한다. 이러한 경험과 자연 풍광과 역사적 상상력을 교묘하게 강제 결합한 아이디어 발상법으로 발상하면 참신한 시를 창작할 수 있다.

> 파르티잔들이
> 노모의 흐린 눈에 가을을 찔러 넣는다.
> 　턱밑에 은빛 강물을 가두고 은어 떼를 몰고 간다.
> 쿵! 폭발하는 나무들.
> 온통 달거리 중인 대봉 밭에
> 감잎 진다.
> 며느리가 먹여주고 있는 대봉을
> 다 핥지 못하고
> 뚝뚝, 생혈(生血)을 떨구는 어머니.
> 남편과 아들이 묻힌 지리산 골짜기
> 유골을 찾을 때까진 살아 있어야 한다고
> 삽을 놓고 우는 섬진강변.
> 귀를 묻고 돌아오는 저녁.
> 　　― 김이솝의 「대봉」 전문 (2016 경인일보 신춘문예 당선시)

　일반인들에게는 생소한 외래어 "파르티잔"을 첫 행에 등장하여 생소한 호기심을 자극하는 수법으로 후방 교란 작전의 비정규군 의미를 지닌 "파르티잔"의 이미지를 "노모의 흐린 눈에 가을을 찔러 넣는다."라고 "노모의 흐린 눈"에 가을이라는 관념적인 상황을 찔러 넣고, "턱밑에 은빛 강물을 가두고 은어 떼를 몰고 간다."라고 사람의 신체를 자연의 풍경으로 즉물적이고 역동적으로 묘사하고 있다. 가을바람이라는 본의를 드러내지 않은 채 "온통 달거리 중인 대봉 밭에/ 감잎 진다"로 신체 은유화한 대봉 밭의 풍경을 서사적으로 묘사하고 있다.

임종을 앞둔 어머니와 가을, 대봉의 이미지가 유기적으로 결합하여 삶과 죽음의 의미를 "남편과 아들이 묻힌 지리산 골짜기/ 유골을 찾을 때까진 살아 있어야 한다고"라는 민족의 역사적인 아픈 지리산 빨치산 사건으로 유골을 찾지 못한 서사적 묘사가 섬진강 변의 자연 풍광과 어우러져 극도의 서정성과 "귀를 묻고 돌아오는 저녁"의 암시적 묘사로 발상법 등 발상의 방법은 다양하다.

발상법의 적용

자신만의 발상법을 위해서는 우선 좋은 시를 많이 읽고 깨우쳐야 한다. 이를 위해서는 발명의 아이디어 생성법을 활용하여 독창적인 영감을 구체화해야 하는데, 그 구체적인 방법으로 다양한 이미지로 연상하여 나름대로 질서를 부여하는 형상화 작업과 병행하여 시작한다. 이렇게 형상화된 시상은 자신의 경험과 관련지어 묘사와 진술로 발상 작업을 구체화한다.

그리고 앞에서 현장 취재 진술형, 경험의 고백적 진술형, 경험의 고백적 묘사형, 심상적 묘사의 발상, 서사적, 암시적 묘사의 발상, 그리고 초현실주의 기법인 데페이즈망 기법을 적용하여 발상하고 시상을 전개해 나가면 좋은 시가 창작된다.

해마다 일간 신춘문예 당선 시의 경향을 보면, 대부분 독창적인 발상으로 시상을 전개해 나간 시들이 뽑히고 있다. 그만큼 시의 발상은 누구에게나 참신함과 새롭다는 인식을 심어 주는 역할을 하게 될 뿐만 아니라 공감이 가는 좋은 시를 창작하게 되는 기본 요건이 된다.

대부분의 신춘문예 당선 시들이 참신한 발상과 고백적 진술에 의존하는 까닭은 첨단 미디어 문화에 의한 인간성의 단절된 시대 상황에서 새로움을 지향하는 인간의 소망과 가장 일치되고, 그에 적합한 표현이기 때문이다.

앞으로의 경향은 4차 산업 시대 인간이 더욱 기계의 힘에 의존하여 인간성을 갈구하는 휴머니즘적인 경향의 시나 인간으로서 존재성을 찾아가는 리좀적인 사유로 내면의 목소리를 형상화하고 독백적으로 진술하는 '나'의 내면 묘사와 진술의 시가 당선작으로 선정될 것으로 전망된다.

시는 결국 당대의 현실을 반영하므로 오늘날 지구촌의 사회가 한 가족으로 살고 있고, 또한 세계 각국에 이주해서 살아가는 시대이기 때문에 앞으로 트랜스 내셔널리즘 경향을 반영한 시가 많이 등장할 것이다.

묘사와 진술

 시의 표현은 묘사와 진술로 이루어진다. 묘사에 의존하여 표현한 시와 진술로 풀어서 표현한 시, 묘사와 진술을 섞어서 표현한 시 등 시인의 시적 특성에 따라 달라진다.

좋은 시는 묘사가 좋다

 묘사란 사물을 있는 그대로 그려 내는 시의 표현 방법으로 시적 대상의 시각적인 현상이나 고유한 성질, 중심적인 인상 등을 감각적이고 구체적으로 그려 내는 것이다. 시 표현에서 묘사가 시적인 정서를 가장 효과적으로 드러낸다. 대부분 설명과 묘사를 구분하지 못하고 혼돈하게 되는데 설명은 시의 문학성을 이완시키는 역할을 하지만, 묘사는 시의 문학성을 극대화하는 기능을 하는 만큼 좋은 시의 비결은 시적 대상을 어떻게 잘 묘사하느냐에 달려 있다. 또한, 현대시가 음악성보다는 회화성을 바탕으로 하고 있다는 점에서 묘사는 현대시의 가장 두드려진 특징이다.

묘사와 진술

묘사의 종류

묘사는 시적 대상의 어느 부분, 즉 외형에 초점을 맞춘 묘사, 화자의 내면세계에 초점을 맞춘 묘사, 시적 대상의 시간적인 연속성에 초점을 맞춘 묘사 등 화자의 시적 대상의 표현 관점에 따라 서경적 묘사, 심상적 묘사, 서사적 묘사로 구분된다. 이러한 세 가지의 관점과 구조는 각각 외부의 경치를 중심으로 풍경화를 그리는 듯이 묘사하는 서경적 구조, 화자의 심리적인 내면 정서와 보이지 않는 심리적 공간에 초점을 맞추어 묘사하는 심상적 구조, 그리고 시간의 연속적인 흐름을 이야기로 구성하는 서사적 구성으로 시적인 대상의 관점과 짜임으로 여러 각도에서 형상화되고 표현된다.

또한, 시적 대상을 어떤 방법으로 또는 어떤 목적으로 묘사하느냐에 따라 정보 전달을 위주로 한 설명적 묘사와 암시적 묘사로 나누어진다. 여기서 암시적 묘사는 시적 대상에 화자의 심리를 어떻게 투영하여 나타내느냐에 따라서 객관적 묘사와 주관적 묘사로 구분할 수 있다.

1) 시적 대상을 어느 부분을 묘사하느냐에 따라

① 서경적 묘사 : 시적 대상의 외형적인 특징을 중심으로 화자가 느낀 것을 존재하는 현상 그대로 그려 내는 것.
② 심상적 묘사 : 시적 대상을 보고 화자가 마음속에 떠오르는 내면 풍경을 그려 내는 것.
③ 서사적 묘사 : 시적 대상과 관련된 사건이나 시적 대상의 역사적인 변화 현상을 시간 흐름에 따라 연속적으로 연결하여 그려 내는 것.

2) 시적 대상의 묘사 방법과 목적에 따라

① 설명적 묘사 : 시적 대상에 대한 정보를 알려주기 위한 목적으로 대상의 모든 특징이 자세하게 드러냄으로써 읽는 이의 이해를 돕도록 그려 내는 것.
② 암시적 묘사 : 시적 대상에 대한 핵심적인 강한 인상을 그려 냄으로써 시적 대상의 이면에 숨겨진 진실이나 정황을 암시하도록 변죽만을 그려 내는 것으로 시에서 가장 많이 활용하는 창작 방법이다.

3) 암시적 묘사의 세분화 : 시적 대상에 화자의 심리가 투영되느냐의 여부에 따라

① 객관적 묘사 : 화자가 이미 선정한 시적 대상의 한 장면이나 상황을 통해 꼼꼼한 현장감과 사실성에 초점을 맞추어 암시하여 그려 내는 것으로 되도록 글쓴이의 주관이 개입하지 않는다. 주로 소설에서 많이 적용된다.

> 짐승 같은 달의 숨소리가 손에 잡힐 듯이 들리며, 콩포기와 옥수수 냄새가 한층 달에 푸르게 젖었다. 산허리는 온통 메밀밭이어서 피기 시작하는 꽃이 소금을 뿌린 듯이 흐뭇한 달빛에 숨이 막힐 지경이다. 붉은 대궁이 향기같이 애잔하고, 나귀들의 걸음이 가볍다.
> ― 이효석의 「메밀꽃 필 무렵」 일부

위의 예는 이효석의 소설 「메밀꽃 필 무렵」의 한 장면이다. 달빛이 비치는 밤의 정경을 공감각적인 이미지를 동원하여 묘사했다. 서정적인 분위기를 암시할 수 있도록 적절한 직유적인 표현을 활용하여 암시적이고 객관적으로 청각적 이미지를 활용하여 역동적으로 가

묘사와 진술

시화했다.

> 낙엽은 폴란드 망명 정부의 지폐
> 포화(砲火)에 이지러진
> 도룬 시의 가을 하늘을 생각케 한다.
> 길은 한 줄기 구겨진 넥타이처럼 풀어져
> 일광(日光)의 폭포 속으로 사라지고
> 조그만 담배 연기를 내뿜으며
> 새로 두 시의 급행열차가 들을 달린다.
> 포플러 나무의 근골(筋骨) 사이로
> 공장의 지붕은 흰 이빨을 드러낸 채
> 한 가닥 구부러진 철책(鐵柵)이 바람에 나부끼고
> 그 위에 셀로판지로 만든 구름이 하나.
> 자욱한 풀벌레 소리 발길로 차며
> 호올로 황량(荒凉)한 생각 버릴 곳 없어
> 허공에 띄우는 돌팔매 하나
> 기울어진 풍경의 장막(帳幕) 저쪽에
> 고독한 반원(半圓)을 긋고 잠기어 간다
> ― 김광균의 「추일서정(秋日抒情)」 전문

위 김광균의 「추일서정(秋日抒情)」은 화자의 감정을 최대한 절제하면서 시적 대상을 주지적 성향의 관점에서 공감각적인 이미지를 적절히 사용하여 시적 대상을 객관적, 암시적, 상징적으로 그려 냈다.

② 주관적 묘사 : 시적 대상에서 화자만이 느낀 심리적이고 감각적으로 대상을 파악하는 것을 암시하여 그려 내는 것을 말한다.

> 꽃이 문을 쾅 닫고 떠나 버린 나무 그늘 아래서
> 이제 보지 못할 풍경이, 빠끔히 닫힌다
> 보고도 보지 못할 한 시절이 또 오는 것일까
> 닫히면서 열리는 게 너무 많을 때

몸의 쪽문을 다 열어 놓는다
바람이 몰려와 모서리마다 그늘의 알을 낳는다
온통 혈관이고 살이 축축한 짚벼늘이 느껴져
아주 오랫동안 지나간 것들의 무늬가 잡힐 듯한데…

꽃 진 그늘에는 누가 내 이름을 목쉬게 부르다가
지나간 것 같아
꿈이나 사경을 헤맬 때 정확히 들었을 법한 그 소리가
왜 전생처럼 떠오르는 것일까

그늘은 폐가다 그것은 새집이나 마찬가지
나는 폐가의 건축자재로 이뤄졌다
태양이 구슬처럼 구르는 정오. 꽃그늘에 앉으면
뒤돌아서 누가 부르는 것 같아
부르다 부르지 못하면 냄새로 바뀐다는데
뒤돌아서 자꾸만 누가 부르는 것을 참을 수 없어
나무를 꼭 껴안아 보는데
나무에선 언젠가 맡았던 냄새가 난다

— 조영민의 「목련꽃」 전문

조영민의 「목련꽃」이 지고 난 뒤의 정경을 "보고도 보지 못할 한 시절이 또 오는 것일까" 화자의 상상력을 바탕으로 시적 대상에서 느낀 심리적이고 감각적인 것을 암시하여 생생하게 그려 내고 있다.

산벚나무의 그림자를 모아 편지를 썼다. 흘림체의 그늘에 말린 첫인사는 푸른색이었다. 흔들리는 숲의 잎맥으로 바람의 안부를 물었다. 봄바람은 꽃을 들고 학생부군청주한씨영준지묘를 기웃거리며 서찰의 서두를 생각 중이었다. 문맥의 파동에 떠밀려 꽃잎들이 순하게 하늘로 풀렸다.

평생 나무 그림자로 가계를 키워낸 아버지 스물세 살 맨주먹을 나무뿌리 밑에 숨기고 산맥을 오르내렸다. 잎사귀를 뜯어내며 나뭇

가지를 분지르며 바람에 떠밀려가는 민둥산을 따라다녔다. 삼림청 산림계 말단직원으로 박봉의 자리마다 푸른 그늘이 채워졌다. 그때마다 나무들은 허공에다 아버지의 편지를 썼다.

　넓은 잎사귀의 사연들이 도봉산 발치 아래로 모여들었다 고향집 목련나무가 봄의 겉봉을 뜯기 시작하면 새들의 노랫소리가 낮아졌다 성황당 기억 너머 무위의 땅 그린벨트에 낮게 엎드린 당신의 안부를 만났다 골필로 써내려간 문장들이 흘림체로 날렸다

　봄날 우편함을 열면 숲에서 보낸 싱싱한 잎맥의 글씨체가 가득했다. 푸른 숲 공무원으로 아버지는 죽어서도 푸른숲우체국장이 되었다. 발신자 없이 배달되는 봄편지에서 꽃잎우표를 붙였다가 떼어낸 산벚나무가 올해는 꽃편지를 풍경 밖으로 서둘러 밀어내고 있었다

　　　　　　　　　　— 한성희의 「푸른숲우체국장」 전문

　한성희의 「푸른숲우체국장」은 화자가 경험한 아버지에 대한 추억을 숲으로 변용하여 주관적인 묘사로 재현했다. 산문체 형식의 시로 대지의 휴식처에 누운 아버지를 숲으로 상징하여 해마다 봄이면 "봄바람은 꽃을 들고" 아버지의 무덤을 기웃거리며 "서찰의 서두를 생각 중"이라는 상상력으로 "숲의 잎맥"을 죽은 자의 서찰이라는 경이로운 시적 발상과 독특한 형상력(形象力)으로 화자의 느낌을 생생하게 묘사해내고 있다.

4) 묘사의 사실 여부에 따라

　시적 대상을 묘사하는 데는 크게 두 가지가 있다. 위의 전통적인 방법에 따라 사실적인 것을 바탕으로 대상을 시각적으로 인식하고 가시화하여 묘사하는 것을 전통적 사실적인 묘사라고 하고, 화자가 시적 대상을 보이는 대로 그려 내는 사실성보다는 화자의 주관에

의해 바꾸어서 그려 내는 변형적인 묘사로 구별할 수 있다.

① 사실적인 묘사 : 시적 대상의 사실성을 바탕으로 화자의 시적 정서를 표현하는 묘사로 객관적인 묘사와 유사하나 모두 시적 대상의 내적 외적 정황과 풍경, 심리적인 공간을 그려 내는 것을 사실적인 묘사라고 하며 이는 리얼리즘의 정신을 바탕으로 하고 있다.

② 변형적인 묘사 : 철저하게 사물의 입장에서 시적 대상을 바꾸어 그려 내는 것이 변형 묘사의 두드려진 특징이다. 다시 말해서 화자가 시적 대상을 눈에 보이는 것과 다르게 대상들을 바꾸어 묘사한다. 이러한 표현 방법을 전경화(前景化) 또는 시클롭스키(Victor Borisovich Shklovsky, 1893-1984)의 '낯설게 하기'라고 말하기도 하는데, 이러한 표현들을 모두 변형적인 묘사라고 한다.

이 기법은 여러 이미지가 모여 이루어진 이미저리(imagery)의 기본 단위인 마디에 해당한다. 각각의 마디를 분명하게 구분하는 것이 매우 중요하다. 마디들을 모아 확실하게 구분하려면, 그 핵심 이미지가 분명해야 한다. 결국, 변형 묘사란 시적 대상을 눈에 보이는 사실적인 외형과 달리 독특하게 변형시키는 묘사법으로 시적 대상물들을 이미저리 마디들로 바꾸어 표현하는 기법이다. 정지용이 즐겨 사용한 창작 기법이다.

      돌에
      그늘이 차고,

      따로 몰리는
      소소리바람.

      앞서거니 하여
      꼬리 치날리어 세우고,
      종종 다리 까칠한
      산(山)새 걸음걸이.

묘사와 진술

    여울 지어
    수척한 흰 물살,

    갈갈이
    손가락 펴고.

    멎은 듯
    새삼 듣는 빗날

    붉은 잎 잎
    소란히 밟고 간다.

                          — 정지용의 「비」 전문

  이 시는 정서의 주체인 화자가 작품의 표면에 모습을 드러내지 않고 숨긴 채 자연 현상의 섬세한 묘사에 초점이 맞추어져 있다. 8개의 연은 각각 두 개의 행씩 하나의 단락을 이루어 모두 네 장면을 제시하고 있어 정형시 형태를 띤다. 기승전결의 안정된 구조를 통해 산수화의 느낌을 주는 산수시로써 시적 대상의 외적인 풍경만 제시한 것처럼 보이지만 풍경을 바라보는 시적 화자의 심리 상태도 암시하고 있다.
  따라서 '비'는 풍경을 사실적으로 그려 내면서도 사실 그 자체에 구속되지 않고 화자의 내면세계도 그려 냈는데, 연마다 여러 부분을 묘사하여 전체시를 구성하는 정지용의 독특한 시 창작 구성 방법을 보이는 시이다. 화자는 이미저리의 이면에 숨어 있으며 화자의 느낌은 이미저리 마디마디에 반영되어 나타나는, 마치 회화에서 화면을 색채의 작은 획이나 점으로 채워 멀리서 보면 그것들이 한데 어우러져 있는 것처럼 보이게 하는 점묘법의 기법을 활용하여 시적 대상 자체를 바꾸어 그려 내는 변형적인 묘사로 구성된 시이다.

진술이란 무엇인가?

대상의 현상이나 성질, 인식 등을 직접 묘사하지 않고 상대방에게 들려주듯 드러내는 것을 뜻하는 말이다. 오규원은 『현대시작법』에서 시적 진술은 '독백적 진술', '권유적 진술', '해석적 진술'로 크게 나눌 수 있으며, 묘사와 달리 정서적 등가물의 유무와 관계없이 느낌 또는 깨달음, 그 자체를 고백적 선언적으로 가청화(可聽化)하는 것이라고 설명하고 있다.2)

그의 주장에 따르면, "묘사는 사물이나 현상이 지닌 성질, 인상을 감각적으로 표현하는 언술 형식이다. 시는 사물이나 현상에 대한 느낌을 직접 제시하는, 즉 감정이나 설명을 배제하고 대상의 지배적인 인상을 구체적으로(이미지로) 표현하는 양식이라는 것을 생각할 때 묘사는 시의 가장 기본이 되는 자질이라고 할 수 있다. 따라서 필연적으로 묘사에 대한 인식 부족이 비시적 표현의 근간이 된다."라고 주장하고 있다.

표현력이 미숙한 많은 시인의 표현상 특징은 묘사보다는 독백적인 진술에 의존하여 사향의식(思鄕意識)을 진술함으로써 자기만 알고 남은 전혀 알 수 없는 주관적인 관념 속에 자신을 가두는 실수를 한다. 그리고 시어의 의미를 머릿속에 떠올리는 관념 자체를 이미지로 혼동하여 그것을 설명하려 들거나 자신의 경험과 관련지어 장황하게 진술하는 표현의 오류를 범한다.

이러한 진술에 의존하여 감정을 그대로 표현하려는 시인 대부분은 낭만주의적인 시 경향을 보이며 자신의 감정을 운율에 의존하여 토로하는 것이 자신의 감정을 잘 드러낸 좋은 시로 여기는 전근대적인 시관을 가지고 있는 부류들이다.

마음속에 떠오르는 서경적인 공간과 낭만주의적인 심미감에 도취되어 독자를 설득하고 자신의 감정을 고백하는 낭송시들이 대체적으

---

2) 오규원, 『현대시작법』, 문학과 지성사, 1990, pp.64~207 참조.

로 독백적 진술에 의존한다.
 오늘날 소통을 목적으로 대중에게 시를 친근하게 접근하기 위한 수단으로 낭송시가 유행처럼 번지고 있는 현상은 시가 묘사에 의존하여 지나친 은유와 상징으로 인한 난해함 때문에 독자들과의 관계가 멀어진 현대시의 흐름과 밀접한 관련이 있다.
 또한, 대중적인 접근은 유행가 가사와 같은 진술에 의존하여 대중의 관심을 촉발하려는 방식으로 보인다. 말초적인 심리적 자극을 줌으로써 대중들의 눈물샘을 자극하거나 가슴 뭉클한 동조 감정을 유발함으로 직접적인 반응과 시적인 관심을 유발할 수는 있겠지만, 현대시의 본질을 왜곡시킬 우려가 있다는 점에서 많은 반성의 여지를 남겨 놓고 있다.
 현대시의 본질을 왜곡시키지 않는 범주에서 묘사와 진술이 융합된 낭송시로 독자들에게 상상력을 촉발시키는 바람직한 방향으로 낭송시의 발전 방향이 설정되어야 할 것이다.
 80년대 민중시의 경우, 이야기식으로 진술에 의존하였고, 오늘날도 진술시는 진실의 미에 가치의 비중을 두고 시를 창작하는 시인들에 의해 추앙받고 있다. 언어적인 표현을 강조하는 형식적인 미학을 강조하는 문학성도 높은 가치가 있지만, 언어의 미학적인 측면보다 사회 참여적인 성격이 짙은 진실의 미학을 강조하는 참여 시인들과 대중적인 시로 인기를 누리려는 낭송 시인들의 경우 진술에 의존하는 시를 쓰는 경향으로 흐르고 있다.

진술의 종류

 ① 독백적 진술 : 화자의 주체적인 세계 인식을 표현하는 독백, 고백, 자성, 과거의 회고, 소원의 호소 등을 독백에 의존하여 진술

하는 것을 말한다. 시가 시인 나름의 세계를 인식하는 표현 양식임에도 세계 인식과는 거리가 먼 시인 자신의 감정을 토로하는 넋두리를 독백적 진술로 착각해서는 안 된다. 따라서 넋두리와 독백적 진술은 엄격히 구별해야 한다.

원형적인 시점에 따라 삶에 대한 자성적인 사유를 독백적 진술로 형상화한 유치환의 「바위」는 좋은 예이다.

> 내 죽으면 한 개 바위가 되리라.
> 아예 애린에 물들지 않고
> 희로에 움직이지 않고
> 비와 바람에 깎이는 대로
> 억년 비정의 함묵에
> 안으로 안으로만 채찍질하여
> 드디어 생명도 망각하고
> 흐르는 구름
> 머언 원뢰
> 꿈꾸어도 노래하지 않고
> 두 쪽으로 깨뜨려져도
> 소리하지 않는 바위가 되리라.
>
> — 유치환의 「바위」 전문

유치환의 「바위」는 미래에 대한 삶의 의지나 각오를 노래하고 있다. 바위를 소재로 독백적 진술에 의존하여 절대적인 초월의 경지에 도달하고자 하는 결의를 다짐하는 단호하고 강인한 남성적 어조로 진술하고 있다.

"비정의 시인", "의지의 시인"으로 불리고 있는 유치환 시인은 노래하는 바위, 그 자체보다 자신의 다부진 어떤 결의나 강인한 의지의 표현으로 객관적인 상관물인 바위를 자신을 일체화시켜 일체의 감정과 외부의 변화에도 움직이지 않는 초탈의 경지를 상징하는 바위로 그 의미를 확산시키고 있다.

묘사와 진술

　다음은 세월호 침몰 사고로 참사를 당한 희생자들 중의 여고생을 등장시켜 회고적인 시점과 독백적으로 진술한 나해철의 「어떤 기도」와 섬과 바다를 노래한 시인으로 알려진 이생진의 「무명도」을 살펴보기로 하자.

　　　정말
　　　기다리는 아빠에게
　　　가고 싶었어요

　　　깊은 물 속 캄캄한 방에 갇혀서
　　　내 손발은 차디차게 식은 지 오래였고요

　　　누가 와서
　　　아버지에게 나를 데려다주길 빌었어요
　　　내 손발 아직 따뜻했을 때
　　　비록 나를 무참하게 버렸었다 해도,
　　　많은 시간이 지난 이제는 제발
　　　나를 여기서 꺼내 주길 진정 원했어요

　　　매일 방파제에 내 밥을 차려놓고
　　　기다리시는 아버지가 너무 가여워

　　　며칠 남은 내 생일날 생일상 차려들고
　　　바닷가로 나오시며
　　　소리 없이 우시다가 결국 내 이름 목 놓아 부르실
　　　아버지를 위해

　　　내 생일까지는
　　　나를 아버지 앞에 데려다 놓아주길 바랐어요

　　　어둡고 차가운 물밑에서도
　　　두 눈 깜빡거리지도 않고 크게 뜬 채로
　　　아버지 쪽만을 쳐다보며 바라보며

기도했어요

― 나해철의 「어떤 기도」 전문, 시집 『영원한 죄 영원한 슬픔』에서

　세월호 참사로 희생된 여고생의 영혼이 되어 독백적 진술로 시를 풀어냄으로써 아픔을 극대화하고 있으며, 언어의 외형적인 시적 미학을 추구하는 문학성보다 진실성의 가치를 우위에 둠으로써 진실이 주는 감동을 극대화시켜 놓고 있다.

저 섬에서
한 달만 살자

저 섬에서
한 달만
뜬눈으로 살자

저 섬에서
한 달만
그리운 것이
없어질 때까지
뜬눈으로 살자

― 이생진의 「무명도」 전문

　그리움이 없어질 시점까지 섬에 살고 싶다는 시인 자신의 소원을 직접적으로 토로하고 있다. 그립다는 정서를 직접적으로 토로함으로써 내재율에 의한 현대시의 작시법과는 대조적으로 자신의 주체할 수 없는 감정을 직접적으로 토로하고, 각 연의 종결어미를 "~살자"라고 반복함으로써 간절하게 섬에서 살고 싶다는 소망을 외재율을 가청화하여 강조한 즉흥적으로 진술한 시다.

묘사와 진술

② 권유적 진술 : 시인이 독자들에게 솔직한 감정을 토로하여 동조 감정을 조성하고 자신의 주장을 적극적으로 요청하는 진술을 말한다. 이것은 흔히 화자의 주장을 다른 사람에게 직접적으로 권유하는 진술의 형태를 취하는 것이 일반적이다. 주로 단체나 행사 등에 많이 사용되며 관행적인 시점으로는 추모 시나 추모 행사시가 여기에 속한다. 그리고 아무런 구속이나 제한을 받지 않는 비관행적인 시점으로 구분된다. 관행적인 시점으로 표현된 시를 소개하면, 도종환의 「화인(火印)」을 꼽을 수 있다.

비 올 바람이 숲을 훑고 지나가자
마른 아카시아 꽃잎이 하얗게 떨어져 내렸다
오후에는 먼저 온 빗줄기가
노랑붓꽃 꽃잎 위에 후드득 떨어지고
검은 등 뻐꾸기는 진종일 울었다
사월에서 오월로 건너오는 동안 내내 아팠다
자식 잃은 많은 이들이 바닷가로 몰려가 쓰러지고
그것을 지켜보던 등대도 그들을 부축하던 이들도 슬피 울었다
슬픔에서 벗어나라고 너무 쉽게 말하지 마라
섬 사이를 건너다니던 새들의 울음소리에
찔레꽃도 멍이 들어 하나씩 고개를 떨구고
파도는 손바닥으로 바위를 때리며 슬퍼하였다
잊어야 한다고 너무 쉽게 말하지 마라
이제 사월은 내게 옛날의 사월이 아니다
이제 바다는 내게 지난날의 바다가 아니다
눈물을 털고 일어서자고 쉽게 말하지 마라
하늘도 알고 바다도 아는 슬픔이었다
남쪽 바다에서 있었던 일을 지켜 본 바닷바람이
세상의 모든 숲과 나무와 강물에게 알려준 슬픔이었다
화인처럼 찍혀 평생 남아 있을 아픔이었다
죽어서도 가지고 갈 이별이었다

— 도종환의 「화인(火印)」 전문

이 시는 세월호를 추모하는 "시로 잊어야 한다고 너무 쉽게 말하지 마라"고 권유적 진술로 세월호의 아픔을 화자의 주관적 정서를 직접적으로 토로하는 방식으로 진술하고 있다. 주체할 수 없는 감정을 절제하지 않고 어수선하게 화자의 주관적인 감정을 권유적인 진술에 의해 토로하고 있다. 현대시에서는 감정을 절제하여 이미지로 형상화하여 감각적으로 구체화시켜서 묘사하고 진술해야 하는 것이 일반적인 작시 방법이다. 그러나 시제로 선택한 화인(火印)은 불에 달구어 찍는 도장을 의미하여 불의 이미지인데 시의 내용은 눈물, 강물, 슬픔 등 물의 이미지이다. 수장된 슬픔이라는 물의 이미지가 불의 이미지의 시제로 직접적인 정서를 반어적으로 토로하는 방식은 현대시의 원리와는 상반된 권유적 진술의 표현으로 시상을 전개해나갔다.

　③ 해석적 진술 : 시적 대상에 대한 인식 주체를 인지하고, 화자가 자기 나름대로 해석을 내리고 비판하거나, 화자가 결론적인 판단을 내리고, 해석까지 곁들인 진술을 말한다. 화자의 체험에 의존하여 시적 대상에 대한 탐구와 비판하는 관조적인 시점, 또는 시적 대상에 대한 인간의 태도에 대한 관심과 사회적이고 윤리적인 해석에 초점을 맞춘 풍자적 시점으로 표현된다.

　풍자적인 시점으로 부동산 투기로 임야와 농짓값이 폭등하고, 빈번하게 거래되는 현상, 그리고 부동산의 개발 등으로 인해 생태계가 파괴되어 가는 삶의 현장을 접목해서 인간의 탐욕을 사회 윤리적인 화자 나름의 해석을 내린 김복순의 「소사뜨락」이 있다.

　　　　소사벌 모서리에 터 잡은 지 몇 해이던가
　　　　지번 없는 너른 벌을 몽땅 사들여야겠다
　　　　이슬이 풀꽃들을 깨우면 휘파람을 불어 주리
　　　　동무와 푸른 쌈에 햇살 얹은 점심을 먹고

묘사와 진술

> 느릿하게 오수에 들면 그 무엇이 부러우랴
> 청개구리 울음소리 논두렁을 적시면
> 텃밭에 가지며 오이 호박들을 모종하리
> 물 논에서 올챙이를 잡던 기억들은
> 순수의 시간으로 데려다주리
> 땅꾼들의 음흉한 수작에
> 허리 잘린 땅들이 몸값을 올려 널뛰기를 해도
> 백로가 한가로이 쉬어 가는 뜨락
> 태양과 바람이 조랑박을 키우는
> 꽃들이 씨앗을 품는 소사뜨락에 서서
> 먼 이국땅의 일인 양 눈길 한 번 주지 않으리
> 일출을 따라온 귀한 손님들이
> 일몰의 그림자를 밟고 돌아가면
> 어둠이 전해 준 고요에 누워 별을 헤리라
> 초록의 뜨락은 평화로웠다고 적으리라
>
> — 김복순의 「소사뜨락」 전문

 이해인의 「어머니의 섬」은 시적 대상에 대한 탐구와 비판하는 관조적인 시점으로 해석적 진술로 "안으로 흘린 인내의 눈물이 모여/ 바위가 된 어머니의 섬"으로 관조적인 해석을 내리고, "아직도 물에서만 서성이는 나를/ 섬으로 불러주십시오. 어머니"라고 호소하고 있다.

> 늘 잔걱정이 많아
> 아직도 물에서만 서성이는 나를
> 섬으로 불러주십시오. 어머니
>
> 세월과 함께 깊어가는
> 내 그리움의 바다에
> 가장 오랜 섬으로 떠 있는
> 어머니

서른세 살 꿈속에
달과 선녀를 보시고
세상에 나를 낳아주신
당신의 그 쓸쓸한 기침소리는
천리 밖에 있어도
가까이 들립니다

헤어져 사는 동안 쏟아놓지 못했던
우리의 이야기를
바람과 파도가 대신해 주는
어머니의 섬에선
외로움도 눈부십니다
안으로 흘린 인내의 눈물이 모여
바위가 된 어머니의 섬
하늘이 잘 보이는 어머니의 섬에서
나는 처음으로 기도를 배우며
높이 날아가는
한 마리 새가 되는 꿈을 꿉니다. 어머니

— 이해인의 「어머니의 섬」 전문

좋은 시의 완성도는 조화로움

 좋은 시는 묘사와 진술이 융합하여 조화를 이룰 때 시적인 완성도가 높아진다. 묘사가 주된 묘사형의 시도 진술이 들어가야 하고, 진술을 위주로 하는 시에도 반드시 서경적이거나 서사적인 요소, 심상적인 요소가 필요하게 된다. 음식을 요리할 때 우수한 재료와 적절한 양념이 섞여 들어가고 그것을 맛있게 요리하는 일류 요리사가 명품의 요리를 만들어 내는 법이다. 묘사만으로 구성된 시도 없으며, 진술만으로 구성되는 시도 없다. 만약 묘사나 진술만으로 짜인

묘사와 진술

시가 있다면 음식 재료 그 자체의 맛만 남는다.
  묘사와 진술이 조화롭게 어우러진 곽재구의 「사평역에서」가 좋은 예이다.

>막차는 좀처럼 오지 않았다
>대합실 밖에는 밤새 송이눈이 쌓이고
>흰 보라 수수꽃 눈시린 유리창마다
>톱밥난로가 지펴지고 있었다
>그믐처럼 몇은 졸고
>몇은 감기에 쿨럭이고
>그리웠던 순간들을 생각하며 나는
>한 줌의 톱밥을 불빛 속에 던져주었다
>내면 깊숙이 할 말들은 가득해도
>청색의 손바닥을 불빛 속에 적셔두고
>모두들 아무 말도 하지 않았다
>산다는 것이 때론 술에 취한 듯
>한 두릅의 굴비 한 광주리의 사과를
>만지작거리며 귀향하는 기분으로
>침묵해야 한다는 것을
>모두들 알고 있었다
>오래 앓은 기침 소리와
>쓴 약 같은 입술 담배 연기 속에서
>싸륵싸륵 눈꽃은 쌓이고
>그래 지금은 모두들
>눈꽃의 화음에 귀를 적신다
>자정 넘으면
>낯설음도 뼈아픔도 다 설원인데
>단풍잎 같은 몇 잎의 차창을 달고
>밤열차는 또 어디로 흘러가는지
>그리웠던 순간들을 호명하며 나는
>한 줌의 눈물을 불빛 속에 던져주었다
>
>   — 곽재구의 「사평역에서」 전문

"막차는 좀처럼 오지 않았다"라는 상황 진술과 "대합실 밖에는 밤새 송이눈이 쌓이고/ 흰 보라 수수꽃 눈시린 유리창마다/ 톱밥난로가 지펴지고 있었다"로 대합실 안팎의 정경 묘사로 눈이 내리는 겨울밤의 시골 간이역 풍경을 적나라하게 그려 낸 수작이다. 그러나 군데군데 직접적인 정서 관념(낯설음 뼈아픔)을 설원과 비유한다거나 가을을 상징하는 단풍잎을 겨울 밤기차에 붙이고 다닌다는 계절의 불연속성, 열차를 대합실에서 기다리고 있는데 "밤열차는 또 어디로 흘러가는지"라는 표현에서 밤중에 손님을 태우지 않고 지나치는 기차는 특급열차 혹은 화물열차이므로 "밤열차=특급열차 혹은 화물열차"로 표현했다면 시상의 흐름이 더 원활했을 것이다. 이 시가 성공할 수 있었던 것은 공간적 배경으로 사평역이라는 간이역, 그리고 시간적 배경으로 겨울밤, 등장인물이 귀향객과 시골 사람들 등 연극적인 상황으로 구성하여 묘사하고 진술했기 때문이다.

조영민의 「종신형」은 어머니의 생애를 종신형으로 규정하고 고향집 풍경을 종신형을 사는 어머니와 비유하여 서경적 묘사, 심상적 묘사, 서사적 묘사 등을 교묘해 배합하여 어머니의 삶을 관조적이며 상징적으로 암시하고 있다.

고향집 노을은 양철지붕 위에서 부식되었다 바람이 불 때마다 잎사귀에서 요령 흔드는 소리가 들렸다 손금의 가지들이 너무 우거져 어머니 얼굴이 보이지 않았다

쇠창살 같은 나뭇가지의 손등을 만지자 달빛이 어둑했다 달은 몇 번의 탈옥이라도 결심한 듯 이마의 주름계곡을 따라 어지러웠지만 밖으로 나오진 못했다 그 누구도 학사모를 쓸 때까지 철문 깊숙이 숨은 달을 한 번도 면회 가보지 못했다

전생에 무슨 끔찍한 죄를 저질렀을까 이 저녁, 집행유예 동안 잠시 출감한 듯 내 곁에 앉아있는, 어미라는, 가족이라는 감옥에서 종신형을 살고 있는 어머니 아직도 잔여형기가 남았는지 푸석한 웃음과 갓 딴 옥수수 한 보따리를 싸주신다

묘사와 진술

— 조영민의 「종신형」 전문

  나희덕의 「못 위의 잠」은 어머니의 삶을 묘사와 진술로 조화롭게 형상화한 시이다.

    저 지붕 아래 제비집 너무도 작아
    갓 태어난 새끼들로만 가득 차고
    어미는 둥지를 날개로 덮은 채 간신히 잠들었습니다
    바로 그 옆에 누가 박아 놓았을까요, 못 하나
    그 못이 아니었다면
    아비는 어디서 밤을 지냈을까요
    못 위에 앉아 밤새 꾸벅거리는 제비를
    눈이 뜨겁도록 올려다봅니다
    종암동 버스정류장, 흙바람은 불어오고
    한 사내가 아이 셋을 데리고 마중 나온 모습
    수많은 버스를 보내고 나서야
    피곤에 지친 한 여자가 내리고, 그 창백함 때문에
    반쪽 난 달빛은 또 얼마나 창백했던가요
    아이들은 달려가 엄마의 옷자락을 잡고
    제자리에 선 채 달빛을 좀 더 바라보던
    사내의, 그 마음을 오늘 밤은 알 것도 같습니다
    실업의 호주머니에서 만져지던
    때묻은 호두알은 쉽게 깨어지지 않고
    그럴듯한 집 한 채 짓는 대신
    못 하나 위에서 견디는 것으로 살아온 아비,
    거리에선 아직도 흙바람이 몰려오나 봐요
    돌아오는 길 희미한 달빛은 그런대로
    식구들의 손 잡은 그림자를 만들어 주기도 했지만
    그러기엔 골목이 너무 좁았고
    늘 한 걸음 늦게 따라오던 아버지의 그림자
    그 꾸벅거림을 기억나게 하는
    못 하나, 그 위의 잠

— 나희덕 「못 위의 잠」 전문

김경호의「사모곡」은 기차를 타고 가며 고향의 어머니를 떠올리며 회상하며 화자의 쓸쓸한 감정을 직접적으로 진술했다. "연륜의 그릇", "때 없는 목메임" 등 관념적인 은유의 표현이라든가 "꿈"이라는 관념어가 걸림돌이 되어 명확한 이미지를 제시하지 못하고 시상을 헝클어뜨려 놓음으로써 공감도를 약화시키고 있다.

> 역을 지날 때면
> 어머니가 그리워진다.
> 산을 굽이 돌아 멀어져간
> 철길처럼
> 이제는 가물가물한 어머니.
> 낡은 사진첩 속에
> 한 장 빛바랜 사진으로 남아 있는
> 어머니는 언제나
> 50의 중년
> 나는 해마다
> 연륜의 그릇을 하나씩 비워내고
> 한 걸음씩 어머니의 나이가 되어 간다.
> 어머니와 나의 나이가 가까워지는 만큼
> 어머니와 나의 인연은 멀어져 가고,
> 때 없던 목메임도 뜸해져 간다.
> 불현듯 어머니가 그리운
> 마음이 허전한 날이면
> 꿈이 길고 긴 꿈 내내
> 어머니는 뒷모습만 보인다.
> ― 김경호「사모곡」

나를 멀리서 보기

　시 창작의 발상과 표현에서 가장 어려운 부분이 주관적인 정서를 객관화하는 방법이다. 독자들의 사랑을 받는 시는 주관적인 정서에 치우친 시가 아니라 시적 정서가 철저하게 객관화되어 있다. 객관화되어 있다는 말은 시적 대상과 화자의 정서가 일체화되어 있다는 의미이기도 하다. 습작기를 거치지 않은 시인들은 거의 정서를 주관적으로 토로하거나 머릿속에 머물러 있는 관념을 장식적 수사로 장황하게 늘어놓는다.
　이는 마치 좋은 연극은 작가가 자신이 말하고자 하는 의도를 숨기고 배경과 등장인물의 말과 행동, 소도구, 음향, 조명 등을 통해 구체적으로 보여 주는 반면 나레이터를 동원하여 시종일관 독백하여 해설하는 것과 마찬가지다. 나레이터가 연극을 주도하면 주객전도 현상이 일어난다. 관객은 지루해서 더는 연극에 몰입하지 않는다. 그 이치와 흡사하다.
　시 창작에서도 시인은 시적인 정서를 표현하기 위해 연극 상황처럼 무대를 배치하고 느낌의 장면을 연극 무대에 올려 보여 주어야 한다.

유기체와 생물체

　한 편의 시를 유기체로 보고 그 시적 구조를 생물체와 비교하여 시 창작상 유의해야 할 점을 살펴보기로 하자

① 시적 구조와 식물체 비교

시적 유기체 구조와 식물체 비교

> 식물의 뿌리 : 의미
> 식물의 줄기, 가지, 잎, 꽃, 열매 : 이미지
> 식물의 물관, 체관 : 운율
> 식물의 색깔, 모양 : 상징

시와 식물의 구조와 비교한다면, 줄기, 가지, 잎은 시의 이미지에 해당하고, 뿌리는 시어에 해당한다. 운율은 물관과 체관을 타고 오르는 물과 자양분으로 식물의 활기를 불어넣는 역할을 하게 된다. 그리고 나무의 종류마다 색깔이나 모양이 다르듯이 나무에 따라 인간과의 관계에서 어떤 의미를 상징하는 것들이 다르게 된다. 따라서 시라는 나무의 운율에 해당하는 물과 자양분이 공급되지 않으면 나무는 생기가 없어지게 되고, 결국에는 말라죽게 된다. 즉, 리듬이 없는 시는 메마른 시가 되어 독자들에게 감동을 주지 못한다는 말이다.

그뿐만 아니라 줄기나 가지, 잎들은 나무의 모양을 갖추게 되는데, 나무의 종류마다 다른 모양으로 각기 다른 이미지를 만들어 낸다. 잎이 떨어져 가지만 남은 나무는 겨울의 이미지를, 새싹이 움트고 있으면 봄의 이미지를, 나뭇잎이 무성하게 우거져 있으면 여름의 이미지를, 나뭇잎의 색깔이 변하여 단풍이 들고 떨어지면 가을의 이미지를 갖게 된다.

또한, 나무는 종류별로 각기 다른 줄기, 가지, 잎의 모양을 갖고 있음으로써 나무의 종류별 이미지가 다르게 된다. 그리고 특정한 나무가 상징하는 의미는 그 나무의 특성이 오랫동안 사람들과 살아오면서 특정한 의미로 우리 사람들에게 고정된 관념으로 정착되었기 때문에 나무마다 상징하는 의미가 다른 것이다.

이처럼 나무가 흙에 뿌리를 박고 생명 활동을 유지해야 자라게 되는데, 만약 태풍이 불어 넘어지게 되거나 사람들이 인위적으로 나무를 뽑았을 경우 뿌리가 드러나게 된다. 뿌리가 모두 드러나면 식물은 죽게 마련이다. 마찬가지로 나무의 뿌리 일부가 지면에 조금 나와서 눈에 띄는 경우는 생명 활동에 지장이 없지만 완전하게 뽑히면 죽어 버리게 되는 것처럼 시의 의미가 모두 드러나게 되면 시는 유기체로서 기능하지 못하고 죽게 된다.
　그러나 대부분 습작기에 있는 시인들은 의미를 따라 시를 짓는다. 이 말은 뿌리를 드러내면서 시를 짓는다는 말이다. 뿌리는 땅속에 숨겨야 나무가 제대로 생명 활동을 할 수 있듯이 뿌리를 드러내는 시를 쓰면 안 된다. 뿌리를 드러내는 시는 주관적인 정서를 그대로 드러내는 것과 같다. 시의 표현에서 유사 사물을 끌어와 은유하는 것처럼 은유는 원관념(뿌리)을 보조 관념으로 감추어 드러내지 않고 암시하거나 상징하게 된다. 뿌리가 모두 드러난 시는 주제가 모두 드러나 독자들에게 감동을 주지 못한다.
　과거 낭만주의 시대에는 개인의 감정을 중시하여 자신의 감정을 진솔하게 토로하였다. 노래를 부르기도 하고 미사여구를 늘어놓아서 자신의 감정을 전달하려고 하였다. 그러나 오늘날 현대시는 주관적인 정서를 노래로 전달하거나 감정을 직접 토로하는 시대가 아니라 그림을 그리듯이 명확한 이미지로 보여 주는 시대다. 과거의 시대가 관념을 그대로 전달하는 시대라면 현대는 관념의 시대에서 실념(實念)의 시대로 바뀌었기 때문에 객관적이고 구체적인 이미지로 물질화하여 보여 주어야 생생한 느낌이 전달되는 시대이다.
　중세 유럽에서는 기사나 음유시인들이 귀족 부인에게 무조건적으로 아름다운 찬사의 시를 낭송하여 환심을 사기 위해 노력했다. 마찬가지로 과거에는 청년들이 사랑하는 여인에게 자신의 절실한 심정을 고백할 때 여인이 자신에게 홀딱 빠져들도록 갖갖은 감언이설로 꼬드겨서 사랑을 성취하였다. 이처럼 과거에는 솔직한 자신의 감정을 상대방에 전달하기 위해 구구절절한 편지로 보내고 여인을 보고 야릇한 미소를 보내고 미인이라고 칭찬하는 말로 자신에게 관심을 갖도록 사랑을 구걸하듯이 사랑을 쟁취하는 문화가 통용되는 시대였다.

그러나 오늘날은 그러한 사랑 고백이나 연애편지가 통하지 않는 시대다. 옛날과 같이 사랑의 대상을 쫓아다니며 귀찮게 하면 스토커로 고발당하거나 미투의 피의자가 되어 경찰에 잡혀가는 시대다. 옛날과 오늘날 사랑의 감정을 상대에게 전달하는 방식이 180도로 달라졌다. 오늘날은 물질의 시대다. 관념의 시대가 아니라 실념(實念)의 시대다.

따라서 시도 관념의 유희에서 벗어나야 한다. 구체적이고 감각적인 이미지로 보여 주어야, 객관적으로 보여 주어야 좋은 시가 되는 것이다. 장황한 수식어로 자기감정을 통제하지 못하고 전달하면, 천박한 시인으로 여기고 독자는 그런 시인의 시를 거들떠보지도 않는다.

신선한 감동을 줄 수 있도록 발상이 새롭고 참신한 시여야만이 시에 대해 좋은 첫인상과 호감을 얻게 되는 것이고, 독자들의 관심을 끌게 되는 것이다. 따라서 한 편의 완벽한 유기체로서의 형상화가 잘 된 재미있는 시를 보여 주어야 독자들은 감동한다. 뿌리만 앙상하게 드러나 볼품없는 나무 같은 시를 내보이는 것보다는 꽃과 열매가 맺어 있는 보기 좋은 나무와 같은 시를 보여 주어야 감동하게 되는 것이다.

② 시적 유기체 구조와 동물체 비교

시를 유기체 구조로 동물과 비교한다면, 동물의 신체(다리, 머리, 꼬리, 몸통, 가죽)는 이미지에 해당한다. 그리고 뼈는 시의 의미와 같은 역할이며, 동물이 활동하는 영양소를 공급하는 피와 공기를 들여 마시는 호흡 기관은 운율에 해당한다고 할 수 있다. 동물의 생김새를 특징짓는 것은 각각 동물의 모양을 이루고 있는 신체 구조이다. 동물이 오랫동안 인간과 같이 살아오면서 각 동물이 상징하는 의미는 뿔이라고 할 수 있을 것이다. 동물이 뼈만 앙상하게 드러나 있다면 볼품이 없을 것이다. 마찬가지로 시에서 의미만 드러나면 앙상한 뼈만 보기 흉하게 드러난 동물과 같은 시가 되어서 유기체로서의 기능을 정상적으로 발휘하지 못하게 된다.

대부분 습작기 시인들은 뼈만 앙상하게 드러나는 시를 쓰거나 피, 호흡기관만을 강조하여 언어의 규칙적인 운율에 얽매여 시의 의미나 이미지가 흩어지는 산만한 시를 창작하는 경우가 흔하다.

좋은 시는 신체 구조나 기관이 제 위치에서 정상적으로 작동하여 건강한 동물의 형상을 보여 주듯이 의미, 이미지, 운율, 상징 등이 조화롭게 형상화되어 표현된 역동적인 시를 말한다. 어느 한 기관이 정상적이지 못할 때 동물은 병이 들어 제 기능을 발휘하지 못하듯이 시 또한 시를 구성하는 한 요소가 기능을 발휘되지 못하면 독자들에게 선명하게 느낌을 전달되지 못하게 된다.

동물의 세밀한 움직임이나 생명력까지 재현하여 느낌을 생생하게 그림으로 보여 주는 시가 좋은 시이다. 동물의 형상을 장황 수사를 동원하여 미화하거나 시인 자신의 감정을 보태어 표현하면 동물의 이미지를 보여 주는 것이 아니라 동물에 대한 시인 자신의 주관적인 느낌만을 토로하기 때문에 독자들은 공감하지 않는다.

예를 들어 소를 무서워하는 사람이 있다고 하자. 어린 시절, 소로 인해 크게 다친 특별한 경험이 있는 사람은 소에 대한 트라우마가 생겨서 소에 대한 편견을 가지게 되고, 소를 보면 다른 사람과 달리 정서적 반응이 부정적으로 작동할 수밖에 없다. 따라서 소에 대해 자신만이 특별하게 가지고 있는 편협한 부정적인 감정이 시에 반영되어 나타나기 마련이다. 이러한 특별한 체험을 갖은 시인은 소에 대한 편견은 시적 정서가 주관적으로 치우치게 되어 독자들의 공감을 주지 못하게 된다. 그렇지만 대부분 사람은 소에 대해 특별하게 부정적인 반응을 보이지 않고 있는 그대로 소의 종류와 모습, 또는 소를 보는 장소나 위치에 따라서 각기 다른 느낌으로 시를 형상화하여 표현하게 될 것이다.

오히려 시골에서 소를 애지중지 기르고 있는 농부는 소를 귀엽고 매우 귀중한 동물로 인식한다. 그런데 소에 대한 부정적인 감정을 마구 토로하는 시인의 시는 주관적인 자기감정에 빠져서 누구나 공감할 수 있는 시가 창작될 수 없다. 따라서 독자들은 이러한 장황한 공감이 없는 시는 읽지 않는다. 만약 주관적인 특별한 체험을 시로 형상화하여 성공하려면 소에 대한 자기만의 편견을 갖게 된 배경과 까닭이 진술되어야 독자들의 공감을 얻을 수 있을 것이다. 시는 어디까지나 읽는 독자를 의식하고 쓰게 되며 객관적으로 느낌을 이미지로 전달해야 하는 것이지 마구 자기감정에 빠져 자기의 주관적인 감정을 토로하거나 혼자만의 넋두리를 고백하는 것은 독자들을 고려하지 않는 오만한 작시 태도라고 할 수 있을 것이다.

나를 너로 바라보는 훈련

① 정서의 이미지화 훈련

시간의 흐름에 따라 감정이 변화하는데, 순간순간의 느낌을 전달할 때, 정서는 자율신경계의 교감신경 부분이 흥분하여 일어나는 생리적 변화를 수반하는 다분히 목적적인 각 개인의 심리적, 신체적인 역사와 밀접한 관련을 맺는다. 오늘날 정서는 생리적·표현적·경험적 구성 요소로 보는데, 사전적인 뜻은 "사람의 마음에 일어나는 감정이나 감정을 불러일으키는 분위기"를 말한다. 대표적인 정서로는 기쁨, 슬픔, 외로움, 허망감, 절망감, 공포감, 분노, 그리움 등으로 시는 이러한 정서를 시인이 의도적으로 정서와 관련된 이미지를 형상화하여 시어로 그림을 그리듯이 감각화하여 보여 주거나 느끼게 하는 고도의 정신적인 설계 작업이라고 할 수 있을 것이다.

그러나 이러한 정서를 표현할 때 관념 상태 그대로 토로하듯이 진술하는 태도는 낭만주의 시대의 지극히 주관적인 정서의 표현으로 주관에 치우친 결과 독자에게 전달이 되지 않는다. 그래서 누구나 시인이 의도한 정서를 객관적으로 독자에 환기시키는 장치가 필요하게 되는데, 그것이 바로 이미지의 시각화라는 것이다. 현대시가 이미지를 시각화하여 보여 줌으로써 정서를 전달하기 때문에 정서의 이미지화 훈련을 운동선수처럼 많이 하는 일이 시를 능숙하게 빚어 내는 시인이 되기 위한 습작의 기본 요건이 된다.

현대시는 유행가처럼 노래 부르듯이 자기감정을 전달하는 것이 아니라 그림을 그리듯이 스마트폰을 꺼내어 인증샷으로 정서를 전달하여 한다. 스마트폰에 여러 장면을 한꺼번에 넣을 수 없듯이 가장 적합한 이미지로 자신의 느낌을 살려낼 수 있는 한 장면만 포착하여 찍어야 한다. 이때 사진을 찍는 사람이 자신이 의도한 대로 한 장면만을 설정하는 일이 시의 형상화 과정에 해당한다. 예를 들어 목수가 대패로 나무 깎는 작업을 하고 있다고 가정한다면, 목수는 감독하는 사람이나 주인에게 열심히 일하는 자신의 모습을 잘 보여서 성실한 사람이라는 이미지를 심어 주고 싶어 할 것이다. 목수가 자신이 성실한 사람임을 입증하려면, 땀을 뻘뻘 흘리고 톱질을 하거나 대패질을 하는 장면과 일하는 주변에 이제까지 열심히 일한 많은 양의 작업 결과가 모두 드러나도록 핸드폰 화면을 설정하여 인증하는 사진을 찍을 것이다. 이런 사진 한 장을 감독자나 주인에게 보내어 자신이 성실히 일하고 있는 목수라는 인상과 일을 잘하는 목수라는 이미지를 감독자나 주인에게 환기시켜 성실한 이미지로 각인시키려는 이치와 같을 것이다.

목수가 핸드폰으로 인증샷으로 찍어 묘사한 시를 예시로 들었다. 김기택 시인의 시 「나무」다. 이 시는 목수가 나무를 깎아 내는 작업을 하는 과정을 따라가며 자신의 느낌을 형상화하여 사진이나 그림으로 스케치하여 보여 주고 있다.

> 대패로 깎아낸 자리마다 무늬가 보인다.
> 희고 밝은 목질 사이를 지나가는
> 어둡고 딱딱한 나이테들
> 이 단단한 흔적들은 필시
> 겨울이 지나갔던 자리이리라.
> 꽃과 잎으로 자유로이 드나들며 숨쉬는
> 모든 틈과 통로가
> 일제히 딱딱하게 오므리고
> 한겨울 추위를 막아내던 자리이리라
> 두꺼운 껍질도 끝내 견디지 못하고
> 거칠게 갈라졌던 자리이리라
> 뿌리가 빨아들인 맑은 자양들은
> 물관 속에서 호흡과 움직임을 멈추고
> 나무 밖의 거대한 힘에 귀 기울였으리라
> 추위의 난폭한 힘은 기어코 껍질을 뚫고 들어가
> 수액 깊이 맵게 스며 들었으리라
> 수액을 찾아 들어왔던 햇빛과 공기들은
> 그 자리에서 겨우내 얼었다가
> 독한 향기와 푸르고 진한 빛으로 익어갔으리라
> 해마다 얼마나 많은 잎과 꽃들이
> 이 무늬를 거쳐 봄에 이르렀을까
> 문틈인지도 직각의 모서리인지도 모르고
> 지느러미처럼 빠르고 날렵한 무늬들은
> 가구들 위를 흘러 다니고 있다.
>
> ― 김기택의 「나무」 전문

김기택의 「나무」는 목수의 눈으로 관찰한 시다. 나무가 숱한 겨울 추위를 이겨 내며 참고 견뎌 가며 생명을 지켜 내는 전 과정을 모두 묘사하고 있다. 뿌리로 물과 자양을 빨아들이고 잎으로 햇빛을 받아 광합성작용을 하여 자기에게 필요한 양분을 스스로 마련하고,

나를 멀리서 보기

공기를 호흡하면서 큰 나무로 자라게 된다. 그런데 사람들은 그런 나무를 베어다가 생활에 필요한 도구를 만들게 되는데, 이 시에서는 톱날로 베어지고 대패로 깎여 가구가 되는 전 과정을 묘사했다. 해마다 잎과 꽃을 피우는 나무의 생명력을 통해 어려운 고비를 넘기고 살아온 나무의 전 생애의 외롭고 허망한 정서를 역동적으로 묘사해 보여 주고 있다.

추운 겨울의 이미지를 명징하게 드러낸 증거로 "희고 밝은 목질 사이를 지나가는 어둡고 딱딱한 나이테들"을 보여 준다. 나무들이 잘 자라나는 "봄, 여름, 가을"을 "희고 밝은 목질"로 상징하고, 추운 겨울에 대한 증거로 "어둡고 딱딱한 나이테"로 상반된 이미지를 대비함으로써 겨울이라는 고난의 이미지를 선명하게 드러낸다.

이렇게 시 한 편을 완성하기까지에는 다음과 같은 기초적인 습작이 선행되어야 좋은 시를 쓸 수 있게 되는데, 기초적인 정서의 이미지화 연습 방법에 대해 살펴보기로 하자.

◎ 나무에 대한 정서의 이미지화 연습 요령

① 우선 나무의 종류 중 각각 하나씩 나무를 선택하여 정서의 이미지화 연습을 수시로 해야 한다.
② 이때 생활 주변에서 자주 보는 나무, 나무와 관련된 경험이 많은 나무부터 선택하여 연습하는 것이 좋다.
③ 선정된 나무의 생태, 성장 과정, 뿌리, 줄기, 가지, 잎, 꽃, 열매 등을 자세히 관찰하여 그 나무의 특징이 잘 드러나게 묘사하거나 진술한다.
④ 날마다 한 가지의 나무를 선택하여 연습하는 것이 좋다.
⑤ 계절의 변화에 따라 한 가지 선택한 나무에 대한 느낌을 이미지화하는 연습을 해 본다.
⑥ 선택된 나무의 모습을 그대로 묘사하라는 것이 아니라, 느낌을

표현해야 한다.

　⑦ 나무와 관련한 유사 이미지를 끌어와 결합할 수도 있고, 나무와 관련한 경험을 끌어와 묘사나 진술로 표현해 본다.

　⑧ 나무가 있는 공간적인 배경과 시간적인 배경을 곁들여 한 컷의 스냅 사진으로 정서가 생생하게 살아나도록 그려 낸다.

　⑨ 연습하고 나서 가까운 사람에게 자신이 표현하고자 하는 정서가 느껴지는지 확인하고 정서가 환기되지 않는다면 그 까닭이 무엇인지 생각해 본다.

　⑩ 항상 새로운 발상으로 정서를 시각화하도록 연상 작용으로 이미지를 마인드맵으로 그려 보는 것도 좋다.

　⑪ 처음에는 한 행으로 연습하다가 점차 익숙해지면 행과 연을 구분해 보는 것도 좋으나, 이때 한 행에는 중심 이미지나 낱말이 하나여야 한다. 두 개 이상의 이미지나 낱말을 한 행에 배치하면 정서가 명징하게 드러나지 못하게 됨을 유의해야 한다.

　⑫ 시각화는 눈으로 본 것만을 그리는 것이 아니라 미각, 촉각, 후각, 청각 등 다섯 가지 감각을 모두 활용하고 두 가지 감각 기관을 결합한 공감각인 표현으로 시각화한다.

◎ 정서의 이미지화 연습의 실제

　① 연습 대상 나무 : 아까시나무
　② 표현할 정서나 주제 : 슬픔, 기쁨, 외로움, 허무감, 절망감, 공포감, 분노, 그리움 등

나를 멀리서 보기

슬픔 :

    우리 아버지 할매/ 봄양식 떨어지면// 하얀 사기 밥그릇에/ 하얀 쌀밥처럼/ 수북수북 담아/ 밥 대신 먹었다던/ 하얀 아까시 꽃// 올해도 잊지 않고/ 하얗게/ 하얗게 피었습니다.

                        — 권오삼의 「아까시꽃」 전문

    쑥죽 먹고 짜는/ 남의 집 삯베의/ 울어머니 어질머리.// 토담집 골방의/ 숯불 화로 어질머리.// 수저로 건져도 건져도 쌀알은 없어/ 뻐꾸기 울음소리 핑그르르 빠지던/ 때깔만은 고운 사기대접에/ 퍼어런 쑤죽물.// 꽃이라도 벼랑에/ 근심으로 허리 휘는/ 하이얀 아카시아꽃 피었네.

                        — 나태주의 「아까시아꽃」 전문

    뻐꾸기/ 울음소리// 짙은 향기로/하얗게/ 부서지는/ 오월// 그 울음소리/ 가득 담아놓은/ 아까시꽃//흐드러지게/가슴 응어리로/ 눈부시게/ 피어난/ 하얀 소복 입은/ 여인의 눈물

                        — 김관식의 「아까시꽃」

기쁨 :

    흐드러지게 핀 아까시 꽃/ 쏟아지는 박수소리
    앞산의 뿌연 꽃/ 5월의 아카시아는/ 솔숲에 엉기어/ 안개처럼 피어난다// 뒷산의 뿌연 꽃/ 5월의 아카시아는/ 찔레에 엉기어/ 구름처럼 피어난다// 아카시아 꽃으로/ 메워진 골짜기마다/ 벌과 나비들이/ 잔치를 벌인다

                        — 김동리의 「아까시아꽃」 전문

외로움 :

 깊은 산 속/ 아까시꽃 모두 떨어졌다/ 벌들이 발길을 끊었다.
 겉은 하얗게 여위었으나/ 향기는 터진/ 코피 빛깔이다.// 알레르기 비염환자는/ 가까이 할 일이 아닌 것이/ 재치기가 도질 것이다.// 법당 창이 훤히 열리고/ 향촛대에 아카시아 향이/ 가득하다.// 부처님의 재치기를/ 큰스님은/ 듣지 못했다.
　　　　　　　　　　　— 진의하의「아까시아꽃」

그리움 :

 싱그러운 오월 아침/ 스치는 아카시아 향/ 수줍은 그리움 피어 올라/ 아련한 추억 여행 떠난다// 꽃잎 훑어 입안 가득/ 달콤한 꽃향기에/ 함박웃음 지었던/ 학창 시절 등굣길// 과수원 길 따라/ 하얗게 피어 있던/ 어릴 적 아카시아꽃/ 상큼하고 아름다운/ 순백의 오월 천사// 해맑던 그 시절/ 순박한 고향 그리워/ 설익은 꽃향에 취해/ 가슴 깊이 묻혔던/ 옛 추억을 펼쳐 본다
　　　　　　　　　— 유명숙의「아카시아 향기에 취해」전문

슬픔, 분노 :

 나무들이/ 푸른 잎으로 몸을 감추고/ 속살 채워갈 때/ 거친 껍질에 가시를 세우고/ 한번도 사랑받지 못한 나무/ 낫으로 베이고 괭이로 찍히다가/ 황토밭에 뿌리내린 죄/ 동학군 내려오던 보릿고개/ 보리모가지 푸른 오월에 꽃이 핀다/ 동학군 흰 옷자락 나부끼며/ 봄이 가는 산자락/ 등성이 너머 들녘까지 밀고와/ 하얀 함성으로 피어오른다/쑥부쟁이 엉겅퀴 순 솟는 길/ 속살 훤히 드러내고 웃으며/ 꽃물 질겅질겅 향기 토해내는/ 갑오년의 아프디 아픈/

나를 멀리서 보기

허어연 웃음으로 피어난다

— 정군수의 「아카시아」 전문

공포, 허무감 :

　너도 이 세상을 떠날 때면/ 눕는구나/ 누군가 마르지도 않은 널/ 톱질했다/ 너의 피라고 해야 할까/ 젖어서 한없이 보드라운 톱밥의 향기는/ 잘려진 네 밑동에 어지러이 흐르고/ 너의 순결한 피에 내 손을 씻는 저녁이다/ 그 밤, 넌 엉겨 있는 얼굴을/ 땅속에 묻고/ 물구나무로 서 있었지?// 무엇인가 잡고 싶었을 거야/ /바위, 진흙, 그보다 더 단단하고 차진 것을/ 네 몸과 결합하고 싶었을 거야

— 남유정의 「뿌리 뽑힌 아까시아에게」 일부

절망감 :

　뿌리 뽑힌 아까시나무/ 시들어가는 이파리

공포감 :

　날카로운 톱날 돌아가는 소리/ 아까시나무를 향해 다가온다.

※ 여기에 보기로 든 시 중에서 "아까시아", "아카시아". "아까시" 등 여러 가지로 표기되어 있으나 "아까시아 나무"와 "아까시나무"는 전혀 종류가 다른 나무이다. 많은 시인이 개념을 혼동하여 사용하고 있다. 따라서 5월에 우리나라 산에서 흔히 보는 나무는 아까시나무가 맞는 표기이며, 꽃은 아까시 꽃이어야 바른 표현이다.

정서와 이미지 만들기

서정시의 개념과 변화

　서정시란 주관적인 정서나 감동을 노래하는 방법으로 표현한 시이다. 그리스에서 주로 악기에 맞춰 노래하기 위한 시(오드, ode)로 많이 창작되었다. 시의 출발은 고대로부터 발달해 온 서사시와 극시였다. 이러한 서사시와 극시가 개인의 감정이 개입되지 않음에 비해 이와는 대조적으로 개인의 감정을 다룬 시가 나중에 등장하게 되었는데, 이러한 형식의 시가 중국의 부(賦)나 우리나라의 시조가 이에 해당하며 노래와 함께 불렸다.

　따라서 서정시는 오랫동안 서사시나 극시처럼 확고한 장르로 정착되지 못하다가 근대에 와서 서양의 보들레르, 말라르메, 폴 발레리에 의해 장르로 정착되었다. 점차 서정시는 개인적인 체험을 바탕으로 하여 개인의 정서를 표현하는 시로 발전되었다. 개인의 정서를 표현한다는 말은 주관을 중시한다는 말이다. 따라서 서정시는 주관적인 정서 표현일 수밖에 없다.

　주로 시인이 눈으로 관찰되는 사물이나 시인의 영감에 감지된 순간적인 감정이나 생각들이 시의 모티브가 되어 개인의 정서적인 체험을 노래하는 것으로 서정시가 발전해 왔으며, 현대에 와서는 정서를 노래로 부르기보다는 이를 명확한 이미지로 시각화하여 보여 주는 회화적인 경향의 형상화 방법으로 표현한다.

　이미지로 시각화할 때 주로 많이 사용되는 신체의 감각 기관은

정서와 이미지 만들기

눈이다. 시각에 의해 보여 주게 되나 시각에만 절대 의존하여 표현하라는 말은 아니다. 시각을 비롯하여 청각, 미각, 후각, 촉각 등 오감으로 표현되어야 구체적인 표현이 되는 것이다. 따라서 더 주관적인 정서를 객관적으로 다수의 사람이 공감할 수 있도록 드러내기 위해 객관적인 상관물을 등장시킨다. 그리고 세밀한 묘사를 통해 주관적인 정서를 보다 명확하게 시각화해내야 한다.

형상화는 슬픔, 기쁨, 고독, 허무, 공포 등과 같은 주관적인 정서를 시각화하여 명확하게 보여 주기 위해 형체가 없는 것을 우리가 감각할 수 있는 사물로 시각화하여 표현하는 일련의 과정이다.

한국식 낭만주의 시대에 시 창작 방법은 주관적인 정서나 감정을 그 상태로 토로하는 것으로 개인의 감정을 중시하는 경향이 많았다. 그러나 현대시에서는 감정을 절제하고 반드시 가공 과정을 거치게 된다. 이는 마치 음식을 요리하지 않는 채 재료 상태로 그대로 내미는 것을 낭만주의 감정 토로의 시라면, 오늘날 문명화된 사회에서는 미적인 감각을 살려 음식을 다양하게 요리하여 보기 좋은 그릇에 담아내는 것을 시의 형상화라고 보면 쉽게 이해할 수 있을 것이다.

만약 여러분이 식당에 들어가서 음식의 원재료인, 쌀, 보리, 콩 등의 잡곡과 배추, 무, 파, 감자, 호박 등을 그대로 내놓고 음식이라고 내놓으면 눈이 휘둥그레질 것이다. 건강식을 하려면 가공 과정을 적게 거칠수록 좋다고 하지만, 음식 재료를 그대로 내놓고 먹으라 하면 음식이라고 할 수 없다. 시도 마찬가지다. 시의 소재에 자기 생각을 보태어 그대로 시라고 한다면 아무도 그 시에 대해 공감하는 사람이 없다. 그러나 요리하지 않은 음식을 내놓듯 형상화 과정을 거치지 않는 주관적인 감정을 그냥 토로하는 시를 시라고 발표하는 시인들이 뜻밖에 많다.

보통 습작기를 거치지 않고 사설 문예 잡지에서 상업성을 목적으로 무작정 등단한 시인들이 시인 칭호가 마치 자격인 양 착각하고 요리를 하지 않은 재료 상태의 음식을 무성의하게 내놓듯이 형상화 과정이나 정교한 시어 선택이라는 세공 과정을 거치지 않은 주관적 감정 토로의 시를 시라고 발표하고 있다. 이런 시들은 낭송했을 때는 직접적인 감정 토로이기 때문에 청중들의 청각적 이미지를 잠시 자극하여 감동을 줄 수 있는 경우도 있겠지만, 활자로 발표되었을 때 전혀 이미지가 없는 잡다한 재료 상태를 내놓은 것과 같이 정서적인 미감을 느낄 수 없다.

우리나라에 서양의 현대시가 들어온 역사가 110여 년밖에 되지 않았기 때문에 여러 가지 문예사조의 경향의 시가 혼재하고 있다. 외국에서는 수 세기에 걸쳐 발달한 여러 사조가 짧은 기간에 한꺼번에 들어와 유입됨으로써 근대적인 정서를 표현했던 사조의 영향과 현대시의 흐름이 뒤섞여 있다는 사실을 부인할 수가 없다. 따라서 낭만주의적인 주관적인 감정의 직접적인 토로 형식을 현대시로 착각하는 사람들이 많다. 이것은 마치 김치와 된장국을 먹어 온 사람이 오늘날 서구식 다양한 음식에 대한 무조건 선호 반응으로 고대로부터 발달해 온 노래와 결부된 시적 표현을 답습하려는 무의식적인 반응이라고 할 수 있을 것이다.

그렇지만 현대시를 바로 이해하지 못하고 문화적인 허영심을 채우기 위해 시 공부를 하지 않고 시를 창작하는 작업을 도외시하고, 낭송시 발표를 통해 만족감을 얻으려는 문학 향유자의 현란한 몸동작을 수반한 전위 예술 행위는 결국 시를 불신하는 사회 풍토를 조성해 왔으며, 시단의 무질서한 물질화, 속물화, 대중화를 부추기는 원인을 제공함으로써 우리 문단에 수많은 부작용과 잡음을 낳고 있다.

일제강점기 개화되면서 오랫동안 익혀 온 우리나라의 시적인 전통은 노래와 결부된 것들이어서 개인 정서를 이미지로 시각화하는 서양의 문화에 적응하기란 쉬운 일이 아닐 것이다. 이러한 현대시의 본질에 대해 기성세대들의 부적응 현상은 현대시에 대한 근본적인 이해를 더디게 한다는 사실은 부인할 수 없다. 이는 날이 갈수록 급격하게 진화하는 휴대폰 문화에 대해 구세대들이 적응을 하지 못하

정서와 이미지 만들기

고 당황해하며, 그에 따라 핸드폰의 다양한 기능을 이용하지 못하는 것과 흡사하다.

현대 사회는 휴대폰의 터치 기능으로 모든 정보를 시각화하여 편리하게 제공하는 시대다. 현대시의 문화도 휴대폰의 터치 기능과 마찬가지로 시적 대상을 노래가 아니라 이미지를 시각화하여 우리들의 내면세계를 표현하여 보여 준다. 이러한 이미지로 재현하는 시각 문화의 발달은 노래에 의해 청각 이미지에 의존하는 시인들의 관습적인 감각 인식을 하루아침에 변화시킬 수는 없을 것이다. 그렇지만 꾸준히 시인들이 현대시의 본질에 충실한 좋은 시들을 많이 감상함으로써 다양한 시인의 시적 표현 방법을 익혀 안목을 키우는 일은 바로 현대시를 올바르게 창작할 수 있는 계기가 될 것이다. 따라서 국내외 유명 시인의 명시를 많이 감상하여 그들이 복잡한 현대 정서를 어떻게 형상화하여 시적인 미감을 표현했는지 다양한 방법을 익히는 일이 최선의 방법이다.

이미지의 형상화

시는 추상이 아니라 구체적이고 특수한 이미지를 통해 의미를 전달한다. 우리들의 감각 기관에 호소하여 사물에 대한 감각적 경험을 환기시킨다. 시의 이미지는 추상적이고, 관념적인 것들을 보다 구체화함으로써 시의 내용을 보다 선명하게 인지시키고, 시적 상황을 암시하거나 상징함으로써 독자들에게 정서적 반응을 일으키게 하는 기능을 수행한다. 다시 말해서 시의 이미지는 시인이 전달하고픈 관념이나 실제 경험, 또는 상상적 체험들을 미학적으로 그리고, 호소력 있는 형태로 형상화시킬 수단으로서 의미를 전달하는 기능을 수행한다.

이처럼 이미지는 관념을 직접적으로 드러내지 않고, 관념을 육화하게 된다. 관념을 직접 진술하지 않고 이미지를 통해 전달하기 때문에 생생한 현실감을 환기시켜 주는 예술적 효과를 발휘하기도 하지만, 소통이 불가한 시어의 모호성을 유발하기도 한다. 또한, 이미지는 시의 배경을 마련해 주는 기능, 즉 시적 상황을 구성하는 기능도 수행하며 상상력을 자극하고 쾌감을 주는 그림을 제공하는 등 다양한 기능을 수행한다.

C. D 루이스(Lewis : 1904~1972)는 "이미지란 독자의 상상력에 호소하는 방법으로서, 시인의 상상력에 의해 그려진 그림의 언어이다.", "시인의 머릿속에 들어오는 이미지가 아무리 아름답더라도 그가 현재 쓰고 있는 시의 정서를 표현하는데 기여하지 않는 한 또는 시 속의 다른 이미지와 연결되지 않는 한 시인은 그것을 쓸 수 없는 것이다."라고 말 한데서 시의 정서와 무관한 이미지는 시의 분위기를 깨뜨리는 결과를 가져오게 된다.

많은 시인이 서정시가 정서 표현임에도 정서를 표현하기보다는 머릿속의 관념에 매달려 시어의 의미를 쫓아가는 시를 쓰기 때문에 정서가 혼란한 시가 등장하게 되는 것이다. 예를 들어 물의 이미지와 관련 있는 소나기나 바다 소재의 시인데, 전혀 관련이 없는 먼지나 불의 이미지 표현이 등장한다면 옥에 티가 되어 시의 분위기를 망가뜨려 놓게 된다. 이는 마치 옛날 역사물의 드라마를 촬영하는데 전봇대나 현대식 건축물이 배경에 드러나는 것과 마찬가지로 현실감이 깨져 버리는 것과 마찬가지이다.

이런 시각으로 각종 문학지 추천작이나 문학상에 당선된 시에서도 이런 불균형의 시가 종종 눈에 띄는 것을 볼 수 있는데 이는 심사위원의 안목을 의심하게 하는 중요한 빌미를 제공하게 되는 것이다. 이미지와 묘사는 매우 상호 보완적인 관련을 맺고 있다. 묘사만 잘 되어도 이미지가 살아나게 되기 때문이다.

문학 작품에서 쓰이는 축어적 묘사나 암시, 은유의 보조 관념, 등 감각적 지각의 모든 대상과 특성이 넓은 의미의 이미지에 해당하며

정서와 이미지 만들기

좁은 의미의 이미지는 시각적 대상이나 장면의 묘사를 의미한다. 이미지와 비유는 사물의 겉과 속과 같은 관계이다. 사물을 시어로 드러내는 외연적 시점을 비유라 한다면, 시인이나 시를 분석하고 감상하는 독자의 마음속 정신 작용의 내면적 시점을 이미지라고 할 수 있다.

이미지로 형상화할 때 감각적으로 구체화하는 언어의 조형물을 세우게 된다. 조형물을 설명하는 것이 아니라 형상화된 언어의 조형물을 통해 시인이 표현하고자 하는 정서를 독자가 느끼도록 해야 한다는 것이다. 예를 들어 슬픈 느낌을 들도록 형상화하려면 슬픈 상황에 걸맞은 소재의 언어를 선택해야 한다. 슬픈 상황이라면, 병원에 누워 있다던가, 요양원에 있는데 자식이 찾아오지 않는 환경, 초상집 같으면, 검은 옷, 검은 리본, 조화, 촛불, 국화, 향로, 관, 장례식장 풍경, 부조금 봉투, 향불 등이 배치되어야 한다는 것이다.

시의 형상화 작업을 할 때는 시인은 희곡 작가나 드라마 작가 또는 연극의 연출자, 드라마나 영화 촬영 감독이 되어야 한다. 사진작가의 경우는 가장 멋있는 미감을 표출할 수 있는 위치나 시간대를 골라 가장 미감이 고조된 순간을 포착하여 셔터를 눌러야 한다. 그리고 화가의 경우 그림을 그리는 대상을 화가의 정서를 가장 적절하게 담기 위해서는 구도와 색을 배치하여 정서를 표현하게 된다. 조각가는 자신이 표현하고자 하는 형상을 구상하여 가장 적합한 소재를 선택하여 자신이 의도한 바를 조각품으로 나타내게 되는 이치이다.

시의 형상화는 곧 언어로 조형한 조각품이요, 언어로 그린 그림이다. 그렇다면 조각품과 그림이 보는 사람들에게 조각가나 작가의 의도를 잘 파악할 수 있도록 효과적으로 창작해내는 기술이 필요하다. 이러한 기술은 조각가나 화가의 천부적으로 타고난 재능도 필요하겠지만, 재능보다는 꾸준한 노력의 결과가 더 클 것이다. 따라서 시의 형상화를 잘하려면 평소 이미지 훈련을 많이 해야 한다. 미술 학원에 가면 그림 공부를 하는 학생들에게 데생 연습을 수없이 반복하게 한다. 기초적인 데생 훈련이 잘되어야 좋은 그림을 그릴 수 있기 때문이다.

　이와 마찬가지로 시 창작에도 기초적인 데생 연습이 필요한 것이다. 시의 데생은 정서의 이미지화 연습이다. 기쁨, 슬픔, 허무, 고독, 분노 등 인간의 정서를 날마다 임의적으로 식물이나 동물 중 한 가지를 선택하여 각각의 정서를 이미지화하는 훈련을 반복해야 한다. 이러한 정서의 이미지화를 정밀하게 하는 일련의 과정을 시의 형상화라고 볼 수 있는데, 시의 형상화를 위해 눈, 코, 귀, 입, 손 등 다섯 가지 감각 기관을 동원하여 조형하고, 그 감각을 표현하는 가장 적절한 언어를 선택하여 구체적으로 이미지를 시각화해내야 한다. 이러한 이미지의 형상화, 감각화가 잘되어야 만이 독자들을 공감으로 이끌어 낼 수 있다.

　초보 화가가 제 기분대로 마구잡이로 그림을 그려 놓고, 추상화 운운하면서 그림을 잘 그렸다고 혼자 떠들어 댄들 누가 그 그림을 공감하겠는가? 그림을 잘 그리려면 스케치나 데생 연습을 반복하여 자기만의 기술을 습득하는 일이나 색을 적절하게 배합하여 그림의 효과를 십분 노릴 수 있는 노하우를 가지고 있는 화가라야 좋은 그림을 그려 감상하는 사람들의 감동을 자아낼 수 있듯이, 시를 잘 쓰려면 많은 명시를 읽거나 여러 시인의 시론을 읽고 나름의 정서를 표현하는 방법을 익혀야 한다.

　이러한 노력이 없이 시를 잘 쓰려고 책상 앞에 앉아 있거나 시 소재를 찾는다며 여러 곳으로 여행을 쏘다닌들 공염불에 지나지 않는다. 기초적인 이미지 훈련을 하지 않고 시를 잘 쓰겠다고 큰소리를 치는 시인은 평생 좋은 시 한 편을 남기지 못하고 시라는 형식을 빌린 낙서만 남기게 된다.

　형상화란 시 창작하는 데 있어서 가장 벗어나기 힘든 관념의 늪에서 빠져나오기 위한 정서의 전달 방법이라고 할 수 있다. 많은 시인이 관념 속에서 시상을 전개하다 보니 정서가 전달되지 못하고 장식적인 수사나 설명이 되어 자칫 시인 혼자 시어에 많은 의미를 담아내는 주관적인 정서의 표현으로 독자에게 시적 정서를 제대로 전달하지도 못하게 된다. 한자어는 상형 문자로 한자어 자체가 하나의 모양을 본뜬 관념이 자리 잡고 있어서 한자어로 시상을 전개하면 리듬이 깨져 버리고 명확한 이미지로 시각화되지 않게 된다. 한자어나 상투적인 시어로 시적인 심미감을 표현하기에는 부적당하다. 따라서 한자어는 되도록 그에 상응하는 한글로 대체하여 표현해야 하는 까닭이 여기에 있는 것이다.

이처럼 명확한 이미지를 바탕으로 시각적으로 정서를 형상화하여 감각적으로 보여 주는 형상화 작업은 집을 지을 때 설계도와 같다. 설계도가 없이 집을 지으려면 좋은 집을 지을 수가 없다.

시의 형상화

시를 형상화하려면 시적 대상에 대한 다각적 세심한 관찰이 선행되어야 한다. 세심한 관찰력으로 남이 보지 못한 것을 보는 안목이 무엇보다 중요하다. 사물을 새롭게 보는 안목이 없이는 좋은 시를 쓸 수가 없다. 사물을 보는 안목은 유명한 시인들이 시를 빚는 창작 기법을 익히는 것에서부터 출발한다. 우리나라에서 대중들이 선호하는 유명 시인의 시에서 시적인 미감을 느낄 수가 없다. 대중들이야 문학성을 따지지 않는다. 그냥 쉽게 읽고 위안을 받는 시를 선호할 뿐이다. 대중들이 선호하는 시인들의 시는 문학성과는 전혀 거리가 먼 시들이 많기 때문이다. 자칫 이러한 시인들의 시를 자신도 따라 하면 현대시의 기법을 익히지 못하고 시를 잘 못 이해하고 자신도 모르게 그런 아류가 되어 버리고 만다. 시의 아류는 모창 가수와 다를 바가 없다. 남의 것을 흉내만 낼 뿐 자기 목소리가 없어서 예술이라고 볼 수 없다. 시를 바로 이해하기 위해 문학사에 남은 시인들의 시 창작 기법을 익히고, 세계 노벨문학상이나 각국의 문학사에 기록된 시인들의 시 작품을 감상하고 그들의 시론을 읽고 다양한 시 창작 기법을 익힐 때 시를 보는 안목과 사물을 보는 안목이 길러지게 되는 것이다.

사물을 보는 안목이 길러지면 사물을 자기만의 독특한 관점에서 새롭게 보고 형상화하는 기술이 필요한데, 이러한 기술을 발상이라고 한다. 시의 독자를 사로잡는 것은 발상이다. 누구나 보는 일상적인 눈으로 사물을 보고 표현한다면 상투적인 표현밖에 나오지 않는다. 상투적인 표현의 시는 독자들의 눈 밖에 난다. 사물을 꿰뚫어 보려는 깊은 사색이 없이 즉석에서 보고 있는 그대로 표현하려는 데서 상투적인 표현이 나온다. 이런 표현의 시 창작은 시인이 아니더라도 누구나 할 수 있다.

참신한 발상은 좋은 시를 창작하는 전제 조건이다. 심마니가 온갖 정성과 노력을 기울여야 산삼을 찾아낼 수 있는 것처럼 먼저 자신의 몸을 가다듬고 경건한 마음 자세로 산삼이 있을 곳을 몇 날 며칠 찾아 나서야 겨우 찾아낼 수 있다. 부단한 정성과 노력이 있어야 산삼이 눈에 띄는 것이다. 이처럼 좋은 시를 창작하기 위한 노력이 있을 때 참신한 발상이 떠오르게 되는 것이다. 항상 시를 빚을 때는 심마니의 경건한 마음가짐으로 자연과 가까이하고 자연을 세심하게 관찰할 때 산삼과 같은 좋은 시가 창작되는 것이다.

① 일상생활의 현장과 연계하여 형상화한 예

우리의 일상생활의 현장에서 흔히 접할 수 있는 상황을 연계하여 형상화한 이하석의 「새·1」을 예를 들어 본다.

정서와 이미지 만들기

> 제18번 곡만 온몸의 상황으로 줄곧 불어대는 새. 우리들의
> 신청곡을 받지 않네.
>
> — 이하석의 「새·1」 전문

새가 노래하는 것을 자신의 생활 경험으로 미루어 표현한 시이다. 노래방에서 사람마다 자신의 18번 곡 즉, 애창곡을 선택해서 부르는데 새들을 노래방에서 다른 사람들의 노래를 못 부르게 하고 자기 노래만 부르는 사람과 비유해서 '제18번 곡'만을 고집하고 다른 사람들의 신청곡을 받지 않는 상황과 유사하다는 점을 발견하고 표현했다. 누구나 표현할 수 있는 것임에도 '새=노래방'의 발상이 이 시의 형상화의 바탕이 된 것이다.

> 바캉스/ 휴대폰/ 무료로 대여해드립니다.// 가로수마다/ 휴대폰/
> 벨소리/ 요란하다.// 맴맴맴/ 진동하는/ 나무들의 휴대폰// 지금은
> 땡볕 수업중입니다./ 나중에 전화하겠습니다.
>
> — 김관식의 「매미」 전문

이 시는 '매미=휴대폰'이라는 간단한 발상으로 형상화한 시이다. 누구나 발견해낼 수 있는 우리 주위의 상황을 가져온 것뿐이다. 이같이 어떠한 현상을 우리 생활에서 경험하는 사실과 유사성에 의해 누군가에 의해 연결해 보지 않는 사물이나 상황을 연계해내는 작업을 형상화 작업이라고 할 수 있다.

② 작은 벌레의 세심한 관찰과 사유로 형상화한 예

우리 생활에서 발견한 벌레 한 마리에 대해 세심한 눈으로 관찰하고 깊은 사색을 하면 좋은 시를 빚게 된다. 형상화는 묘사로 구현되기 때문에 사물을 묘사만 잘해도 그 자체가 형상화되는 것이다.

유리창에 송충이 한 마리 붙어 있다
아파트 10층 창문까지 어떻게 올라왔을까
송충이가 기어 온 긴 높이를 생각해 본다
오를수록 더 높아지는 높이
아무리 힘차게 꾸물거리며 기어도
벽 창문 벽 창문 벽 창문 벽 창문 벽 창문…….
온몸이 허리로 된 송충이는 그래도
부지런히 뒤 허리로 앞 허리를 밀어 올린다
허리 밑 다닥다닥 점 같은 다리들이
유리창에 아슬하게 붙어 있다
흰 갈대잎 같은 털들이 바람에 휘날린다
몸도 털이 휘어지는 방향으로 기우뚱거린다
습관의 힘이 아니었다면
송충이는 벌써 10층 아래로 떨어졌을 것이다
떨어져도 부러질 것은 없지만
그래도 떨어지지 않으려고 안간힘이다
그러다 갑자기 허리걸음을 멈추고
송충이는 허리로 된 머리를 높이 들어
여기저기 허공을 한참 더듬는다
이 나무는 가도가도 거대한 평면 사각뿐이다
이파리 하나도 없이 어떻게 광합성 하나
아무래도 길이 없는 것 같지만
그래도 있는 힘을 다해 허리를 늘였다가
깊은 주름이 생기도록 줄이면서
송충이는 11층을 향해 기어오르기 시작한다.

— 김기택의 「유리창의 송충이」 전문

아파트 10층 창문에 송충이가 달라붙은 것을 유심히 관찰하고 그 안에 숨어 있는 생명력을 관찰자의 시선으로 묘사로 형상화해낸 시이다. 이 시의 첫머리를 "유리창에 송충이 한 마리 붙어 있다/ 아파트 10층 창문까지 어떻게 올라왔을까"라는 의문의 발상에서 시작하고 있다. "부지런히 뒤 허리로 앞 허리를 밀어 올린다.", "허리 밑

정서와 이미지 만들기

다닥다닥 점 같은 다리들이/ 유리창에 아슬하게 붙어 있다/ 흰 갈 대잎 같은 털들이 바람에 휘날린다/ 몸도 털이 휘어지는 방향으로 기우뚱거린다", "송충이는 허리로 된 머리를 높이 들어/ 여기저기 허공을 한참 더듬는다" 등의 세심한 관찰 상황의 기록, "습관의 힘이 아니었다면/ 송충이는 벌써 10층 아래로 떨어졌을 것이다/ 떨어져도 부러질 것은 없지만/ 그래도 떨어지지 않으려고 안간힘이다"라는 화자의 해석적인 진술로 이 시는 짜여 있다. 이처럼 흔히 지나칠 수 있는 사물을 세심하게 관찰하여 묘사하는 것도 형상화의 한 방법이다.

③ 과거 체험을 형상화한 예

시의 소재 원천은 시인 자신의 경험이다. 그 경험을 객관적 상관물인 사물을 통해 재현해내어 형상화할 수 있다. 손택수의 「소가죽 북」은 과거의 체험을 끌어내어 '소=북=어머니'로 발상하여 형상화한 시이다.

> 소는 죽어서도 매를 맞는다
> 살아서 맞던 채찍 대신 북채를 맞는다
> 살가죽만 남아 북이 된 소의
> 울음소리, 맞으면 맞을수록 신명을 더한다
>
> 노름꾼 아버지의 발길질 아래
> 피할 생각도 없이 주저앉아 울던
> 어머니가 그랬다
> 병든 사내를 버리지 못하고
> 버드나무처럼 쥐어뜯긴
> 머리를 풀어헤치고 울던 울음에도
> 저런 청승맞은 가락이 실려 있었다

>   채식주의자의 질기디질긴 습성대로
>   죽어서도 여물여물
>   살가죽에 와닿는 아픔을 되새기며
>   둥 둥 둥 둥 지친 북채를 끌어당긴다
>   끌어 당겨 연신 제 몸을 친다
>   ― 손택수의 「소가죽북」 전문

「소가죽 북」은 북을 두드리는 공연장의 모습을 보고 불현듯 떠오른 시인 자신의 어린 시절 아버지에게 폭행을 당하는 어머니의 모습을 떠올려 북소리와 연결 짓는 방법으로 형상화했다. 이처럼 현재의 사물이나 상황을 과거의 경험과 연계해 형상화함으로써 한 편의 시로 압축해 표현할 수 있다.

④ 자연 사물을 깊이 사유하여 형상화한 예

자연 현상이나 사물을, 깊은 사유 과정을 거쳐 시로 형상화할 수 있다. 시골 처마의 「거미줄」을 자세히 관찰하고, 시인 자신 나름대로 그 상황에 대해 깊이 생각하고 해석하여 진술하는 방식으로 한 편의 좋은 시를 빚어낼 수 있다.

>   허공에서 찢어져 펄럭이는 거미줄
>
>   해 질 녘이면
>   처마 그늘로 엉금엉금 돌아가던
>   늙은 왕거미는 홀로
>   죽었다
>
>   허공이 왕거미의 큰 무덤이다
>   허공이 왕거미의 큰 자궁이었지

찢어진 거미줄에 내려오는
해 삭은
달빛

맺히는 흰 밤이슬

— 최승호의 「거미줄」 전문

최승호의 「거미줄」은 시골 한옥의 천장에 매달린 거미줄을 자세히 관찰하고 측은지심을 담아 시각화하여 우리에게 보여 주고 있다.

⑤ 시인의 내면세계를 형상화한 예

시인 자신의 내면세계를 사물의 존재 형태나 상황으로 엮어 가는 방식으로 형상화할 수 있다. 시적 대상에 대한 세심한 관찰과 상상력을 바탕으로 자신의 내면세계를 짜임새 있게 연결하여 형상화해내야 성공할 수 있다. 이 방법은 주관적인 감정이 많이 개입되므로 자칫 객관성을 잃어버릴 수도 있다.

깊은 곳에서 네가 나의 뿌리였을 때
나는 막 갈구어진 연한 흙이어서
너를 잘 기억할 수 있다
네 숨결 처음 대이던 그 자리에 더운 김이 오르고
밝은 피 뽑아 네게 흘려보내며 즐거움에 떨던
아, 나의 사랑을

먼 우물 앞에서도 목마르던 나의 뿌리여
나를 뚫고 오르렴
눈부셔 잘 부스러지는 살이니
내 밝은 피에 즐겁게 발 적시며 뻗어가려무나

척추를 휘어접고 더 넓게 뻗으면
그때마다 나는 착한 그릇이 되어 너를 감싸고
불꽃 같은 바람이 가슴을 두드려 세워도
네 뻗어가는 끝을 하냥 축복하는 나는
어리석고도 은밀한 기쁨을 가졌어라

네가 타고 내려올수록
단단해지는 나의 살을 보아라
이제 거무스레 늙었으니
슬픔만 한 두릅 꿰어 있는 껍데기의
마지막 잔을 마셔다오

깊은 곳에서 네가 나의 뿌리였을 때
내 가슴에 끓어오르던 벌레들,
그러나 지금은 하나의 빈 그릇,
너의 푸른 줄기 솟아 햇살에 반짝이면
나는 어느 산비탈 연한 흙으로 일구어지고 있을 테니

— 나희덕의 「뿌리에게」 전문

 자신의 내면세계를 적나라하게 드러내 보여 주는 한 폭의 내면세계 그림이다. 주관적인 감정이 개입될 소지가 많아 객관적인 정서로 명확하게 보여 주지 못할 개연성이 있으며, 주로 암시와 상징의 시어로 표현하여 애매성과 모호성을 일으킬 우려가 있다. 자칫 잘못하면 난해시가 되어 버릴 경향이 짙다. 고도의 형상화 작업으로 내면세계를 명징하게 드러내야 성공할 수 있다. 이 시는 기쁨과 슬픔의 두 정서가 혼합되어 나타나며, '밝은 피 뽑아 네게 흘려보내며 즐거움에 떨던/ 아, 나의 사랑을 명확한 정서'라는 표현처럼 관념적인 내면 정서를 자기감정을 억제하지 못하고 불건전한 특수 상황(피를 뽑아 네게 흘려보내며 즐거움에 떨던)으로 애매모호하게 혼자 감탄하는 등 지극히 주관적이고 관념적인 정서를 직관적으로 진술하고 있다.

시적 정서 만들기

시의 세계

　예술은 사람의 경험에서 느낀 정서의 심미감을 언어나 물질을 통해 표현하는 행위이다. 그림은 색깔로 사물에서 느낀 인상이나 정서적 반응을 표현한 것이라면, 음악은 소리로서 느낌과 정서를 표현하며 문학은 언어로서 표현하게 된다. 시는 언어로 표현하되 언어를 압축한 표현이다. 그러니까 예술가는 자신이 의도한 경험의 정서를 다른 사람에게 전달할 예술 작품을 효과적으로 창작하게 된다. 따라서 시는 언어로 함축하여 정서를 전달하는데, 보다 객관적으로 전달하기 위해 1인칭으로 자신의 감정을 토로하지 않고 제삼자를 통해 간접화로 보여 줌으로써 그러한 자신의 정서와 동일한 반응을 일으키도록 한다.
　그래서 독자들의 관심을 끌기 위해 참신한 발상으로 자신의 느낌이나 정서를 전달하기 쉬운 사물을 선택하여 감각 기관을 통한 묘사와 자기 경험을 진술해 보여 준다. 따라서 시인 자신이 선택한 사물은 시적인 소재가 되고 시적 대상이 된다. 시적 대상을 관찰하고 그 사물의 속성이나 특징을 자신이 말하고자 하는 경험을 유추하여 유사점을 찾고, 연계하여 간접적으로 우회하여 시각화하기 위해 묘사하게 되고, 들려주기 위해 진술한다. 그러나 우리 인간의 언어는 약속된 기호 체계에 의해 의사를 전달하게 되는데, 시는 약속된 기호 체계를 뛰어넘어 시인이 독자적으로 새롭게 창조한 표현으로 의미를 새롭게 창조하기도 한다. 따라서 굳어진 언어 관념을 초월하여 관념화된 고정 틀을 깨어 부수어 새롭게 사물을 인식시키는 의미를 창조하는 시어를 창조하기도 한다. 시의 세계는 새로운 기표와 기의를 창조하여 언어의 의미를 재창조하는 등 인간의 정서를 압축해 놓은 만큼 표현의 방법도 다양하다.

여기에서는 사물을 통해 정서를 표현하는 서정시를 보다 효과적으로 표현하기 위한 시의 얼개를 형성하는 시의 형상화 방법에 대해 구체적인 사례를 들어 설명하고자 한다.

시적 정서 만들기

① 정서의 전달 방법

사물시란 사물에 시인 자신이 겪은 경험의 질료를 투영하고 일체화시켜 객관적으로 보여 주는 시이다. 자신의 경험 세계, 즉 기쁨, 슬픔, 허무, 고독, 절망, 공포 등의 정서를 객관적으로 보여 주려면 이미지로 형상을 만들어 구체적으로 감각화시켜 보여 주어야 공감하게 되는 것이다. 왜냐하면, 우리들이 사물을 인식할 때 눈, 코, 귀, 입, 손 등 다섯 가지 감각 기관으로 사물에 대한 느낌이나 정서를 인식하게 되는데, 정서를 인식하는 직접적인 감각 기관으로 독자가 인식하도록 묘사되어야 사물의 실체를 인식하고 공감하기 때문이다.

우리는 주로 시각에 의존하여 사물의 형상이나 자신의 경험을 표현하려 한다. 그러나 시각으로 정서를 표현하는 데는 사물을 보는 거리에 따라 달라진다. 너무 먼 거리에서 사물을 바라보거나 한꺼번에 많은 사물을 담아서 보여 주려고 하면 초점이 흐려지게 된다. 이렇게 먼 거리에서 많은 사물을 한꺼번에 넣으려면 시어를 뜻이 넓은 말, 즉 관념어나 추상어를 쓰지 않고서는 안 되는 것이다.

시적 정서 만들기

　예를 들어 '사랑'이라는 시어를 썼다고 하자. 사랑은 정의하기조차 어려운 너무 광범위한 낱말이다. 이러한 광범위한 관념어는 사물의 거리를 멀게 그리고 넓게 포괄적으로 표현하기 때문에 초점이 흐려져 독자들의 공감을 얻지 못하는 것이다. 관념어나 추상어는 절대로 구체화시켜 표현이 되지 않고 관념 그 자체로 머물러 있게 된다. 여기에 한자어를 되도록 쓰지 말라는 이유가 있다. 한자어 자체가 뜻글자로 사물의 형상을 본떠서 만든 상형 문자이기 때문에 많은 의미가 포함되어 있다. 이미 그림이 머릿속에 그려지는 효과를 발휘하기 때문에 구체적으로 그려지지 않고 시의 내재율을 깨뜨려 버리는 위험이 내재해 있기 때문에 한자어는 그에 적합한 한글로 표현되어야 한다.
　시인 자신의 관념 속에서 자신의 경험을 포함한 낱말이라고 생각할지 모르지만, 독자는 시인과 다른 경험을 가지고 있기에 다르게 인식하게 되는 것이다. 이렇게 되었을 때 주관적인 표현이 되어 시인의 경험이나 정서 표현이 모호하게 되어 버린다. 이때 구체화하려면 시인 자신이 겪은 사랑의 경험을 들어야 드러나게 된다. 형상화란 자기의 경험이나 정서를 하나의 유기체로 만들어 보여 주는 설계도 같은 것이다.
　시인이 만약 어머니의 사랑을 표현하고자 한다고 할 때 시적 대상이 어머니로 한정된다. 그런데 이러한 시적 대상이 설정되지 않고 표현되면 아내, 남편, 자식, 친구, 이웃 등등 시적 대상과 관련된 경험이나 정서를 모두 포함하게 되므로 초점이 흐려지게 되는 것은 당연할 것이다.
　시적 대상을 어머니로 한정시켰다면, 어머니와의 경험이나 정서를 표현하게 되는데 자신을 뭉클하게 했던 경험을 다른 사람에게 자신이 느낀 정서처럼 느낄 수 있도록 상황을 설정하여 보여 주어야 한다. 이러한 상황을 장식적인 수사로 미화시켜서 보여 주라는 것이 아니다. 대부분 사람은 그러한 상황을 미화시켜 장황하게 그려서 설명하려고 한다. 아무리 장황한 설명을 곁들여도 독자는 공감을 얻지 못한다. 독자들의 공감을 얻으려면. 그때 자신을 전율하게 했던 정서 상황으로 돌아가 그 상황을 무대 위에 올려서 한 편의 연극이나 사진으로 보여 주어야 한다.

② 경험을 통한 정서를 진술한 시 소개

경험을 통해 정서를 진술한 다음의 예시 2편을 들어 소개한다.

> 이승의
> 진달래꽃
> 한 묶음 꺾어서
> 저승 앞에 놓았다.
>
> 어머님
> 편안하시죠?
> 오냐, 오냐,
> 편안타, 편안타,
>
> — 조태일의 「어머니를 찾아서」 전문

돌아가신 어머니께 진달래꽃을 꺾어 어머니 무덤 앞에 놓아둔다. 만약 어머니가 살아 계셨더라면, 자신이 꽃다발을 바치면서 어머니께 드릴 말씀과 어머니의 대답을 예상해서 간결하게 보여 준다. 어머니와 애틋한 정서를 되살려 놓았다. 어머니와의 경험을 일일이 들지 않더라도 "어머님/ 편안하시죠?"라고 묻는 안부 한마디와 "오냐, 오냐/ 편안타, 편안타"라는 어머니의 말씀으로 어머니와의 생생한 경험을 누구나 인정할 수 있도록 되살려 냈기 때문에 공감을 얻는 것이다. 이것은 주관적인 정서가 누구나 인정하고 가슴이 뭉클해질 객관적인 정서로 탈바꿈했기 때문이다.

시적 정서 만들기

어머니께서는 노을이 질 무렵
부엌 앞에 키를 들고 나와 쭉정이와
알곡이 섞여 있는
곡식들을 키질하셨다

어머니가 살아오신 지난날
가슴앓이 같은 붉은 노을에
가족들의 한 끼 알곡을 받쳐 들고
헐떡거리며 살아온 생애처럼
까닥까닥 키질해대면

제 잘났다고
까불대는 쭉정이들은
길길이 날뛰며
키 밖으로 달아났다

선명하게 드러나는 사랑의 알곡들이
제 모습을 찾아
어머니의 가슴으로 다가와서
숨을 죽였다

끝까지 남은 것은 알곡만이 아니었다
어머니의 가슴에 박힌
딱딱한 상처의 응어리로 남은
작은 돌멩이까지 섞여 있었다

눈물을 먹고 살아온 세월
알곡과 함께 섞여 살아온
암 조각처럼 단단한 돌 부스러기들도
말없이
어머니께서는 바가지에 함께 담으셨다

돌은 키질로 걸러낼 수 없는 것을 아시기 때문에

> 어머니께서는 눈물을 먹고 살아온 돌 조각들을
> 키질 대신
> 물에 담가 조리질로 걸러내시곤 하셨다
> ― 김관식의 「어머니의 키질」 전문

 이 시는 어머니가 살아 계셨을 때 저녁밥을 짓기 위해 키질하던 모습을 통해 어머니의 살아오신 생애를 보여 주고 있다. 요즈음에는 키질하지 않지만, 옛날에는 방앗간에서 벼를 찧는 것이 아니라 절구에서 벼를 찧어서 벼의 껍질을 벗겨 내기 때문에 키질로 벼의 껍질을 제거하고 물에 담가 조리질로 쌀 속에 섞여 있는 모래알이나 돌멩이를 골라냈다. 이러한 키질과 조리질의 작업은 옛날 어머니들의 일상이었다. 이처럼 어머니의 일상적인 키질을 통해 어머니가 자식들을 위해 희생하시는 모습을 재현시켜 보여 준다. 주관적인 정서 상황을 객관적인 정서로 재현하여 보여 주고 있기에 공감을 얻는 것이다.
 이처럼 어머니에 대한 그리움을 보여 주기 위해 어머니의 일상적인 삶 중에서 가족들의 밥을 짓기 위한 키질의 경험이라는 정서 상황을 제시해 한 폭의 그림으로 보여 주고 있다. 이렇게 구체적인 정서 상황으로 설계도를 만드는 작업을 시적인 형상화 작업이라고 한다.

③ 형상화의 관건은 관념의 배제

 위에서 보기 시에서 예시한 「어머니의 키질」이라는 시에서 관념적인 은유를 찾는다면, "사랑의 알곡"이라는 표현이다. "사랑"이라는 뜻이 넓은 관념어 표현을 구체화시키기 위해 실제적인 과거의 생활문화, 키질이라는 상황을 설정하여 주체인 어머니의 추상어(사랑)와 구체적인 키질의 대상인 구체어(알곡)"로 결합하여 구체화시켜 표현하고 있는 것이다.

시적 정서 만들기

　관념어나 추상어는 대부분 한자어로 되어 있다. 형용사도 불필요한 관념어에 해당한다. 시의 세계는 명사의 세계이다. 장황하게 형용사나 관념어가 들어가는 시를 쓰면, 아무도 그 정서에 공감하지 않는 시인 혼자만의 넋두리가 되고 만다.
　혼자만의 넋두리는 시가 아니다. 아무리 장황하게 설명해도 그 정서를 대체할 수 없다. 시는 시인이 설명하는 것이 아니라 시는 하나의 유기체로 생명을 불어넣어야 한다. 이러한 생명을 불어넣는 작업이 바로 형상화 작업이다.
　흔히 습작기에 있는 시인들은 시적인 형상화를 할 줄도 모르고 시에 대해 공부하려고 하지도 않는다. 그저 관념어를 나열한 것을 시로 알고 관념어에 자기 나름대로 많은 의미를 부여하며 자기 만족하는 시를 쓴다. 관념적인 말장난을 시로 착각한다. 우리나라 많은 시인이 관념의 말장난에 빠져 관념어를 나열하면 시가 되는 줄 알고 관념의 유희 놀음에 빠져 있는 사람들이 많다. 그것은 여러 유명 시인의 시를 읽고 창작 방법을 스스로 깨우치지도 못한 체 등단했기 때문에 시를 형상화하는 방법이 소설처럼 머릿속으로 만들어 낸 이야기로 착각하여 머릿속에 있는 그림을 이미지로 착각하고 시를 쓴다. 머릿속에 그려지는 그림은 이미지가 아니라 지극히 주관적인 관념의 상황의 그림인 것이다. 관념의 그림은 혼자만의 그림이지 아무에게도 공감을 주지 못한다.
　시는 관념을 해설하는 것이 아니라 정서의 전달이다. 그것도 객관적인 정서의 전달이다. 엘리엇은 정서와 감정을 인간의 정신에 의해서 시로 변형될 수 있는 두 개의 요소로 보고 '정서란 인생의 경험이며, 감정이란 언어의 시적 양면을 나타내는데, 시의 위대성은 정서의 강도나 시인의 개성을 표현하는 능력이 아니라 예술적 처리 과정에서 정신의 압력에 의해 결정된다.'고 주장하고 있다.
　또한 그는 모든 예술 작품은 시인의 개성으로부터 자유로운 새로운 정서로 태어난다는 몰개성 이론으로 서정시의 개념을 정의하고 있다. "시는 감정을 표현하는 것이 아니라 정서로부터 도피이며, 개성의 표현이 아닌 개성으로부터 도피에 있다"라는 말은 서정시가 주관적인 정서를 표현하는 시이지만 누구나 공감할 수 있는 객관적인 정서 상황으로 표현해야 한다는 말이다.

관념 상태는 시가 유기체로 생명화하지 못한 허수아비 상태를 말한다. 시가 아직 완성되지 못한 허수아비의 상태를 시로 착각하고 새를 쫓아내겠다고 몸을 흔들어 댄들 새를 쫓는 거짓 흉내만 낼 뿐이다. 지나가는 새들조차 허술한 허수아비를 보고 비웃게 된다. 습작기를 거치지 않고 시단에 등단한 시인들이 시인인 척 위장하는 방법이 바로 허수아비가 몸을 흔들어 대는 것과 같은 관념의 놀음이다. 그렇게 해야 자신이 위대한 시를 쓴 것이라는 착각을 할 수 있고, 남이 자신을 다르게 볼 것이라는 환상과 자기 도취에 빠진다. 그러나 이런 시는 결국 자신의 내면세계를 드러내지 못한다. 또한, 자신이 시를 통해 무슨 말을 전달하려는지 주제조차도 망각하고 미사여구만을 나열하게 된다. 이러한 시 쓰기 작업은 분명 자신을 기만하고 속이는 공허한 시 쓰기 작업일 뿐이다. 이렇게 억지로 쓴 시가 다른 사람에게 감동을 줄 리 만무하다.

시는 진실한 삶의 보고서다. 시에서 시적 대상을 바라보는 거리는 매우 중요하다. 먼 거리에서 여러 사람의 이야기를 한꺼번에 담아내려면 초점이 흐려지게 된다. 관념어의 표현은 시적 대상을 먼 거리에서 많은 정서와 경험을 한꺼번에 다 넣으려는 사진 찍기 방법과 같다. 많은 것을 한꺼번에 시에 다 넣으려면 그 뜻이 넓은 관념어로 표현할 수밖에 없다. 이렇게 초점이 흐려지는 관념어로 어찌 진실한 자신의 내면을 드러낼 수 있겠는가? 진실을 위장하는 관념의 말장난은 쓰레기만을 잔뜩 생산하는 꼴이 된다. 사물을 자신과 일체화하여 자신의 정서를 객관화하여 표현하지 않는 말놀음은 마치 남의 이야기를 잔뜩 늘어놓는 수다쟁이의 수다와 유사하다고 할 수 있다.

여기에서 시를 왜 쓰는가 하는 문제를 깊이 고민하면, 자신의 관

시적 정서 만들기

념 표현이 아무런 의미가 없는 명리적 가치를 실현하기 위한 수단 이라는 것을 깨달을 수 있다. 시인은 남에게 지적인 능력을 과시하려는 방법으로 시 쓰기를 하는 것이 아니라 시를 씀으로써 우선 자신의 존재 가치를 확인하고 독자들에게 시를 읽는 즐거움을 주어 인정받는 시를 한 편이라도 남기기 위해 시를 쓰는 것이다.

④ 관념 탈피를 위한 습작 사례와 시단 현실 비판

관념어의 말장난에 불과한 시를 쓰는 시인은 스스로가 부끄러운 줄 모른다. 너무도 자신을 모르기 때문이다. 필자도 한때 이런 단계에서 시를 쓴다고 우쭐거린 때가 있었다. 지금 생각하면 너무 부끄러운 때였다. 그때의 첫인상으로 주위 사람들은 시인을 평가한다. 그래서 첫인상이 중요하다. 첫인상이 독자들에게 잘 못 각인되면, 그 사람의 시를 읽어 보지도 않고 시를 못 쓰는 사람으로 취급하여 버리기 때문이다. 그래서 이문열의 소설「금시조」에서처럼 화가들이 초창기에 미숙한 작품을 다시 회수하기를 자청하고 최근의 그림과 바꾸어 주기도 한다. 그러나 문학 작품은 한 번 발표하면 회수가 불가능하다. 평생 따라다니게 된다.

시는 진실을 이야기하는 것이고, 거짓된 마음은 시인다운 마음 상태가 아니라 속물적인 가치를 청산하지 못한 위선의 가면을 썼기 때문에 거짓 시를 쓰고 있다. 가면을 쓴 상태에서 쓴 시는 유기체가 아니라 보기 흉한 허수아비 상태로 남아 시를 깨우친 사람이 볼 때는 매우 유치하게 보일 수밖에 없다. 아니 시를 모르는 사람들도 어렴풋이 고개를 갸우뚱거릴 정도 이상하다는 생각을 가지고 있으면서도 반신반의한 상태로 그 사람의 시에 무신경한 반응을 보일 수밖에 없을 것이다. 시인은 스스로가 노력하지 않으면 한 발짝도 앞으로 나아가지 못하고 고정된 작시법의 수준에 머물러 허수아비와 같은 어정쩡한 시 아닌 관념 상태의 감정을 나열하는 것을 시로 알고 시가 아닌 낙서장만 잔뜩 쌓아 두는 꼴이 되고 만다.

  진실을 말하는 참 시인으로 태어나는 길은 좋은 스승을 만나 가르침을 받거나 제대로 된 시 창작 안내서를 만나는 길이나 누가 바른 스승이고, 어느 책이 시 창작을 돕는 안내서인지 찾아내는 일은 쉬운 일이 아닐 것이다. 위의 두 가지 방법의 시인이 되는 첩경을 알게 되었다하더라도 시인이 되고자 하는 당사자가 부단하게 노력하지 않고서는 속물적인 거짓 시인 노름으로 일생을 마친다는 사실을 깨달아야 한다. 이미 깨달았을 때는 너무 늦어 돌이킬 수 없을 때다. 언제까지 자신을 속일 것인가? 냉철하게 자신을 뒤돌아보고 나는 진정한 참 시인인가? 깊이 자성하는 기회를 자주 가져야 좋은 시인으로 거듭날 수 있을 것이다.

⑤ 형상화의 원리로 이루어진 예술 작품과 시

  모든 예술의 원리는 이미지로, 또는 소리로, 시각과 청각을 통해 감상자의 감성을 자극하여 예술가가 의도한 정서와 경험에 빠져들게 형상화하여 보여 주는 것이다. 만약 종교 소재의 시를 창작한다면, 종교의 교리를 설명할 것이 아니라 신앙의 대상에 대한 자기만의 아름다움을 형상화하여 감상자에게 보여 주어야 한다.

  유명한 성당의 성화나 성모 마리아상, 기독교에서 예수님의 형상, 불교의 사찰에 그려진 탱화나 불교화, 바위에 조각해 놓은 불상 등 신앙의 대상을 구체적으로 형상화하여 보여 준다. 신도들이나 일반 관람자들에게 성스러움과 자비로움을 느끼게 한다. 기독교의 찬송가나 불교의 찬불가도 노래로서 신앙심을 불러일으킬 수 있는 종교적 분위기로 빨려들게 하여 거룩하고 성스러운 느낌이 들도록 하는 것이다.

  시는 과학적인 지식이나 철학, 학문, 지식 종교적인 교리 등을 직접적으로 말하지 않는다. 말하는 것은 예술이 아니라 종교의 경우

교리의 해석과 설교일 뿐이다. 따라서 문학은 과학, 철학, 사상도 아니고, 종교도 아니며, 유창한 지식도 아니다. 문학 작품은 작가가 아름다움에 대해 정서적으로 교감한 것들을 독창적인 자기만의 방법으로 예술 작품으로 창안해낸 것일 뿐이다. 마구 자기감정으로 토로하고 자기주장을 펴는 것은 웅변이지 문학 작품이 될 수 없다. 그러한 극히 주관적인 감정을 다른 사람에게 전달하려면 장황해지고 자칫 횡설수설한 넋두리를 늘어놓게 된다. 이러한 넋두리를 인내하며 들어줄 사람은 아무도 없다.

　따라서 주관적인 감정을 잘 전달하려면 누구나 공감할 수 있는 정서를 형상으로 보여 주어야 한다. 그것이 바로 이미지의 시각화, 정서의 시각화다. 구체적으로 느낌과 정서를 전달하기 위해 객관적인 대상물이 필요한 것인데 이것을 객관적 상관물이라고 한다. 그러니까 시적 소재나 시적 대상이 바로 객관적 상관물이 되는 것이다. 시적 대상이 되는 사물의 겉모습을 그리려는 것은 아무런 미적 감동이 일어나지 않는다. 시적 대상의 사물에 시인 자신의 느낌이나 감정을 일체화시켜서 그 사물 속에 숨어 있는 인간의 감정을 유사성에 의해 안목이 있어야 한다. 사물의 아름다움을 찾아내는 눈이 길러지지 않고서는 사물의 외형만을 그리는 무의미한 시가 되고 만다. 사물의 겉모습을 그려 놓는 것은 아무 의미가 없는 시다. 사물 속에서 우리가 살아가는 의미를 발견해 사물의 속성으로 그 의미를 전달하거나 그 사물을 통해 경험한 정서를 언어로 압축해서 전달하는 것이 시인 것이다. 따라서 사물 속에 숨어 있는 의미를 찾아 자신의 정서 경험을 통해 누구나가 그런 정서 상황으로 빠져들 수 있도록 객관적으로 보여 주기 위해 형상화가 필요한 것이다.

⑥ 정서의 객관화 방법으로 적합한 연극시

　정서를 객관화하는 방법으로 적합한 것은 연극시로 습작하는 방법이 있다. 시인이 연극 감독의 입장이 되어 무대 위에 시상을 올리는 방법이다. 만약 시인 자신이 슬픈 감정을 표현하려면 등장인물과 공간적인 배경, 시간적인 배경, 소도구, 조명, 음향 등을 적절히 배치하여 무대를 꾸며 놓고 보여 주는 방법이다. 이렇게 슬픈 느낌의 무대를 배치하려면 슬픈 노래, 슬픈 새소리, 눈물을 흘리는 배우, 가장 슬픔을 표현하기 위한 장소로 마을의 성황당이랄지 마을 어귀의 이별 장면, 노을이 비치는 저녁 무렵이랄지 가을날 나뭇잎이 뚝뚝 떨어지는 장면으로 배치하면 슬픈 정서를 전달하기 좋은 무대가 될 것이다. 이처럼 무대 배치를 배치하고 가장 적절한 언어를 선택하여 있는 그대로 무대를 묘사할 뿐 장황하게 무대를 설명할 필요는 없다. 그러나 대부분 시인이 그 무대 위에 올라가 자기감정을 마구 쏟아 놓고 야단법석을 떤다. 만약 실제로 연극 극장에서 무대 감독이 무대 위로 올라가서 장황하게 연극 내용을 설명한다면 환불 사태가 벌어지고 말 것이다.

　이제까지 환불 사태가 벌어질 상황의 시를 써 왔다면 이제는 자기감정을 억제하고 무대로 올려 배우가 연출하도록 해야 하는 것이 주관을 객관화하고 정서를 잘 전달한 시가 되는 것이다. 관객들이 연극에 몰입하듯이 시인은 시를 연극 무대라고 생각하고 시를 창작해야 한다. 그러기 위해 시인은 적절한 시어를 선택하고 긴장감을 조성하는 기술을 필요로 한다. 이러한 시 창작 기능은 시인의 타고난 천부적인 자질이 선행되어야 하겠지만 얼마든지 후천적으로 수많은 습작을 통해 시인으로서의 품격과 자질을 스스로 이루어낼 수 있다. 그럴 때 훌륭한 연출가가 재미있고 의미 있는 연극을 연출해 내듯이 독자들에게 사랑을 받는 명시를 창작해낼 수 있다.

시의 병치

  단순하게 이미지를 평면적으로 시간 순서로 배열하여 시를 형상화하게 되면, 너무 시가 단조롭다. 초보자들은 대부분 사물의 외형을 보고 그 느낌을 장황하게 늘어놓거나 시적 대상에 감정 이입하여 진술한다. 여기에서 시의 원리를 모르는 초보 시인은 사물의 외형에서 느낀 자신의 심정을 토로하거나 자신의 감정을 주로 하여 토로하는 형식을 취하는 것이 일반적이다. 그러나 모든 예술의 원리는 자신이 직접 무대 위로 올라가는 경우는 노래나 춤을 출 때이다. 여타의 나머지 예술 작품은 자신이 직접 나타나지 않고 등장인물이나 사건, 배경을 만들어 허구의 이야기를 진짜 이야기로 꾸며서 무대 위에 올리게 된다. 시는 언어 예술이다. 따라서 시인이 하고 싶은 말을 마구 털어놓는 것이 아니라 자신의 느낌을 전달하기 위해 언어로 형상화하여 무대 위에 올리는 연출자인 셈이다. 연출자가 "아, 슬프다!" 하고 무대 위에 올라가 감정을 토로하는 것은 낭만주의 시대의 감정 토로의 시 아닌 시인 것이다. 슬픈 느낌이 들도록 상황을 적절히 한 컷의 사진을 찍는 듯이 언어로 형상화하여 이미지로 시각화하여 보여 주는 것이 현대시이다.

  많은 시인이 이 간단한 예술의 원리를 망각하고 직접 자신이 무대 위로 올라가 감정을 토로하려고 하니 그 시를 누가 읽으려 들겠는가? 무대 위로 올라가는 경우는 노래나 춤을 출 때임을 명심하고 가급적 무대 위로 올라가지 말고 느낌을 자아내는 이미지로 시각화하여 전달하여야 한다.

  이때 단조롭게 하나의 이미지만을 배열하면 시가 너무 평면적이고 단조롭기 때문에 두 개 이상의 사물을 병치시켜서 재미있게 보여 주게 되는데 이것이 바로 병치 기법이다. 병치 기법은 여러 개의 공간이나 시간, 사물 등이 복잡하게 얽혀 있는 것 같으나 실제로 그 원리는 간단하다. 우리나라 조향이나 이상 등 초현실주의 시들도 병치 기법을 적용했다. 이러한 병치 원리에 의해 숨겨진 이미지를 숨은 그림 찾듯이 찾아내면 쉽게 시가 이해되는데 대부분 시적 감수성이 청각적 이미지에 고착이 되어 시각적인 이미지로 치환되거나 병치된 시들은 무조건 어렵다고 생각하니 현대시는 어렵다고 구시대적인 낭만주의 감정 토로의 시들을 선호하는 것이다.

 실제로 병치 기법은 어렵지가 않다. 두 가지 상황이나 사건 또는 사물을 교묘하게 엮어서 하나의 새로운 의미를 창조하는 방법인 만큼 처음에는 어렵더라도 자꾸 숙달이 되면 시를 쓰는 재미에 푹 빠져들게 될 것이다.

병치 비유의 개념

 병치란 국어사전에 "한 장소에 나란히 놓이거나 동시에 설치되다.", "두 가지 이상의 것을 같은 장소에 나란히 놓거나 동시에 설치함."을 의미한다. 즉, 두 가지 이상을 한 곳에 나란히 배치하는 것을 말하는데, 여기에 두 가지는 사물이 될 수도 있지만, 두 가지 이상의 시간이 병치될 수도 있으며. 공간이 병치될 수 있다. 따라서 현실과 환상이 병치되었을 때 초현실주의 기법 중의 하나인 데페이즈망 기법이 되기도 한다. 그리고 한 존재와 다른 존재가 병치될 수도 있다. 병치 기법으로 흔히 시에서는 병치 비유로 표현되기도 한다. 비유는 크게 치환 비유와 병치 비유로 나눌 수 있다. 치환 비유는 사물의 형태, 정서, 상징. 행동, 언어 등의 유사성에 의해 한 대

시의 병치

상을 다른 대상으로 이동하여 자리바꿈을 하는 것이다. 대체로 비유의 본질은 어떤 사물을 드러내기 위해 그와 유사한 다른 사물을 비교하여 설명하는 어법이다. 비교를 위해서는 먼저 설명하려는 대상이 있어야 하고 그것과 빗대어 볼 보조 대상도 있어야 한다. 그렇게 함으로써 두 사물 간의 유사성이나 이질성을 통하여 대상을 보다 확실히 하는 것이다. 그러나 아리스토텔레스는 비유를 의미의 전이로 설명했고, 이러한 의미의 이동을 대치론으로 설명하기도 한다. 이 대치론의 맥락에 치환 은유, 즉 옮겨 놓기 은유가 있다. 치환 은유란 두 사물 간의 비교가 아니라 A라는 사물의 의미가 B라는 사물에 의해 자리바꿈하는 것을 뜻한다.

그 반면에 병치 비유는 자리 이동이 아니라 함께 놓아두는 방식이다. 두 개 이상의 사물들을 함께 놓아두어서 그것들이 서로 다른 사물들이 당돌하게 병치되어 서로 기능함으로써 새로운 의미를 창출하게 되는 새로운 결합의 형태이다.

휠라이트는 병치 비유를 조합이라는 말을 사용했다. 조합이란 치환 비유처럼 사물들 사이에 유사성에 의한 자리바꿈이 아니라, 서로 다른 사물들을 나란히 병치시킴으로써 새로운 의미를 창출해내는 '새로운 결합'의 형태를 말한다.

병치 비유는 나열하거나 병치하여 비유하기 때문에 치환 비유와 달리 원관념과 보조관념을 찾기가 어렵다. 그 까닭은 치환 비유에서는 어떤 한 방향으로 의미가 전이가 되지만, 병치 비유에서는 한 방향으로 의미가 전이되지 않기 때문에 시어들이 각자의 자리에서 다른 시어들과 대등한 의미를 지니고 있기 때문이다. 따라서 한 시어가 원관념, 보조관념이 아니라 각각의 시어가 원관념의 역할을 한다.

이러한 시어의 나열과 병열을 통해 그 사이에서 이미지 또는 의미가 제시된다. 나열된 시어들은 무의미하게 배열된 것 같아 보이지만, 그 시어들이 시로 한자리에 구성됨으로써 이미지 또는 의미를 갖게 된다. 따라서 병치 비유의 시어들은 그 시에서 하나의 묶임으로 인해 의미를 가지기 때문에 이미지 내지는 어떤 의미를 찾는 것이 치환 비유보다 더 어렵게 되는 것이다.

　이와 같이 결합을 통해 의미가 형성되기 때문에 이미지의 병치라고 볼 수 있다. 또는 병치 비유는 마치 퍼즐을 맞추는 듯이 형상을 엮어 가는 것이라고 할 수 있다. 따라서 병치 비유의 이러한 특성으로 인해 시를 해석할 때 언어 그 자체를 집중하여 맥락을 찾는 외적인 요소보다 시 그 자체 즉, 내적 요소에 더 주의를 기울이야 한다. 따라서 병치 비유는 시 자체에 더욱 집중을 할 수 있게 한다.

　휠라이트는 전이가 아닌 병치가 비유의 한 형태로 성립되는 근거를 비유에서 찾았다. 비유를 의미론적 변용 작용으로 본 것이다. 자연계의 요소들이 새로운 방법으로 결합하여 새로운 자질을 생성하듯이 시에서도 이전에 없었던 방법으로 언어와 이미지들을 병치시킴으로써 새로운 의미가 생성될 수 있다는 것이다. 휠라이트는 병치 비유의 예로 "군중 속에서 유령처럼 나타나는 이 얼굴들,/ 까맣게 젖은 나뭇가지 위의 꽃잎들."(「지하철 정거장에서」)이란 에즈라 파운드의 시를 인용했다. 이 시에서 병치되어 있는 것은 '얼굴들'과 '꽃잎''이다.3) '지하철 정류장'에서 첫 행의 '얼굴들'과 둘째 행의 '꽃잎들'이라는 이미지는 단순히 하나의 인상적 대조로써 두 이미지를 제시하고 있다. 따라서 옮겨 보기의 뉘앙스를 내포하고 있다. 얼굴들의 환영과 나뭇가지에 걸린 꽃잎들은 서로 병치된 인상을 주는 것 같으면서도 얼굴이 꽃잎으로 대치된 치환적 구성이다. 그러므로 병치와 치환의 어법은 엄격히 구분되기보다는 병치에 가까운 치환의 시법을 요구하게 된다.

　이 두 가지가 서로 같은 것인지 또는 다른 것인지 판단이 유보된다는 점에서 병치 은유는 해체주의적 관심까지 불러일으킨다.

　병치 기법에는 공간의 병치, 시간의 병치, 시공간의 병치, 이질적인 두 사물의 병치, 자연과 인간의 병치, 존재와 존재의 병치 등 다

---

3) 한국문학평론가협회, 『문학비평용어사전』, 국학자료원, 2006.

양한 방법으로 병치시켜 새로운 의미를 창출할 수 있다. 병치 비유의 활용한 예시를 들어 살펴보기로 하자.

병치 비유의 활용

1) 공간의 병치

병치 기법에서 먼저 공간의 병치를 살펴보기로 하자. 병치라는 의미 자체가 공간적인 형식을 내포하고 있다. 시간적으로 지속되는 언어의 연계성에 의해 진술되기보다는 이질적인 이미지를 공간적으로 배치하는 것이 병치 기법이기 때문이다. 김종삼의 다음의 시는 현실과 환상의 공간을 병치시킨 구조로 되어 있다. 현실 공간에 대조적인 환상 공간을 병치시킴으로써 부정의 현실을 비춰보는 거울의 역할을 부여하고 있다. 그럼으로써 세계의 불연속성을 허물고 새로운 연속성의 세계로 나아가는 통로를 마련하고 있다.

      미구에 이른 아침
      하늘을 파헤치는
      스콥 소리

      하늘 속
      맑은
      변두리
      새 소리 하나
      물방울 소리 하나

      마음 한 줄기 비추이는
      라산스카

                ― 김종삼의 「라산스카」 전문

이 시는 하늘이라는 환상 공간으로 환유된 천상의 세계와 결합된 양상으로 1~2연은 환상 공간이고, 3연은 현실 공간으로 병치되어 있다. "하늘을 파헤치는/ 스콥 소리"가 지상에서 천상으로 올라가는 상승의 청각적 이미지 "소리"이고, "마음 한 줄기 비추이는/ 라산스카"는 천상에서 지상으로 내려오는 시각적 이미지로서의 "빛"이다. "스콥 소리"의 청각적 이미지와 "라산스카"의 시각적 이미지가 천상과 지상의 다리로 연결되는 매개 항이다. 스콥은 낯선 시어로 "scop"은 중세 서양의 음유 시인과 땅을 파는 도구인 "삽"을 일컫는 중의적인 말이다. 라산스카는 뉴욕 출신의 소프라노 가수, 헐터 라산스카이다.

동이 터 오르는 이른 아침에 어디선가 "하늘을 파헤치는/ 스콥 소리"가 들려온다. "파헤치는" 이미지와 "콥"이라는 파열음이라는 청각적 이미지가 파괴의 이미지를 강하게 삽이라면 한 삽 한 삽 파헤치는 강렬한 시각적 이미지로 파문을 일으키고, 음유 시인이라면 그 천상을 뚫을 듯한 강렬한 음성으로 하늘로 상승하고, 그 삽질 소리나 음유 시인의 노래는 다시 새소리, 물방울 소리로 변형되어 하강한다. 결국, 화자의 마음을 비추는 라산스카로 연결되면서 시적 주체가 의도한 은유의 의미가 드러난다.

상승하는 소리인 "스콥 소리"가 하강하는 빛 "라산스카"로 전이되어 같은 존재가 되는 것이다. 결국, 천상의 소리로 인간의 마음을 밝게 비추고 싶다는 시인의 의도가 드러나게 된다.

천상과 지상의 공간은 먼 거리로 불연속적이지만 라산스카가 연속성을 띠고 있기 때문에 두 공간을 서로 병치시켜 의미와 충돌이나 대립 없이 통일된 연속성으로 마무리된다.

이처럼 병치 비유는 공간을 병치시켜 현실 공간과 환상 공간이라는 이질적인 공간을 연속성 있게 자연스럽게 연결했을 때 공간의 병치라고 할 수 있다.

2) 시간과 공간의 병치

병치 비유의 예시로 이형기의 「폭포」를 보자. 이 시는 높은 벼랑 위에서 낙하하는 폭포와 바위가 만들어진 지질 시대 석탄기(石炭紀)의 과거 시간과 공간을 병치시켜 상상력을 발휘하여 형상화한 시이다.

> 나의 등판을
> 어깨서 허리까지 길게 내리친
> 시퍼런 칼자욱을 아는가
> 疾走하는 전율과
> 전율 끝에 斷末魔를 꿈꾸는
> 벼랑의 直立
> 그 위에 다시 벼랑은 솟는다
> 그대 아는가
> 石炭紀의 종말을
> 그때 하늘 높이 날으던
> 한 마리 장수잠자리의 墜落을
> 나의 자랑은 自滅이다
> 무수한 複眼들이
> 그 무수한 水晶體가 한꺼번에
> 박살나는 盲目의 물보라
> 그대 아는가
> 나의 등판에 폭포처럼 쏟아지는
> 시퍼런 빛줄기
> 2億年 묵은 이 칼자욱을 아는가
>
> — 이형기의 「폭포」 전문

이 작품을 부분적으로 보면 병치 은유이지만, 작품 전체로 보면 치환 은유가 됨으로써 병치 은유와 치환 은유의 결합 형태가 된다. 원관념인 폭포가 '시퍼런 칼자국', '질주하는 전율', '벼랑의 직립', '석탄기의 종말', '장수잠자리의 추락' 등으로 자리 이동의 모습을 보인다. 그러면서도 다른 한편 이질적인 보조관념들이 조합됨으로써 폭포가 새로운 의미체로 부상되기도 한다.

 이 시에서 화자인 나는 폭포의 암벽이다. 폭포의 암벽에 폭포수가 쏟아지는 모습을 "시퍼런 칼자국"으로 비유되고 있다. 폭포수가 흘러내리는 현재의 순간과 공간을 "질주(疾走)하는 전율과/ 전율 끝에 단말마(斷末魔)를 꿈꾸는/ 벼랑의 직립(直立)"으로 하강의 이미지로 묘사하고, 환상 공간을 병치시켜 지질 시대의 순간과 공간을 "그 위에 다시 벼랑은 솟는다"로 묘사하고 있다. 환상 공간인 지질 시대는 "석탄기(石炭紀)의 종말"이다. 환상 공간인 지질 시대 석탄기가 종말한 순간, "그때 하늘 높이 날으던/ 한마리 장수잠자리의 추락(墜落)을/ 나의 자랑은 자멸(自滅)이다"라고 진술하고 있고, 다시 현실 공간의 현재 시간에 폭포수가 흘러내리는 모습을 "무수한 복안(複眼)들이/ 그 무수한 수정체(水晶體)가 한꺼번에/ 박살나는 맹목(盲目)의 물보라"로 병치시켜 놓고 있다. 현재 "나의 등판에 폭포처럼 쏟아지는/ 시퍼런 빛줄기"는 물이 쏟아지는 촉각적 이미지를 시각적인 이미지인 빛의 이미지로 병치시켜 다시 "2억년(億年) 묵은 이 칼자욱을 아는가"라고 현재의 모습이 과거의 지질 시대의 모습으로 새로운 의미를 과거와 현재, 환상 공간과 현실 공간을 의미와 충돌이나 대립 없이 통일된 연속성을 마무리하고 있다.

3) 이질적인 두 사물의 병치

 두 개 이상의 사물들을 함께 놓아두어서 그것들이 서로 다른 사물들이 당돌하게 병치되어 서로 기능함으로써 새로운 의미를 창출하게 되는 새로운 결합으로 병치 기법을 적용하나 서로 아무런 관련이 없는 두 사물을 병치하여 조합하기가 어려우므로 처음에는 사물의 형태, 정서, 상징, 행동, 언어 등의 유사성에 의해 한 대상을 다른 대상으로 이동하여 자리바꿈을 하는 치환 비유를 적용하여 비유하다가 고정적으로 병치시키는 방법을 적용하는 것이 좋다. 이는 엄

시의 병치

격하게 치환 비유와 병치 비유를 구분할 필요 없이 치환 비유와 병치 비유를 적절히 배합하는 방법이 더 쉽기 때문이다.

아래의 예시를 보도록 하자. 이 시는 식혜 만드는 과정과 미혼모가 아기를 낳아 고아를 다른 나라에 입양시키는 과정을 병치시켜 놓고 있다.

> 둘이 좋아서 몸을 섞었습니다
> 사랑은 젖은 이슬이 되고
> 어머니 아닌 처녀 뱃속에서
> 사랑을 확인했습니다
> 단단히 조여 오는 압박 벨트도
> 저희들의 몸부림을 막지는 못했습니다
> 남이 볼까 두근두근
> 서로 싹을 틔우고
> 세상 밖으로 나왔습니다
> 달콤한 사랑도 모두 멈추고
> 엄마의 품을 떠나
> 영아원의 엿기름이 되었습니다
> 이제 사랑도 산산이 부셔져 가루가 되고
> 허공으로 흩어져 낯선 나라
> 물과 밥알에 섞여 분노를 삭혀 왔습니다
> 타국 땅에서 밥알로 동동
> 한때 뜨거웠다 차갑게 식어버린
> 미혼모의 젊은 날 한 순간
> 엿 먹은 은혜입니다
>
> — 김관식의 「식혜」 전문

이 시는 식혜 빚는 과정과 젊은이들의 사랑과 미혼모들의 출산, 해외 입양으로 보내는 과거 우리나라의 고아 수출이라는 사회 병리적인 현상을 전체적으로 병치시켜 놓고 있다.

식혜를 만들 때는 엿기름으로 만들게 됩니다. 엿기름은 싹이 튼

곡물, 즉 생맥아는 가마에서 말려 더 이상 자라지 못하게 하는데, 구멍이 뚫린 가마 바닥을 통해 들어오는 뜨거운 공기로 말린 것을 말한다. 맥주를 만드는 데 쓰이지만, 엿기름은 주로 엿이나 식혜를 만드는 데 이용한다. 이 엿기름은 식혜를 만드는 원료가 되는데, 만드는 과정을 보면 껍질째 빻은 엿기름을 따뜻한 물에 우러나게 하여 고운 체에 받친 다음 그 물을 가만히 가라앉힌다. 되게 지은 밥을 사기 항아리에 담아 엿기름의 윗물만을 붓고, 온도를 60~70℃로 4~5시간 유지시켜 밥을 삭힌다. 이때 온도가 낮으면 밥이 쉬고, 너무 높으면 당화가 잘 안 된다. 약 4시간 후에 열어 보아 밥알이 동동 떠 있으면 밥알을 조리로 건져 찬물에 헹군 뒤 다른 그릇에 담고 나머지 식혜물을 끓이면서 설탕을 적당히 탄다. 끓일 때 떠오른 거품은 숟가락으로 걷어 낸다. 식혜물에 생강·유자 등을 가미하여 맛과 모양을 내기도 한다.

　미혼모들이 젊은 혈기로 사랑을 나누다 그만 임신을 했을 때 몰래 아이를 낳아 영아원에 맡기게 되면 입양 기관을 통해 이 아이들이 다른 나라에 입양되어 갔다. 가끔 신문과 방송에 이 입양 간 아이가 자라서 친모를 찾겠다고 나서나 대부분은 타국에서 한국 사람으로서의 정체성을 찾지 못하고 입양된 나라의 국민이 되어 살아간다. 이러한 두 사건의 유사성은 엿기름이 보리 싹의 자람을 멈추게 하여 만든다는 점, 그리고 식혜를 만들면 단맛을 내며 우리나라의 고유한 전통 음료라는 점, 식혜를 더 졸이면 엿이 된다는 점, 식혜에는 밥알이 동동 떠 있다는 점 등의 식혜 특징과 미혼모들의 사랑 이야기가 처음에는 달콤하여 빠져든다는 점, 남에게 말을 못 하고 숨겨 오다가 몰래 아이를 낳게 된다는 점, 이 아이는 영아원에 맡겨져 고아가 되고 다른 나라에 입양된다는 점 등 미혼모의 사랑 이야기가 전혀 유사점이 없는 것 같으나 곰곰이 살펴보면, 사물의 형태, 정서, 상징, 행동, 언어 등의 유사성이 발견되게 된다.

　따라서 식혜 만드는 과정과 미혼모의 입양이라는 두 사건을 병치시켜 놓고 유사점을 찾아서 빈틈없이 엮어 내면 이질적인 두 사물의 병치가 완성된다.

4) 자연과 인간의 병치

자연은 모든 생명을 포용하는 어머니와 같은 존재이다. 우리 인간은 자연 속에서 의식주에 필요한 모든 것을 얻는 등 자연을 이용하여 살아간다. 그러나 인간들의 욕망이 극대화하면서 자연과 더불어 살아가는 것을 망각하고 자연을 마구 훼손하여 생태계의 질서를 망가뜨려 오늘날 인간들은 자연의 재앙으로 생존의 위협을 받고 있다. 자연과 인간을 하나로 보는 일원론적인 생각보다 자연과 인간을 따로 분리하여 이분법적인 사고로 자연을 무조건 지배함으로써 인간만의 행복과 풍요를 누리려는 인간 위주의 생태 의식이 오늘날 생태계를 위기 상황으로 몰아가고 있는 것이다.

따라서 자연과 인간을 병치시키는 기법을 활용할 수 있다. 이 기법은 자연과 인간의 대립적인 구도에서 갈등 양상을 노출시키기보다는 자연과 인간을 병치시킴으로써 시적 대상에 대한 시야를 확대시켜서 세계에 대한 객관적인 시선을 획득할 수 있는 장점을 가지고 있다.

눈보라 휘몰아 간 밤
얼룩진 壁에
한참이나
맷돌 가는 소리
高山植物처럼
늙으신 어머니가 돌리던
오리 오리
맷돌 가는 소리

— 박용래의 「雪夜」 전문

이 시는 "눈보라 휘몰아 간 밤"이라는 자연과 "맷돌 가는 소리"로 어머니를 병치시켜 놓고 있다. 눈보라 몰아치는 겨울밤이면 맷돌을 돌리시던 어머니를 떠올려 현재와 과거를 병치시켜 놓고 있다.
　1행과 2행은 "눈보라"가 휘날리는 밤이라는 시간, 집 밖의 공간에서 "얼룩진 壁"이 있는 방안으로 공간이 이동한다. 3행과 4행은 방안에서 밤이 이슥하도록 맷돌 가는 어머니를 떠올리고 있다. 5행과 6행에서 "얼룩진 壁"에 맷돌 가는 소리가 부딪혀 "고산식물(高山植物)"의 서정적인 시각적 이미지로 전달이 되다가 7행과 8행에서 맷돌 소리의 여운을 청각적 이미지로, 화자의 내면 정서를 공감각적으로 드러내고 있다.
　병치 기법을 활용할 수 있느냐의 여부는 시인이 얼마나 습작을 했느냐의 여부를 알 수 있는 바로미터이다. 우리나라 시인 가운데 병치 기법을 활용하여 시 창작을 하는 시인은 많지 않다. 병치 기법 자체를 모르고 있는 경우가 허다할 것이다. 명시라고 알려진 시들은 어느 정도 병치 기법이 적용되고 있음을 시 공부를 한 시인들은 알 것이다.

5) 기생충의 상징성에 의해 매국노와 병치

　　　평생 동안
　　　떵떵거리며
　　　뜯어먹고 살아왔다

　　　시커먼 뱃속
　　　구린데 붙어서
　　　일진회 앞잡이로
　　　기생파티
　　　능글능글

시의 병치

동족들이
배 움켜쥐고
아파해도
못 본 체했다

실컷 도둑질해
똥구멍으로 자식들을
동경 유학 보냈다

핵폭탄
산토닌 처방 앞에
독립투사 신분 세탁
힘 있는 사람
뱃속에 착 달라붙어
꿈틀꿈틀
대대로 배 채우며
당당하게 살아간다

— 김관식의 「기생충」 전문

 얼마 전 봉준호 감독의 영화 「기생충」이 세계인들의 관심을 모은 적이 있었다. 인용 시는 사람의 뱃속에서 기생하여 영양분을 빼앗아 먹고 살아가는 「기생충」의 이미지와 일제 강점기의 역사적 상황에서 일본의 앞잡이 노릇하여 호의호식했던 친일파들과 병치시켜 형상화했다.

6) 언어의 해체, 의미를 바꿔서 병치

 언어를 해체시켜서 그 의미가 바뀌지는 것을 병치시키는 방법이다. 우리나라 말에는 한 낱말을 분해시켰을 때 두 가지 의미가 생긴다. 이 두 가지 의미를 서로 병치시키는 방법인데, 최근 포스트모더니즘적인 경향으로 장르 간의 해체, 낱말의 해체 등의 방법을 이용하여 병치할 수 있다.

　낱말을 분해하여 해체시키고, 그 의미를 전환시켜 병치시킨 예이다. '나비'라는 낱말을 분해하면 '나'와 '비'가 된다. '나비'의 낱말을 해체시키면, 전혀 다른 두 개의 낱말 '나'='자기'라는 낱말과 '비'라는 낱말로 분해된다. 따라서 '나비'는 '나'가 '비'다. 즉, '나는 비다'라는 상황이 전개된다. 비가 내리게 되는 근원은 하늘의 구름이다. 구름이 무거워져 떨어지면 비가 되듯이 비의 하강 이미지, 그리고 나비가 떨어지는 상황의 하강 이미지를 병치시켜 새로운 의미를 만들어 내는 시로 형상화한 예이다.

　　　　나
　　　　비다

　　　　구름 동동
　　　　하늘 떠돌다
　　　　되돌아올 줄
　　　　정말 몰랐다

　　　　팔랑팔랑
　　　　꽃을
　　　　찾아다닐 때
　　　　나를
　　　　잊었다

　　　　그땐 정말
　　　　눈물
　　　　흘릴 줄
　　　　전혀 몰랐다

　　　　비틀비틀
　　　　낙하하는

시의 병치

　　　　나비
　　　　나
　　　　비다

　　　　　　　— 김관식의 「나비」 전문

　이 시는 "나비"라는 시어를 "나"와 "비"로 분해해서 해체시켰다. "나"라는 인간과 "비"라는 자연 현상으로 분해하여 병치시킴으로써 새로운 의미를 창출해낸 것이다.

　이상에서 병치 기법을 살펴보았다. 병치 기법은 단순한 시상을 복합적으로 엮어서 시를 시답게 하는 현대시의 기법 중의 하나이다. 일부 초현실주의 데페이즈망 기법도 병치 기법의 일종이라고 볼 수 있다. 소설의 구성법에서 단순 구성이 아니라 복합 구성, 평면 구성이 아니라 입체 구성, 액자식 구성, 피카레스크식 구성보다는 옴니버스식 구성이 바로 시의 병렬 기법에 해당된다고 볼 수 있다. 병치 기법에서 치환 비유를 하기 위해 유사점을 찾아 자리바꿈하는 요령은 첫째, 형태의 유사점→모양의 유사점을 찾는다. 예) 빌딩—하모니카. 둘째, 정서의 유사점→느낌의 유사점을 찾는다. 셋째, 상징의 유사점→의미의 유사점을 찾는다. 넷째, 행동의 유사점→움직임의 유사점을 찾는다. 다섯째, 언어의 유사점→동음이의어, 발음의 유사점을 찾는다.
　이와 같이 유사점을 찾아 자리바꿈하다가 함께 놓아두는 방식으로 병치 비유를 완성해 나가면 된다.
　병치 기법은 현대시를 구성하는 기초적인 틀이라고 할 수 있다. 두 가지 유사 상황을 결합하여 새로운 의미를 확장시키는 창조적인 이미지로 시를 형상화할 수 있는 가장 기초적인 토대가 되기 때문이다. 초현실주의 시들을 자세히 보면, 병치 기법이 과거, 현재, 미래의 시간과 거기에서 떠오른 의식의 흐름을 병치 기법으로 형상화했기 때문에 정독하여 곱씹지 않고서는 해독이 불가하여 난해하다고 평가하게 되는데, 자세히 보면 기본은 병치 기법으로 연결된 맥락을 추적하면 독창적인 시인의 시세계를 해독할 수 있는 것이다. 초현실주의 시의 대표적인 기법인 데페이즈망 기법이라고 하는데, 이 또한 기본이 병치 기법이 다양하게 변형된 형태일 뿐이다. 시를 창작하고 이해하는데 병치 기법의 이해는 매우 중요하다. 병치 기법을 모르고서는 난해한 시를 이해하고 감상이 불가능하게 된다. 독자에게 독특한 자기만의 창조적인 시세계로 빨려들게 하려면 병치 기법을 기본으로 한 자기만의 시세계를 구축해 나가야 한다. 그런 의미에서 병치 기법은 현대 시인이 익혀야 할 가장 핵심적인 시창작 기법이라고 할 수밖에 없다.

  오늘날 현대시에서 독자들의 사랑을 받는 많은 시가 병렬 기법이 적용되고 있음을 알고, 이의 방법을 터득하는 일은 바로 현대시를 바로 이해하는 방법일 것이며, 시를 창작하는 즐거움을 맛보게 하는 방법이 바로 이 병치 기법임을 명심해야 할 것이다.

시의 대화

대화 기법에 대하여

 시에는 반드시 청자와 화자가 있다. 이 말은 시는 어디까지나 대화의 속성을 전제로 한다는 말이다. 다만 직접적인 대화가 아니라 시적 대상인 사물의 속성을 통해 객관화하여 간접적으로 말하는 담화 형식을 취하고 있다.
 시에서 화자는 보통 시인 자신인 경우가 대부분이다, 사람과 동식물, 또는 모든 사물을 시적 대상, 즉 청자에게 일방적으로 말하고 설명을 한다. 그러면 청자가 된 시적 대상은 일방적으로 말을 할 수 없는 언어 장애가 되어 듣기만 하는 고정된 역할을 담당하게 된다. 시의 내용이 실제에서는 전혀 불가능한 상황이더라도 독자는 실제 상황이라고 가정하여 받아들인다. 그러니까 시는 화자가 청자를 향해 어떤 정서에 어떤 메시지를 전달하게 되는 내적인 구조로 짜인다. 화자, 청자, 정서, 메시지 중 어느 하나가 없다면 시가 아니라 그냥 무의미한 말재주를 부리는 글에 불과하다.
 시를 쓸 당시의 시인은 그 시대 현실 상황에서 겪은 경험을 소재로 자신의 느낌이나 생각을 압축해서 전달하려고 하므로 시의 외형상으로 시인과 독자 사이에 동시대의 공감 정서가 반영되어 나타나기 마련이다. 그러니까 시인이 화자를 통해 말을 하고, 이 화자는 정서나 태도를 이미지로 시각화하여 언어로 묘사하고 진술한다. 이 때 형상화된 이미지는 청자의 입장에서 독자가 받아들이게 되는데,

이 청각 영상은 화자가 의도한 시대 현실을 유추하여 받아들이게 된다. 보통 시인은 화자를 통하여 자신이 전달하고자 하는 정서 경험을 묘사와 진술을 통해 자신의 정서와 똑같은 반응이 독자에게 일어날 것이라고 전제로 하고 시를 쓰게 된다. 고도의 압축된 언어로 정서를 환기시켜 낼 때 독자들에게 공감 반응이 일어나게 되고, 표현이 미숙하거나 형상화가 제대로 이루어지지 못한 시일 때 독자들은 공감하지 못하게 된다. 만약 시를 읽은 독자가 공감 반응 일으켰다면 시인이 의도한 정서가 동일하게 환기되어 공감할 수 있지만, 독자에 따라 전혀 다르게 받아들일 수도 있다. 그 까닭은 독자들마다 정서 경험과 정서를 받아들이는 감수성이 다르기 때문이다.

잘된 시는 여러 가지 경험 정서로 받아들이고 다의적 해석이 가능한 시들이다. 수학 공식처럼 많은 사람에게 직관적인 감수성에 의해 직접적인 정서 상태로 받아들여지는 시는 시적 감수성이 무딘 사람들도 좋아하는 시로써 통속적인 인기를 누릴지 모르나 대부분 정서 경험을 관념적으로 노래함으로써 시적인 감수성의 수용 폭이 넓어지게 되면 독자들로부터 관심과 흥미를 자극하지 못해 잠시 인기를 누리다가 시들어 버릴 개연성이 상존한다.

대부분 시는 표현에 있어서 "시적 대상을 관찰하여 형상화"하거나 "시적 대상을 관조하여 경험과 견주어 해명"하는 묘사나 진술의 정서를 전달하게 된다. 묘사가 객관적 상관물의 이미지를 그림으로 가시화하여 전달하는 언술 방식이라면, 진술은 시적 대상을 통해 느낌이나 깨달음을 고백하거나 선언함으로써 가청화하여 전달하는 언술 방식을 말한다.

시인에 따라 묘사와 진술의 표현 방식의 정도 차이가 다 다르다. 주로 묘사의 언술 방식으로 시를 쓰는 시인이 있는가 하면, 진술에 의존하여 시를 쓰는 시인이 있으니 어디까지나 시인의 취향이다. 묘사시는 한편의 그림이나 사진과 같이 이미지의 시각 영상이 머리에 자리 잡고, 진술시는 느낌이나 깨달음의 고백이 가청화되어 청각 영

시의 대화

상으로 감동의 울림으로 공감 작용을 하게 된다.
　그러나 대화시는 공개적으로 엿듣고 있다는 가정하에서 독백적 진술 방식으로 직접적인 대화를 시도하거나 대화하는 중에서 떠오르는 느낌까지도 모두 대화로 전달해 주는 시이다. 주로 동시 경우를 살펴보면, 사물을 바라보는 어린이들은 궁금증과 호기심이 많아 자주 묻는 특성이 있다. 이것이 바로 어린이들의 세계다. 따라서 동시 창작에 있어서 대화 기법을 적용할 때 어린이들에게 공감이 가는 경험 정서를 전달하기에 용이하기 때문에 주로 대화시는 동시에서 많이 쓰이고 있다. 그러나 일반 성인을 대상으로 시에서도 철학적인 명상 결과, 깨달은 관념의 정서를 진술하거나 초현실주의적 무의식의 세계를 자동기술적인 기법으로 전달하기 위해 직접적인 대화 기법을 적용, 대화체의 표현 방식을 취하기도 한다.
　직접적인 대화 기법을 통해 대화를 통한 친근한 분위기 조성으로 공감을 유발해내기 쉽고, 독자들의 관심과 주의를 끌기 용이하며, 대화적 상상력을 확장시켜 낼 수 있다는 장점이 있다. 반면에 정서 경험을 진솔하게 현장감 있게 표출하는 대화가 아니라 시인이 만들어 낸 문어체 대화 기법을 적용할 때에는 시적인 미감을 이완시켜 긴박감이 사라지게 되고, 공감을 얻지 못하게 될 우려가 크다.

대화기법의 적용

1) 콜리지(Samuel Taylor Coleridge, 1772-1834)의 대화시

　콜리지가 대화시로 가장 먼저 쓴 시가 「풍명금(風鳴琴)」(1795)이다. 그는 주로 묘사와 명상의 긴밀한 결합을 통해 상상력에 의한 주체와 대상의 상호 융합의 과정을 선명하게 보여 주었다.4) 자연스러운 리듬과 은근한 어조를 통해 "자연의 형상들 전체에 흩어져 있는 지성의 모든 광선의 초점"인 정신의 미묘한 움직임 또는 유동적 행위를 보여 주는 "대화시"의 특징적 면모를 보여 주었다. 격식을 차리지 않는 리듬과 언뜻 보기에 산만한 구조 역시 직접적인 말 건넴, 감각적 세부의 묘사, 고양된 형이상학적 사색, 회상 등으로 이루어진 이 시에서 정신의 유동적인 상투적인 어법을 완전히 떨쳐 버리지 못했지만, 생명의 전일성에 관한 콜리지의 형이상학적 비전과 "대화시"의 특성을 원형적인 형태로 제시하고 있다.

콜리지는 「풍명금」에서 어느 시점에 특정한 정경 앞에 서 있는 시인의 명상적 독백을 통해 전체적인 상황과 배경을 구체적으로 제시하는 것으로 시작된다. 1연이 12행으로 되어 있는데 소개하면, 자신의 오두막 곁에 앉아 친근한 구어적 어조로 새러에게 조용히 말을 건네는 독백적 진술 방식으로 되어 있다.

> 생각에 잠긴 나의 새러요! 정말 마음 푸근하게 감미롭소
> 그대의 부드러운 빰은 내 팔에 이렇게 기대게 하고서,
> 우리 오두막, 흰 꽃 피는 제스민과
> 잎사귀 넓은 도금양(桃金孃)으로 무성한
> (이들은 순결함과 사랑의 적절한 표상이 아니겠소!)
> 우리 오두막 곁에 앉아, 아까까지만 해도 빛으로 풍요로웠던
> 구름들이 천천히 주의를 슬프게 만드는 걸 지켜보고,
> 또 고요히 빛나는 금성(金星)이 (지혜는 그래야 하리)
> 맞은 편에서 빛나고 있음에 주목하는 것을! 저 콩밭에서 잡아채 온
> 절묘한 향내! 그리고 이토록 숨죽인 세계!
> 먼바다의 고요한 중얼거림은
> 우리에게 침묵에 관해 얘기하고 있소
> 　　　　　　　　　　— 콜리지의 「풍명금(風鳴琴)」 1연

이 시에서 말 건넴은 시적 기원이라는 문학적 관습으로 "외적 자극과 대면했을 때의 정신 그 자체의 드라마"라고 할 수 있다. 이 시

---
4) 윤준, 『콜리지의 시 연구』, 동인, 2001, p.27.

는 인칭적·시간적·공간적 직시 체계—1·2인칭 대명사, 현재 시제의 동사들, 그리고 시간과 장소를 지시하는 단어들—에 의해 그 맥락을 뒷받침하고 있다. 소박하고 단순한 이미지들 또한 「잃어버린 낙원」에서의 아담과 이브의 정자를 상기시키면서 시인과 새러가 공유하는 낙원의 분위기를 조성한다.

처음 세 행에서 자신의 관찰 지점을 밝힌 후, 시인은 오두막 주위에서 감각적으로 경험한 세계의 세목들을 열거해 간다. 2행에서는 오두막에서의 시인의 삶의 평온함을 강조한다. 또한, 사물들의 확고한 공간 배열에서 우리는 시인의 자아가 물리적 공간뿐만 아니라 정신적 공간을 확보하면서 서서히 깨어나고 있음을 어렵지 않게 알아차릴 수 있다. 언뜻 수동적으로 오두막 주위에서 경험한 세목들과 인상들을 받아들이는 듯한 순간에도 시인의 의식은 움직이기 시작한다. 이 시에서 맨 처음 나타나는 자연 물상인 재스민과 도금양에 대한 묘사는 그 좋은 보기이다. 시인은 이들을 객관적으로 바라보는 것처럼 보이지만, "흰 꽃 피는 재스민과 잎사귀 넓은 도금양"보다 주목되는 것은 그가 "이들을 순결함과 사랑의 적절한 표상이 아니겠소!"에서 우리는 단순한 감각적 경험의 차원을 넘어서서 정신의 유동적인 움직임 그 자체를 포착하려고 애쓰는 콜리지의 모습을 읽을 수 있다.5)

2) 조향(趙鄕, 1917-1984)의 초현실주의적인 자동기술법 대화시

조향은 초현실주의적인 시 창작 방법으로 "말의 구성에 의하여 특수한 음향이라든가, 예기하지 않았던 이미지, 혹은 활자 배치에서 오는 시각적인 효과 등 대화시를 통해 예술로서 기능의 면에다가 중점을 두는 현대시"를 실천하는 대표적인 방법들이 적용했다.

---

5) 윤준, 앞의 책, p.29.

이들이 사용했던 시의 기법들은 "자동주의 기법", "프로타주 기법", "꼴라주", "레이요그림", "꿈의 기법", "광란의 기법", "오부제", "정묘한 송장의 기법", "데페이즈망 기법", "자동기술법" 등이었다.
　이들 중 자동기술법이란 "이성에 의한 일체의 통제 없이 또는 미학적, 윤리적인 일체의 선입견 없이 행하는 사고의 진실을 기록하는 것"을 말한다. 그런데 이 방법을 추구하기 위해서는 수면 상태도 아니고 각성 상태도 아닌 그 중간 상태에서 자연이 표출되는 단어 등이 무의식 세계를 투영한다는 것이다.
　조향은 초현실주의적인 자동기술법으로 '대화' 형식의 시를 썼다. 대화에서는 두 개의 생각이 서로 대면하는데, 한 생각이 토로되는 동안 다른 생각이 그 생각에 말려들게 된다. 브르통에 의하면 "일상 회화에서 상대의 사고가 사용하는 낱말들과 말무늬들(figures)을 바탕으로 상대의 사고를 이어받아 고치며, 그 덕분에 그들 낱말과 말무늬를 변질시켜 유리하게 대답에 이용할 수 있게 된다."는 것이다. 이는 초현실주의적 실천에서 앞서 "사용한 낱말이나 흔적이 초현실주의적 문장의 마지막 도막을 붙잡게 만드는 일"[6]을 일어나게끔 했다.

　　　낡은 아코오뎡은 대화(對話)를 관뒀습니다.

　　　―여보세요!

　　　〈뽄뽄디리아〉
　　　〈마주르카〉
　　　〈디젤엔진〉에 피는 들국화

　　　―왜 그러십니까?

　　　모래밭에서
　　　수화기(受話器)

---

6) 앙드레 브르통, 『초현실주의 선언』, 미메시스, 2012. p.102.

시의 대화

여인(女人)의 허벅지
낙지 까아만 그림자

비둘기와 소년들의 〈랑데부우〉
그 위에
손을 흔드는 파아란 기폭들

나비는
기중기(起重機)의
허리에 붙어서
푸른 바다의 층계를 헤아린다.
　　　　　　　　— 조향의 「바다의 층계」 전문

　이 시는 시인이 "낡은 아코오뎡이 대화"를 관두는 것으로 발상하여 무의식을 쫓아서 자동 기술적으로 대화를 나누면서 이미지로 드러내는 방식을 채택하고 있다. "여보세요!"라고 말 건넴을 통해 관심을 집중시킨다. 그리고는 "〈뽄뽄디리아〉, 〈마주르카〉, 〈디젤엔진〉에 피는 들국화" 등 악기의 종류를 연상하여 기술하고, "왜 그러십니까?"하고 되물음을 시도함으로써 그 까닭을 물어 "여보세요"라고 응대한다.
　3연의 "폰폰따리아"는 꽃의 이름을 의미한다. 이 단어의 경쾌한 어감은 1연에 나온 "낡은 아코오뎡"이 내는 연주 소리를 연상하게 한다. 이러한 경쾌한 속성의 "폰폰따리아"는 역시 같은 속성을 가진 "마주르카"라는 단어와 유사성을 가지고 결합한다. "마주르카"의 경쾌하면서도 반복되는 움직임은 기계를 연상시키는데 이러한 기계를 움직이는 동력이 "디이젤—엔진"이다. "들국화"는 바로 앞에 등장한 "디이젤—엔진"과 가장 어울리지 않는 단어라고 할 수 있다. 서로 상이성의 원리로 결합하고 있다.
　5연의 "수화기"는 2연과 4연의 전화 통화를 연상시키는 문장들과 연결되는 단어라고 할 수 있다. 딱딱하고 차가운 속성을 가진 "수화기"는 이와 반대의 속성을 가진 따뜻하고 부드러운 "여인의 허벅지"라는 단어와 결합한다. 그에 비해 "낙지"는 하얗고 흐늘흐늘한 "여인의 허벅지"와 어느 정도 유사성을 가지고 있다고 할 수 있다.

　6연의 "비둘기"와 "소녀"의 결합은 「EPISODE」의 "소녀"와 "나비"라는 단어의 결합과 유사한 부분이 있다. 이 둘은 역시 "소녀"가 지닌 '여성성'의 속성 중 하나인 '생명', '부드러움'이라는 유사성을 가지고 결합하고 있다. 이와는 대조되는 이미지의 결합이 나타나는 것은 마지막 연이다. 마지막 연은 "나비"와 "기중기"라는 서로 대조되는 속성을 가진 단어가 결합한다. "나비"라는 단어가 가지는 속성은 '생물', '연약함', '가벼움'이라면 "기중기"라는 단어가 가지는 속성은 '무생물', '강함', '무거움'으로 서로 대척점에 서 있다고 할 수 있다.

　이렇게 「바다의 층계」는 비슷한 속성을 가진 단어가 반대의 속성을 가진 단어와 결합하고 있다. 비슷한 속성을 가진 단어들이 유사성의 원리로 결합한다면 반대의 속성을 가진 단어들은 다른 원리로 결합하고 있다고 볼 수 있다. 이 시는 인접성보다는 유사성의 원리로 결합하는 단어가 많지만, 전혀 연관성이 없고 오히려 반대되는 단어의 결합은 상이성의 원리로 결합하고 있다는 것을 알 수 있다. 「바다의 층계」도 「EPISODE」만큼 시어들이 가진 내포적인 의미로 해석할 수 있다.

　이 시 또한 일차적인 표현과 내용은 어울리지 않는 이미지 간의, 마치 초현실주의 회화를 연상케 하는 조합이다. 그러나 이들을 통해 나타나는 이미지들의 표현에는 다시 새로운 내용을 덧붙일 수 있다. 이 시는 "디이젤-엔진"과 "기중기"로 대변되는 무생물성, 기계와 같은 이미지들을 통해 드러나는 현대 문명과 "들국화", "나비"를 통해 나타나는 생물성과 생명과 같은 자연을 대비시키고 있다. "들국화"와 "나비"는 이들이 가진 차가움과는 별개로 "디젤엔진"에서 "피어나고" "기중기"에 붙어 "층계를 헤아리는" 능동성을 가진 존재로 나타난다. 이들은 언뜻 연약하고 가벼워 보이지만 이들이 가진 생명의 힘은 이러한 차가운 현대 문명을 넘어설 수 있다는 함의를 지니고 있다고 해석할 수 있다.7)

이처럼 초현실주의자들이 대화로 시상을 전개해 나가는 까닭은 자동기술적인 사고를 수월하게 전개할 수 있기 때문이었다.

3) 김수영(金洙暎, 1921-1968)의 대화시

김수영은 기법적인 측면에서 창조적 방법을 끊임없이 모색한 시인이었다. 현실 속에서의 구체적 체험을 시로 진술하거나 일상적인 언어 속에 단단히 뿌리내려져 있는 지적인 언어에 집중하여 현실과의 화합을 시도했다. 따라서 그의 시에는 미화가 없다. 대화시를 구사하여 현장감이 더욱 생생하게 표출된다. 현실에 대한 냉철한 대결 의식과 비판 의식으로 억압을 견디고 이겨 내어 자유를 열어 나가는데 대화체의 기법을 일조했다. 그럼으로써 그의 시는 당당하게 혼돈과 설움, 비애, 고독, 죽음을 뚫고 나가는 새로운 미학을 우리에게 제시해 준 것이다. 김수영의 대화시 「전화(電話) 이야기」 한 편을 소개한다.

> 여보세요. 앨비의 아메리칸 드림예요. 절망예요.
> 八月달에 실려주세요. 절망에서 나왔어요.
> 모레면 다 돼요. 二백매예요. 特種이죠.
> 머릿속에 特種이란 자가 보여요. 여편네하고
> 싸우고 나왔지요. 순수하죠. 앨비 말애요.
> 살롱 드라마이지요. 半島호텔이나 朝鮮호텔에서
> 공연을 하게 돼요. 절망의 여운이에요.
> 미해결이지요. 좋아요. 만족입니다.
> 新聞會館 三층에서 하는 게 낫다구요. 아네요.

---

7) 최재은, 「조향 시 연구-의미 구성 방식을 중심으로」, 아주대학교 대학원, 2018, pp.22-23.

거기에는 냉방장치가 없어요. 장소는 三百명가량
수용될지 모르지만요. 절망의 연료가 모자
란다구요. 그래요! 半島호텔같은 데라야
미국놈들한테서 입장료를 받을 수 있지요.
여편네하고는 헤어져도 되지만, 아이들이 불쌍해서요, 미해결예요.

코리안 드림이라구요. 놀리지 마세요.
아이놈은 자구 있어요. 구원이지요. 나를
방해를 안하니까요. 절망의 물방울이
튄 거지요.
내주신다면, 당신의 잡지의 八월호에 내주신다면,
특종이니깐요, 극단도 좋고, 당신네도
좋고, 번역하는 사람도 좋고, 나도 좋은 일을 하는 폭이 되지요.
앨비예요, 엘비예요. 에이 엘 비 이이. 네.
그래요. 아아, 그렇군요.
네에, 그러실 겁니다. 아뇨. 아아, 그렇군요.

이런 전화를, 번역하는 친구를 옆에 놓고,
생색을 내려고 하고나서, 그 訃告를
그에게 전하고, 그 무지무지한 騷亂 속에서
나의 소란을 하나 더 보탠 것에 만족을
느낀 것은 절망에 지각하고 난 뒤이다.

— 김수영의 「전화(電話) 이야기」 전문

이 시는 1연과 2연을 한데 묶고, 3연이 독립적으로 구분되는 두 부분으로 나눌 수 있다. 1연 2연은 전화로 발화한 이야기를 늘어놓고 있고, 3연에서는 전화가 끝난 뒤에 화자의 상황 진술이다. 우선 전화의 발화 내용을 담은 1연과 2연에 대해 살펴보기로 하면 전화한 통화 내용을 기술한 것은 "문자 언어"에 의존하는 시의 일반적인 작시법을 완전히 벗어나서, "구술 언어"로 진술하고 있는 점으로 볼 때 대화시의 특징을 그대로 보여 주고 있다.

전화를 통화할 때에는 반드시 송화자와 수화자가 있다. 이 시에서는 수화자의 발화 내용은 없고, 송화자의 발화 내용만으로 짜였다. 다시 말해서 시인이 특별한 상황으로 출판사에 전화해서 원고를 실어 달라는 부탁을 하는 상황으로 설정하고 있다. 이처럼 극적인 상황을 전개함으로써 극적 효과를 거두는 방식이다. 특히 이 극적인 상황이 화자의 일방적 독백으로 전달하고 있는 "극적 독백"이다. 그러나 이 시는 시인 자신의 입으로 직접 말하고 있는 점을 볼 때 극적 독백과는 다른 특이한 발화 방식의 전개이다.

4) 서정주(徐廷柱, 1915-2000)의 대화시

서정주는 후반기에 질마재에서의 유년 체험과 설화를 소재로 "질마재 신화"라는 시집을 발간하는 등 마을 이야기를 시로 썼다. 하나의 원형적 공간으로서의 마을을 창조해내고 있다. 이 시집에서는 잘 알려진 작품으로 「신부」, 「해일」, 「상가수(上歌手)의 소리」, 「소자 이생원네 마누라님의 오줌 기운」, 「외할머니의 뒤안 툇마루」, 「알묏집 개피떡」, 「말피」 등이 수록되어 있다. 시집 전체가 서술성을 바탕으로 한 줄글 형태를 취하고 있고, 1인칭 화자의 서정적인 목소리가 아닌 이야기를 전달하는 중립적 화자를 설정하고 있다. 그리고 설화를 단순히 시의 소재로만 차용한 것만이 아니라 설화의 구비적 특징과 적층성을 양식의 차원으로 끌어올렸다.

서정주 시인도 발화 방식을 대화 방식으로 풀어냈는데, 대표적인 대화시라고 볼 수 있는 「추천사(鞦韆詞)」를 소개한다.

   香丹아 그넷줄을 밀어라.
   머언 바다로
   배를 내어 밀듯이
   香丹아,
   이 다수굿이 흔들리는 수양버들나무와
   배갯모에 뇌이듯한 풀꽃뎀이로부터,

자잘한 나비새끼 꾀꼬리들로부터
아조 내어 밀듯이, 香丹아
산호(珊瑚)도 섬도 없는 저 하늘로
나를 밀어 올려다오.
채색(彩色)한 구름같이 나를 밀어 올려다오.
이 울렁이는 가슴을 밀어 올려다오!
서(西)으로 가는 달 같이는
나는 아무래도 갈 수가 없다.
바람이 파도(波濤)를 밀어 올리듯이
그렇게 나를 밀어 올려다오.
香丹아.
— 서정주의 「추천사(鞦韆詞)」 전문

 이 시는 춘향이의 독백으로 판소리 「춘향가」이나 고소설 「춘향전」을 배경으로 하고 있다. 여기에 나오는 그네는 단옷날 놀이를 하기 위한 그네라기보다는 춘향이가 자신을 그네에 몸을 맡겨 자기 자신의 현실적인 괴로움과 운명을 탈피하려는 상징적인 그네라고 할 수 있다. 그는 이 시를 통해 "수양버들", "풀꽃더미", "나비 새끼", "꾀꼬리" 등의 소재로 춘향이의 현실적인 고뇌와 갈등을 상징물로 등장시키고 있다. 이러한 현실적인 고뇌에서 벗어나고 싶어 하는 춘향이의 갈망을 권유적 독백으로 호소하고 있으나 실제로는 대화시의 발상을 취하고 있다. 현실적인 번뇌로부터 벗어나 천상을 향하는 시인의 내적 지향의 매개물이 유기적으로 기능하여 시적 효과를 거두고 있다.

5) 이백(李白, 701~762)의 문답시

 당나라 시대의 시인 이백은 "시선"으로 일컬어지는 대표적인 낭만주의 시인이다. 당 현종 시절 한림공봉에 임명되어 출사했으나 향락에 빠진 왕에게 환멸을 느끼고 방랑 생활을 하며 자연을 소재로 한 작품을 많이 남겨 두보와 함께 중국 최고의 고전 시인이다. 1,000여 편의 시가 전하는데 그의 문답시는 다음과 같다.

> 問余何事棲碧山(문여하사서벽산)
> 　　　　묻노니, 그대는 왜 푸른 산에 사는가.
> 笑而不答心自閑(소이부답심자한)
> 　　　　웃을 뿐, 답은 않고 마음이 한가롭네.
> 桃花流水杳然去(도화유수묘연거)
> 　　　　복사꽃 띄워 물은 아득히 흘러가나니,
> 別有天地非人間(별유천지비인간)
> 　　　　별천지 따로 있어 인간 세상 아니네.
> 　　　　　　　— 이백의 「산중문답(山中問答)」 전문

　이 작품은 속세를 벗어난 선계의 세계를 노래하고 있다. 푸른 산에 푹 빠져 있는 화자는 "그대는 왜 푸른 산에 사는가"라는 자문을 한다. 그러나 그저 웃기만 할 뿐 대답을 하지 않는 무언의 경지에 빠져 있다. 그 미소는 맑은 물에 떠가는 복숭아꽃의 이미지와 조화를 이루어 비인간(非人間)의 선경(仙境)에 이른다. 스스로 자문할 수 있는 마음의 여유와 자연과 일체화되어 살아가는 생활 속에서 동양적 자연 친화 사상이 드러난다.
　복숭아꽃의 이미지는 무릉도원의 이미지를 연상시키는 시적 표현이다. 스스로의 물음에 대답하지 않고 웃음을 짓는 태도와 조화를 이룬다. 진(晉)나라 때의 도연명(陶淵明)이 지은 도화원기(桃花園記)의 글 중에서 그 뜻을 얻어 쓴 도교 사상을 담은 시이다. 도화원기(桃花園記)에 있는 내용 중 어떤 어부가 복사꽃 근처의 입구에서 별천지에 이르게 되었다는 이야기를 소재로 삼고 있다.
　이 시는 칠언절구의 한시의 특성을 보이는 시로 극도의 절제미와 함축된 언어로 자신의 내면세계를 끝없이 펼쳐 보이며, 세속과 결별함으로써 이상적인 신선의 세계를 그려 내고 있다.
　이같이 자문자답의 형식으로 대화시를 쓴 이백의 영향을 받아 많

은 시인이 문답시 형식을 차용해서 시를 지었다. 지은이 스스로 묻고 대답하는 형식의 문답시로 시적 표현이 적합한 경우 문답시 형태의 대화시도 구사해 보는 것도 시적인 효과를 극대화하는 한 방법이 될 수 있다.

이처럼 대화 기법은 주로 대화적 상상력을 바탕으로 직접적인 대화를 통해 시에 친근하게 다가갈 수 있는 접근성과 그에 따라 공감을 유발할 수 있다. 그리고 관심과 주의를 끌 수 있다는 점에서 현대 동시에서 많이 적용하며 우리나라 초현실주의 시인들의 많이 활용하는 기법이다. 또한 자동 기술적으로 현실과 환상의 세계를 자유롭게 넘나들 수 있는 매개적인 역할이 가능하다는 점에서 많이 활용되었고, 철학적인 명상의 세계를 친근하게 독자들에게 접근하기가 용이하여 콜리지와 같은 외국 시인들이 많이 적용한 기법이었다. 오늘날 포스트모더니즘 계열의 시에서 장르 간의 경계가 무너지는 경향에서 자유 분망한 대화적 상상력을 적용할 수 있는 대화시도 구사하는 것도 단조로운 시 세계를 탈피하여, 무한한 시 세계로 확장해 보고 싶을 때 적용하는 것도 고려해 볼 만하다.

시의 패러디

　고대로부터 오늘날에 이르기까지 패러디는, 모든 예술 분야는 물론 생활 영역에서 빈번하게 활용되는 기법 가운데 하나이다. 우리가 보는 텔레비전 드라마나 영화, 대중문화, 만화, 광고, 디자인, 신문 등 다양한 분야에서 패러디 활용은 일상화되어 있다. 문학 분야에서는 독자들의 주의를 조장하여 사회를 풍자하거나 우롱하는 등 현실을 비판하는데 우회적인 표현 수단으로 많은 문학 작품들이 누구나 잘 알려진 고전을 원전으로 하여 패러디하여 재창조하는 작업을 꾸준히 해 왔다. 오늘날 포스트모더니즘 시대의 현대시에서 중요한 기법으로 패러디 기법이 활용되고 있다. 따라서 패러디 기법을 습득하는 것은 현대시를 바르게 이해하고 접근하는 창작의 기초라고 할 수 있다.

패러디 기법의 개념

　패러디 기법이란 《옥스퍼드 영한사전》에 "패러디란 산문이나 운문에서 한 작가나, 혹은 한 부류의 작가들이 우습게 보이려는 방식으로, 특히 우습게 부적절한 주제에 이들을 적용시키면서 모방하는 시구나 구절의 전환으로 이루어진 구성, 원작에 다소 밀집하게 근거를 두고 모방하는 것이지만 우스꽝스러운 효과를 산출하기 위해 전환된 모방이다."라고 정의하고 있다.

또한, 『세계미술 용어 사전』에는 "주로 명작의 시구나 문체를 모방하고 내용은 전혀 정의하고 별개의 것으로 표현함으로써, 그 외형과 내용과의 불일치에서 익살스러운 효과를 주는 시로, 초기 시와 운문(韻文) 등 주로 문학의 영역에서 행해졌으나, 오늘날에는 미술의 영역에서도 자주 사용되고 있다."라고 정의하고 있다.

동양에도 패러디와 유사한 창작 기법인 "용사(用事)"나 "방고(倣古)"라는 기법이 존재한다. 용사는 원작을 활용하되 보다 더 유용하게 활용하여 결과적으로는 용사한 작품 전체에 생명력을 불어넣는 작업을 뜻한다. 용사의 본질에는 창작자의 '의도'를 표현하기 위해 원작을 "빌려 쓰는 행위" 그 자체는 비난의 대상이 될 수 없다는 기본 전제가 깔려 있다.8)

패러디라는 용어의 유래를 살펴보면, 그리스어에서 "놀리는 노래"나 "파생적인 노래"라는 뜻을 가지고 있으며, 어원은 희랍어의 "paradia"는 "para"와 "odos"라는 두 낱말이 합성된 말로 counter-song(대응노래)라는 뜻에서 그 기원을 찾을 수 있다. 하우스홀더(Householder)는 아리스토텔레스의 시학 제2장에서 대응―노래의 의미를 추적해내고 있다. 그에 따르면 대응―노래는 '원래 가수(originalsinger)'의 반대 의미에서 만들어져서 "모방 가수" 혹은 "약간만 바꿔서 부르는 모방 노래" 정도의 의미를 지닌다. 또한, 서사적 운율과 어휘를 활용하고, 풍자적이거나 과장된 주제를 다루는 적당한 길이의 설화시를 일컫기도 한다.9)

패러디의 접두사인 "para"는 이중적인 의미를 지니고 있다. 하나의 의미는 "대응하는(counter)" 또는 "반대하는(against)"의 의미를 지칭하는데, 패러디와 텍스트 간의 대비나 대조라는 의미로 통용되고 있다. 앞의 《옥스퍼드 영한사전》의 정의에서 언급한 바와 같이 패러디의 정의는 관례적인 요소로 조롱의 의미를 담고 있는데서 출발했

---

8) 한정희, 『한국과 중국의 회화』, 학고재, 1999, p.26.
9) Householder, F.(1944). Parodia. ClassicalPhilology, Vol.39, 1-9.

다고 할 수 있다.

　패러디의 개념의 다른 하나의 의미는 "곁에(beside)" 혹은 "가까이(close to)"라는 일치와 친밀성의 의미도 있다.10) 이는 현대 시각 예술 분야에서 패러디의 실용적 범주를 확장시키는 정의라 할 수 있다.

　예술에서의 패러디 개념은 원작의 독창성보다는 재창조에, 고유성보다는 목적에 우의하며 전통에 대한 재창조적인 접근으로서 그 의미를 확장하고 있다. 즉, 패러디는 하나의 진지한 예술 비평 형식으로서 재창조인 동시에 비평을 통한 일종의 능동적인 탐구가 되게 한다.11)

　정끝별은 『패러디 시학』에서 포스트모더니즘의 핵심적 개념인 패러디를 "선행의 기성품을 계승, 비판, 재조합하기 위해 재기호화하는 의도적 모방인용"이라고 정의하고 이를 위한 하위 조건을 네 가지 제시하였다. 첫째, 독자가 패러디 텍스트임을 분명히 지각할 수 있도록 하는 "원텍스트의 전경화(foregrounding) 장치", 둘째, 패러디 텍스트 창작 당시의 원텍스트에 대한 "사회적 문맥과 사회적 공인도", 셋째, 원텍스트와의 "대화성", 넷째, 원텍스트에 대한 "기대전환"을 들고 있다.

　패러디 기법은 동서양을 막론하고 고전에서 최근 포스트모더니즘에 이르기까지 문학 창작의 주요한 기법으로 광범위하게 활용해 왔음에도 불구하고 기생적인 기법으로 취급받아 왔다. 그 까닭은 낭만주의적 전통에서는 패러디의 특성 중 반복성과 모방성을 열등한 미학으로 취급했기 때문이다. 오늘날 포스트모더니즘에서는 패러디 기법은 중요 기법으로 취급되고 있으며, 우리나라 김소월, 김기림, 김수영, 이상, 김춘수, 오규원, 김지하 등 유명 시인들이 전통적인 시가를 인유하는 패러디 기법을 시 창작의 주요 기법으로 활용하여 현대시의 새로운 영역을 개척하는 등 좋은 작품을 창작한 시인이

---

10) Linda Hutchen, 「패러디이론」, 김상구 윤여복 譯, 문예출판사, 1998, p.53.
11) Linda Hutchen, 앞의 책, p.193.

많은 것으로 보아 패러디 기법은 통시적으로 시 창작의 중요한 기법으로 활용되어 왔고, 앞으로도 활용이 지속될 것이다.

패러디 기법으로 당대 시인이 살고 있는 사회를 전통적인 맥락과 결부하여 폭로하거나 반성적인 성찰을 촉구하기 용이하고, 관심과 주의를 끌 수 있는 패러디의 특성인 해학성과 풍자성을 활용하여 아이러니컬하게 미학적으로 단순화할 수 있을 뿐만 아니라 통시적인 성찰과 시인의 존재에 대한 자기 반영할 수 있다는 점에서 오늘날까지 지속적으로 활용되고 있다. 이는 패러디 기법이 갖고 있는 역사성, 유희성, 개방성, 자아 반영성 등 시대를 초월하여 통시적으로 활용이 가능한 독특한 특성 때문이라고 할 수 있다.

패러디 기법은 주로 원작을 패러디하는 과정에서 수평적인 구조와 수직적인 구조, 그리고 인용이나 인유의 방법으로 패러디의 유형으로 구분 지을 수 있고, 수평적 구조의 패러디를 다시 모방적 패러디와 풍자적 패러디로 그 유형을 세분하는가 하면, 어떤 이는 패러디의 유형을 모방적 패러디 유형, 비평적 패러디 유형, 혼성 모방적 패러디 유형, 아이러니한 패러디 유형으로 구분하는 등 다양한 유형으로 구분된다.

패러디는 이제까지 존재해 왔던 문학 작품을 모티브로 한다는 점에서 널리 알려진 고전이나 명작을 원전의 일부, 또는 압축하여 인유하거나 인용하기도 하므로 표절과 유사하다고 볼 수 있으나 표절은 작품의 일부를 그대로 도용한 것이라면, 패러디는 원전을 텍스트로 하여 인용, 인유, 풍자하여 독창적으로 재창조한다는 점에서 표절과는 다른 모방적 성격을 갖기도 한다.

패러디 기법에서 "인용"은 일반적으로 "선행 텍스트나 사람들의 어구 등에서 변형시키지 않고 그대로 끌어다 쓰는 것"을 의미한다. "인유"는 "두 텍스트의 동시적 활성화를 위한 하나의 방법"으로 상응을 통해 이루어지는 반면, 패러디는 차이를 통해 이루어진다. 인유는 패러디보다 덜 제한적이거나 덜 예정되어 있다. 그러나 아이러니한 인유는 패러디와 거의 비슷하며, 패러디와 인유의 구조적, 실용적인 측면은 구분하기가 쉽지 않다.12) 또한 "풍자"는 패러디와 혼동되기 쉬운 장르이다. 쉽게 혼동되는 명백한 이유는 이 두 장르가 자주 함께 사용되어지는 데 있다. 패러디와 풍자의 가장 중요한 차이는 "목표"에 있다. 풍자는 그 목표가 사회적, 도덕적 개량에 있으나, 패러디는 다른 담론들의 텍스트를 반복한다는 점에서 차이가 있다.

패러디는 문학의 영역에서뿐만 아니라 대중문화, 영화, 건축, 만화, 신문 기사, 미술, 음악, 무용, 광고, 상표, 디자인, 미디어 디지털 매체, UCC, 미용 등 문화 예술, 기타 생활 전반에 폭넓게 활용되고 있다.

특히 대중문화에서나 문학 작품에서 역사성, 유희성, 개방성 등의 패러디의 특성을 활용하여 대중이나 독자들의 주의와 관심을 끌기 위해 패러디 기법을 활용하는데, 문학 작품이 독자들에게 재미를 가져다주어야 외면을 당하지 않는다는 점에서 패러디의 기법의 활용은 반드시 필요할 것이다.

현대시에서 패러디 기법의 활용 사례

1) 김춘수의 「꽃」 패러디 사례

우리나라 현대시에서 대표적인 패러디 시는 김춘수의 「꽃」을 패러디한 오규원의 「꽃의 패러디」가 있다. 이와 같이 김춘수 시 「꽃」의 기본 골격을 그대로 두고 다른 의미로 재창조하고 있다. 즉, 김춘수의 시 「꽃」이 대상의 빛깔과 향기에 알맞은 이름을 불러 줌으로써 꽃이 될 수 있다는 대상의 본질을 인식한 후에서야 의미 있는 존재

---

12) Linda Hutchen, 앞의 책, p.72.

가 된다는 타자의 존재성에 대한 의미의 가치를 주제로 한 반면 오규원의 「꽃의 패러디」는 어떤 대상을 인식한다는 것은 자기 인식의 틀로 왜곡하게 되며, 이것은 또 다른 인식에 의해 왜곡된다는 주제로, 즉 서로가 서로를 의미의 틀이 만들어질 때까지 기다림이 있다는 틀과 시간의 필요성은 결국 인식의 객관성을 비판하는 내용으로 바꾸어 놓고 있다.

습작기 때에 패러디 기법을 활용하여 시를 창작하다 보면, 여러 시인의 특성을 자연스럽게 파악하고 습득이 가능해지며, 자연스럽게 명작의 구조적인 틀과 운율을 형성하는 방법과 체득하는 데 많은 도움이 될 수 있다. 또한, 김춘수의 「꽃」을 패러디 한 정정일의 패러디 시 「라디오와 같이 사랑을 끄고 켤 수 있다면」, 장경린의 「김춘수의 꽃」 등의 작품이 있는데, 모두 기본 골격과 운율은 그대로 살리고 시적 대상을 꽃과 이질적인 「라디오」로 바꾸어 사랑에 대한 관념성과 절대성을 비판하고 있다. 그중 장경린의 패러디 시 「김춘수의 꽃」은 오늘날 사회의 물질만능주의와 결부하여 성도덕이 무너진 세태를 풍자한 패러디 시로 우리에게 널리 알려져 있다.

《다음 백과사전》에 김춘수 「꽃」을 패러디한 작품을 비교한 글에 따르면 다음과 같다. "장정일의 「라디오같이 사랑을 끄고 켤 수 있다면」은 김춘수의 「꽃」을 패러디한 작품으로 가볍고 편리한 사랑을 추구하는 현대인의 세태를 풍자한 시이다. 「꽃」과 「라디오같이 사랑을 끄고 켤 수 있다면」은 운율과 통사 구조 등 형식적인 면에서는 유사하나, 그 속에 담고 있는 주제 의식은 차이가 있다. 즉, 「꽃」은 존재의 본질적 의미와 진정한 관계에 대한 소망을 표현하고 있는 반면에, 「라디오와 같이 사랑을 끄고 켤 수 있다면」은 쉽게 만나고 헤어지는 현대인의 사랑에 대한 비판을 하고 있다."[13]

김춘수의 「꽃」을 패러디한 오규원의 「꽃 패러디」와 정정일의 「라디오와 같이 사랑을 끄고 켤 수 있다면」, 그리고 장경린의 「김춘수

---

13) http://100.daum.net/encyclopedia/view/24XXXXX72962

시의 패러디

의 꽃」 등 네 편의 시를 아래에 소개한다. 서로 비교하며 패러디하는 다양한 방법을 습득하도록 노력하시길 바란다.

> 내가 그의 이름을 불러 주기 전에는
> 그는 다만
> 하나의 몸짓에 지나지 않았다.
>
> 내가 그의 이름을 불러 주었을 때
> 그는 나에게로 와서
> 꽃이 되었다.
>
> 내가 그의 이름을 불러 준 것처럼
> 나의 이 빛깔과 향기(香氣)에 알맞는
> 누가 나의 이름을 불러다오.
> 그에게로 가서 나도
> 그의 꽃이 되고 싶다.
>
> 우리들은 모두
> 무엇이 되고 싶다.
> 너는 나에게 나는 너에게
> 잊혀지지 않는 하나의 의미가 되고 싶다.
> ― 김춘수의 「꽃」 전문

> 내가 그의 이름을 불러 주기 전에는
> 그는 다만
> 왜곡될 순간을 기다리는 기다림
> 그것에 지나지 않았다.
> 내가 그의 이름을 불렀을 때
> 그는 곧 나에게로 와서
> 내가 부른 이름대로 모습을 바꾸었다.
>
> 내가 그의 이름을 불렀을 때

그는 곧 내게로 와서
풀, 꽃, 시멘트, 길, 담배꽁초, 아스피린, 아달린이 아닌
금잔화, 작약, 포인세치아, 개밥풀, 인동, 황국 등등의
보통명사나 수명사가 아닌
의미의 틀을 만들었다.

우리들은 모두
명명하고 싶어 했다.
너는 나에게 나는 너에게.
그리고 그는 그대로 의미의 틀이 완성되면
다시 다른 모습이 될 그 순간
그리고 기다림 그것이 되었다.

— 오규원의 「꽃의 패러디」 전문

그의 단추를 눌러 주기 전에는
그는 다만
하나의 라디오에 지나지 않았다

내가 그의 단추를 눌러 주었을 때
그는 나에게로 와서
전파가 되었다

내가 그의 단추를 눌러 준 것처럼
누가 와서 나의
굳어 버린 핏줄기와 황량한 가슴속 버튼을 눌러다오
그에게로 가서 나도
그의 전파가 되고 싶다
우리들은 모두
사랑이 되고 싶다
끄고 싶을 때 끄고 켜고 싶을 때 켤 수 있는
라디오가 되고 싶다

— 장정일의 「라디오와 같이 사랑을 끄고 켤 수 있다면」 전문

시의 패러디

나와 섹스하기 전에는
그녀는 다만
하나의 꽃에 지나지 않았다.

나와 섹스를 하고 난 후
그녀는 더 이상 꽃인 체하지 않는
이자(利子)가 되었다.

내가 그녀와 섹스를 한 것처럼
세일즈맨이든 경찰이든 꽃이든 망치든 컴퓨터든
무엇이든 내게 와서
나의 떨리는 가슴에 온몸을 비벼다오
그와 한 몸이 되어 이자가 되고 싶다.
나도 그로부터 자유로운 이자가 되고 싶다.

우리들은 모두
한 송이의 이자가 되고 싶다
나는 너의 이자가 되고 싶다
너는 나의 이자가 되고 싶다
우리들은 서로에게
꽃보다 아름다운 이자가 되고 싶다.
　　　　　　　　— 장경린의 「김춘수의 꽃」 전문

　위의 예시와는 같이 김춘수의 「꽃」과 김춘수의 「꽃」을 패러디한 시는 물론 권력에 야합하는 정치 현실에 대한 사회 비판으로 패러디한 작품까지도 싸잡아서 비판하는 이중, 삼중의 구조로 패러디를 재창조적인 시각에서 패러디 한 고정희의 「민자야 민자야 민자야」라는 시를 보면, 패러디 작품이 이처럼 다양하게 변용될 수 있으며, 시인의 역량 여부에 따라 얼마든지 좋은 시로 창작이 가능하다는 사실을 알 수 있다.

육공의 망초꽃 민자야
노른자가 너의 이름 불러 주기 전에는
너는 다만 징그러운
오공의 구걸이에 지나지 않았다.

노른자가 너의 이름을 불러 주었을 때
너는 육공에게로 가서
대권밀약 신부가 되고
이대한 결단의 할미꽃이 되고
보통사람 시대의 눈물꽃이 되었다.
나눠먹기 나눠갖기 갈대꽃이 되었다.

그래 민자야 민자야
노른자가 너의 이름 불러준 것처럼
야권통합 흰자도 너에게로 가서
못살겠다 갈아보자……
대권밀약설 붕괴에 알맞은 최후의 이름을 준비할 수 있을까
참여 속에 변절에 걸맞는
최후의 종말을 안겨줄 수 있을까?
— 고정희의「민자야 민자야 민자야」[14] 전문

  이 시를 보면 앞의 패러디 시와는 다른 양상을 보이는 것을 알 수 있다. 패러디에 대한 비판을 포함한 우리나라의 정치적 상황을 통렬하게 비판하고 있다. 청자를 화자의 친구로 선택하고 반복함으로써 강화된 호소력이 발휘되는데 "민자"는 사람의 이름이기도 하지만, 민간에서 출자한 자본이라는 민자(民資)의 의미까지 내포하고 있다고 할 수 있다. "노른자", "구걸", "나눠막기 나눠갖기", "대권민약설", "변절" 등은 돈과, 폭력과 지식을 기반으로 하는 권력을 잡기 위한 인간의 추악한 모습을 담고 있기 때문이다.

---

14) 고정희,「민자야 민자야 민자야」, 계간『시와 사람』, 2002년 가을호, 통권26호.

시의 패러디

2) 포괄적인 주제를 드러내기 위한 수단으로 패러디한 사례

　시인이 자신의 시 세계를 드러내기 위한 방편으로 주체적인 관점에서 다른 사람의 시를 패러디할 수 있다. 많은 사람이 인식하고 있는 명시를 자신의 관점에서 패러디하는 경우가 대부분이나 자신의 세계를 명확히 드러내기 위한 주체적인 관점에서 유명 시를 패러디할 수 있다. 이때 패러디의 대상이 되는 텍스트는 자신의 시 세계를 위한 수단이 된다. 김관식 시집 『민들레 꽃 향기』는 216편의 민들레 소재 연작시집인데 노자 등 13명의 명언을 패러디했고, 명시 28편을 민들레 소재로 변용하여 패러디했다. 김춘수의 「꽃」을 패러디한 작품을 소개해 보기로 한다.

　　　　내가 민들레꽃을 보기 전에는
　　　　그는 다만
　　　　하나의 씨앗에 지나지 않았다

　　　　내가 민들레꽃을 보고
　　　　김춘수의 시를 떠올렸을 때
　　　　그는 나에게로 와서
　　　　민들레꽃이 되었다

　　　　내가 민들레꽃을 보고 김춘수의 시를 떠올린 것처럼
　　　　나의 이 빛깔과 향기에 알맞은
　　　　누가 민들레 시를 읽어다오.
　　　　그에게로 가서 나도
　　　　그의 씨가 되고 싶다.

　　　　우리들은 모두
　　　　민들레 씨가 되어 날고 싶다.
　　　　너는 나에게 나는 너에게
　　　　잊혀지지 않는 하나의 갓털이 되고 싶다.
　　　　　　　　　　— 김관식의 「김춘수의 "꽃"」15) 패러디 전문

이처럼 자신의 시 세계를 위해 명시를 가져와 적용하는 방법도 있는 등 패러디의 활용 영역은 무궁무진하다고 할 수 있다.

3) 고전 시가의 현대화로 독창적인 시 세계를 표현한 패러디

고전 시가나 유명한 철학가나 사상가의 사상, 시대적인 풍습, 또는 원전까지 개작하는 등 고전의 획기적인 현대화 방법을 적용하여 독창적으로 자기 시 세계를 패러디할 수 있다. 고전을 패러디하려면 현대적인 감수성으로 원전을 해학적인 시각에서 바라보고 창조적으로 패러디해야 한다. 그러나 많은 패러디 시는 과거보다 당대적 관습, 당대의 정치와 현실을 비판하기 위하여 진지한, 때로는 신성한 원전을 개작한다. 이 경우 패러디는 풍자적 목적을 수행하기 위해 채용되는 전략이다.16)

> 들리는 소문에 따르면 그후 老子가
> 술은 술이요 물은 물이라 했다가도 하고
> 혁명은 곰방대요 곰방대는 개장국이라 했다는 말도 있어.
>
> — 오태환 「手話·1」 17)중에서

이 작품의 풍자 대상인 목표물은 노자의 『도덕경』(또는 노장사상)이 아니라 당대의 기만적 현실이다. 동일성과 차이성이 모두 기만이 되는 당대 현실을 우롱하기 위하여 진지한 『도덕경』의 원전을 개작하고 이 개작에 의해서 이 작품은 패러디 시가 되는 것이다. 이 경우 패러디는 패러디 시 그 자체와 원전, 그리고 목표물이라는 3중의 구조 또는 세 개의 텍스트를 내포하게 되는 것이다.18)

---

15) 김관식, 『민들레꽃 향기』, 문창콘, 2016, p.233.
16) 김준오, 「문학사와 패러디 시학」, 『한국 현대시와 패러디』, 현대미학사, 1996, p.20.
17) 오태환, 『수화』, 문학과 비평사, 1988.
18) Michele Hannoosh, Parady and Decadence(Ohio State University Press,

시의 패러디

패러디의 시가 풍자적인 목적을 수행하기 때문에 패러디의 풍자의 하위 장르로 인식할 수도 있다. 원전을 변형하되 풍자보다는 익살스럽거나 감동적 장면을 인용, 또는 인유하여 독창적인 시인의 현대적 감수성으로 다시 창조되기 때문에 독자적인 영역을 확보하는 것이다.

4) 명화 이미지를 전경화하거나 착상하여 독창적으로 표현한 시

포스트모더니즘 경향의 시들은 패러디를 주요 기법으로 차용하고 있다. 또한, 명화의 이미지를 차용하여 시어로 전경화하거나 형상화하는 화제시들도 일종의 패러디 시의 범주에 포함된다고 할 수 있다.

동양화의 그림에 곁들여 시를 기록하는 화제시, 제화시도 일종의 그림으로 표현할 수 없는 것을 화제시를 곁들여 작품 세계의 이해를 돕기 위한 방편으로 전통적으로 그림을 전경화한 화제시를 곁들여 왔다. 한국화의 경우 화폭의 여백에 그림과 관계된 내용을 담은 시를 첨록(添錄)하는데, 그러한 시를 일컬어 화제시(畫題詩)라고 한다. 또는 구분하여 그림을 보고 그것에 연상하여 지은 시를 제화시(題畫詩)라고 하기도 한다. 제화시는 그림을 시적 제재나 대상으로 하기 때문에 그림의 종류나 성격에 따라 달라지는 것이 일반적인 현상이다. 또한, 지식인들의 문집에서 제화시가 흔히 눈에 띄는 것은 그림과 시의 이 같은 상보(相補)적 관계 때문인 것이며, 그것들의 대부분은 산수화를 대상으로 한 제화시로 나타난다.19)

한국의 화제시는 산수화, 문인화, 인물화, 풍속화, 영모화 등이 있는데 화제시는 그림을 그린 동기나 내용 등을 자신이 직접 해설하거나 다른 사람이 그림에 대한 감상을 쓴 경우도 있다. 그 유명한 추사 김정희 「세한도」에 곁들인 화제를 보면, 화가의 그림 제작 동

1989), p.15.
19) 전호균, 「한국화 화제시에 대한 연구」, 군산대학교 대학원 석사학위논문, 2009, p.7.

기가 밝혀져 있는데, 일부를 예시로 들면 다음과 같다.

> 孔子曰歲寒然後知松柏之後凋 (공자왈세한연후지송백지후조)
> 松柏是貫四時而不凋者 (송백시관사시이불조자)
> 歲寒以前一松柏也 (세한이전일송백야)
> 歲寒以前一松柏也 (세한이전일송백야)
> 聖人特稱之於歲寒以後 (성인특칭지어세한이후)
> 今君之於我 (금군지어아)
> 由前而無加焉 (유전이무가언)
> 由後而無損焉 (유후이무손언)
> 然由前之君無加稱 (연유전지군무가칭)
> 由後之君亦可見稱於聖人也耶 (유후지군역가견칭어성인야야)
> 聖人之特稱 (성인지특칭)
> 非徒爲後凋之貞操勁節而已 (비도위후조지정조경절이이)
> 亦有所感發於歲寒之時者也 (역유소감발어세한지시자야)
> 　　　　　　　　― 김정희의 「세한도」 전문

　해설 : 태사공이 말하기를 "권세와 이익으로써 나를 보지 않았기 때문인가? 아니면 태사공의 말씀이 잘못된 것인가?" 공자께서 말씀하시기를 "날이 추워진 연후에야 소나무와 잣나무의 시들지 않음을 알게 된다."고 하였는데 소나무 잣나무는 사계절을 일관하여 시들지 않는 것이다. 추운 계절이 오기 전에도 같은 소나무 잣나무요, 추운 계절이 닥친 뒤에도 소나무 잣나무인데 성인은 특히 추위가 닥친 이후를 일컬으셨다. 지금 그대가 나를 대함은 이전이라서 더함도 없고 이후라서 덜함도 없었다. 그러나 예전의 그대에 대해서는 더 일컬을 게 없다면 이후의 그대 또한 성인의 일컬음을 받을만한 것이 아니겠는가? 성인이 특별히 일컬은 것은 다만 시들지 않음의 곧은 지조, 굳센 정절뿐만 아니라 역시 추운 계절이라는 것에 느끼신 바 있어서인 것이다.

시의 패러디

　이처럼 그림으로 다 나타내지 못한 화의(畵意)와 그림 해설로 곁들여 화제시가 있었으나 이와는 성격이 다른 패러디의 입장에서 우리나라 많은 시인의 유명 화가나 조각가들의 조각품 등의 예술 작품의 소재를 시로 창작하여 성공한 사례들이 많다. 잘 알려진 명화 화제시로는 김춘수의 「샤갈의 마을에 내리는 눈」, 최승호의 시집 『자코메티와 늙은 마네킹』 등 회화, 조각 작품을 소재로 영향받는 느낌을 시로 형상화했거나 그림의 이미지를 전경화하고, 형상화하여 성공한 시들이 많다. 여기에 두 시인의 시 2편을 소개하기로 한다.

　　　　샤갈의 마을에는 三月에 눈이 온다.
　　　　봄을 바라고 섰는 사나이의 관자놀이에
　　　　새로 돋은 靜脈이
　　　　바르르 떤다.
　　　　바르르 떠는 사나이의 관자놀이에
　　　　새로 돋은 靜脈을 어루만지며
　　　　눈은 數千數萬의 날개를 달고
　　　　하늘에서 내려와 샤갈의 마을의
　　　　지붕과 굴뚝을 덮는다.
　　　　3월에 눈이 오면
　　　　샤갈의 마을의 쥐똥만 한 겨울 열매들은
　　　　다시 올리브 빛으로 물이 들고
　　　　밤에 아낙들은
　　　　그해의 제일 아름다운 불을
　　　　아궁이에 지핀다.
　　　　　　　　　— 김춘수의 「샤갈의 마을에 내리는 눈」 전문

　　　　1
　　　　겨울나무들이 동안거* 한다.
　　　　열매들을 다 놓아버린
　　　　알몸에 서리 내린다.

2
앙상한 사람들 중에서도
참하게 앙상한 사람은
암자가 불타버린
스님

　　3
재 한 점,
재 한 점으로 지평선에 서 있는 사람,
자코메티*씨에게 인사시키고 싶은데
자코메티 씨는 앙상한 조각들을 남기고
벌써 입적했다

　　4
앙상함도 존재의 한 방식이다.
군더더기가 없는
보석,
알몸,
앙상함의 극치에서 태어나는
보석
알몸
성자.

― 최승호 「앙상함」 전문, 시집 『자코메티와 늙은 마네킹』[20]

* 동안거: 겨울 동안에 승려들이 한곳에 모여서 도업을 수행하는 것.
* 자코메티: 스위스 조각가. 인물을 가늘고 길게 표현하여 고독한 느낌을 주는 조각상을 주로 만듦.

　위의 예시한 김춘수의 「샤갈의 마을에 내리는 눈」은 샤갈의 초현실주의 그림을 보고 느낌이라 할 수 있는 생명력 있는 봄을 환상적인 이미지로 차용하여 관념을 배제하여 형상화한 시이다. 또 다른

---

20) 최승호, 『자코메티와 마네킹』, 풀, 2008.

시의 패러디

시 최승호「앙상함」은 최승호 시인이 조각가 자코메티의 조각품과 생애, 작품 세계 등에서 자코메티 예술 세계에 영향을 받아 지코메티의 이미지를 차용하여 시집 한 권 분량으로 자코메티의 예술 세계를 전경화하여 독창적인 자기 세계를 구축하기 위한 수단으로 시적 형상화하여 제시하고 있다.

이처럼 패러디 기법은 예부터 오늘날까지, 더 나아가 미래에도 계속으로 중요한 기법으로 활용될 것이다. 위의 예시에 본 바와 같이 명화나 화가의 작품 세계를 차용하여 시로 형상화하는 것도 패러디의 영역 범주에 포함된다고 볼 때 패러디는 현대시를 깊이 있게 이해하고, 구성하는데 중요한 영역을 차지하고 있다고 할 수 있다.

이상에서 패러디 기법의 개념, 현대시에서 패러디 기법의 활용 사례로 김춘수의「꽃」패러디 사례를 중심해서 포괄적인 주제를 드러내기 위한 수단으로 패러디한 사례, 고전 시가의 현대화로 독창적인 자기 시 세계를 표현한 패러디 사례, 명화 이미지를 전경화하거나 착상하여 독창적으로 표현한 시 등을 예시로 들어 패러디 기법을 시 창작 기법으로 활용하는 방법들을 소개했다. 여기에서 소개한 다양한 기법들을 이해하고 자신의 시 창작에 활용해 보면 좋을 것이다. 문제는 수박 겉핥기식으로 형태를 변형하는 데만 급급하지 말고, 원전의 전체적인 이미지를 차용한다거나 원전 텍스트를 인용, 인유하여 자신의 시 세계를 독창적으로 심도 있게 확장하여 시 창작하는 데 활용해야 할 것이다. 패러디 기법을 잘못 이해하여 원전 텍스트의 해설이나 자신이 그린 그림의 동기를 다른 사람에게 전달하기 위한 목적으로 활용했던 한국화의 화제시와 같이 더부살이 역할을 하는 패러디는 원전 텍스트에 의존하기 때문에 무의미하다 할 수 있을 것이다. 따라서 원전 텍스트를 활용하되 자신의 독창적인 세계를 확장할 수 있는 패러디 기법을 활용해야 할 것이다.

시의 언어유희

언어유희 기법은 고대 시가에서 현대시에 이르기까지 시 장르뿐 아니라 문학의 전 장르에 걸쳐서 활용되어 왔고, 우리 생활 주변의 광고, 팸플릿(Pamphlet), 게시물 등 생활 현장 등에서도 다양하게 활용되어 왔다. 때로는 사람들에게 관심을 끌기 위해서 언어유희는 효과적으로 사용되기도 하고. 많은 사람의 주의를 집중시키기 위해 해학적인 언어유희 기법을 활용하기도 한다.

현대시에서도 해학적인 분위기를 조성하거나 어떤 의미를 암시하여 전달하려고 할 때 언어유희 기법이 활용되고 있다. 따라서 이 기법을 익혀 두는 것은 다양한 시적 표현의 기능을 신장시키는 일일 것이다.

언어유희 기법의 개념

언어유희란 단순한 말장난이라고 할 수 있겠지만, 어떤 의미를 암시하거나 전달하고 날카롭게 현실을 풍자하는 효과를 거둘 수도 있다. 주로 낱말, 문자 등을 해학적으로 사용하는 표현. 동음이의어를 재치 있게 구사하거나 유사 발음을 이용하는 것이 대표적이지만, 춘향전에서 춘향이의 어머니 월매가 옥에 갇힌 춘향이에게 "네 서방인지 남방인지 걸인 하나 왔다"와 같이 발음의 유사성을 이용하기도 하고, 봉산탈춤에서 "아, 이 양반이 허리 꺾어 절반인지, 개다리소반

시의 언어유희

인지, 꾸레미전에 백반인지"와 같이 절반, 소반, 백반 등 비슷한 음운을 활용하기도 하며, "춥다, 문 들어온다, 바람 닫아라"와 같이 낱말을 배치를 바꾸는 방법 등이 모두 언어유희 기법을 활용한 사례라고 할 수 있다.

《다음백과》 사전에서는 언어유희를 네 가지로 나누고 있는데 다음과 같다.

① 동음이의어를 이용하는 경우 : '눈싸움을 하다 눈에 맞아 눈물이 나니 눈물(淚)인가 눈 물(水)인가' ② 비슷한 발음의 단어를 연속하여 각운을 맞추는 경우 : '리리 리자로 끝나는 말은, 개나리 피리 봉우리 광주리 유리 항아리' 또는 봉산탈춤에서 말뚝이가 양반을 소개하는 장면에서 '양반인지 허리 꺾여 절반인지, 개다리소반인지, 꾸레미전에 백반인지' ③도치법으로 문장의 앞뒤를 바꾸는 경우 '먼 옛날 만주에서 개 타고 말 장수 하던 시절' ④어울리지 않는 단어를 조합하여 새 말을 만들어 내는 경우: '멘탈(정신)+붕괴=멘붕' 등이 있다. 광고 중에 '보고서만 받으면 묵혀 두는 당신 국장인가, 청국장인가' 등도 유사한 발음과, 성질(보고서를 묵혀 두다, 오래 묵혀 발효시키는 청국장)을 이용한 언어유희이다.

언어유희는 다른 의미를 암시하기 위해 말이나 동음이의어를 해학적으로 사용하는 표현 방법으로, 말이나 문자를 소재로 하는 유희를 의미한 1차적으로 저급한 낱말 놀이를 시에 적용하면 오히려 역효과를 미칠 수도 있다. 언어유희를 단순하게 해학을 목적으로 관심을 끌어 보려는 것보다는 시에서는 다중의 의미를 표현하고 새로운 의미로 사고를 확장시킬 수 있는 언어유희여야 한다. 따라서 그러려면 낱말에 대한 세심한 사고와 낱말의 소리들에 대한 진지한 관심을 토대로 한 언어유희에서 차츰 해학의 목적과 독자의 상상력과 사고를 확장시킬 수 있는 새로운 언어를 창조하는 영역으로까지 언어에 대한 감각을 키워야 할 것이다.

예를 들어 아이러니의 한 변형으로서 언어유희는 단순한 말장난으로 끝나는 것이 아니라 풍부한 기지와 날카로운 어조로 풍자의 형식으로 독자의 상상력과 사고력을 확장시킬 수 있다.

　황진이의 시조 "청산리 벽계수야"는 왕족인 벽계수를 유혹하고자 지은 시조인데, 상대방을 유혹하는 재기가 돋보인다. 중의적 표현으로 덧없는 인생을 즐기자고 넌즈시 권유하는 기녀의 솔직한 호소력이 드러난 작품이다. "청산리(青山裡) 벽계수(碧溪水)야/ 수이 감을 자랑마라/ 일도창해(一到滄海)하면 도라오기 어려오니/ 명월(明月)이 만공산(滿空山)하니 수여간들 엇더리."라고 벽계수는 푸른 산속에 흐르는 푸른 시냇물을 지칭하는 말이지만 왕족의 벽계수와 동음이의어로 중의적으로 표현한 말이다.

　이와 같이 언어유희를 이용한 시에는 시어 속에 또 다른 언어가 숨어 있다. 따라서 하나의 언어가 내포하는 의미를 이해하기 전에 언어 속에 숨어 있는 언어를 찾아내야 한다. 언어유희는 언어의 시각적 이미지의 효과보다는 청각적 이미지의 효과를 강조하여 낱말의 소리에 민감해지는 현상에 근원을 두고 있는 것이다.

현대시에 활용한 사례

1) 이상의 경우

① 두운과 각운의 반복법에 의한 언어유희

　이상의 시는 같은 문장을 반복하는 시 구성이다. 이는 일상의 지루함과 정체에 대한 절망이라는 중요한 의미를 내포한 언어유희 기법이라고 볼 수 있다. 또한, 동일한 운을 반복적으로 적용하여 리듬감을 살려 시를 읽는 재미를 느끼게 해 준다.

13인의 아해가 도로로 질주하오.
(길은 막다른 골목이 적당하오.)

제 1의 아해가 무섭다고 그리오.
제 2의 아해도 무섭다고 그리오.
제 3의 아해도 무섭다고 그리오.
제 4의 아해도 무섭다고 그리오.
제 5의 아해도 무섭다고 그리오.
제 6의 아해도 무섭다고 그리오.
제 7의 아해도 무섭다고 그리오.
제 8의 아해도 무섭다고 그리오.
제 9의 아해도 무섭다고 그리오.
제10의 아해도 무섭다고 그리오.

제11의 아해가 무섭다고 그리오.
제12의 아해도 무섭다고 그리오.
제13의 아해도 무섭다고 그리오.
십삼인의 아해는 무서운 아해와 무서워하는 아해와 그렇게 뿐이 모였소.
(다른 사정은 없는 것이 차라리 나았소)
그 중에 1인의 아해가 무서운 아해라도 좋소.
그 중에 2인의 아해가 무서운 아해라도 좋소.
그 중에 2인의 아해가 무서워하는 아해라도 좋소.
그 중에 1인의 아해가 무서워하는 아해라도 좋소.

(길은 뚫린 골목이라도 적당하오.)
13인의 아해가 도로로 질주하지 아니하여도 좋소.

— 이상의 「烏瞰圖―詩 第一號」 전문

이 시의 시제인 오감도(烏瞰圖)는 원래 건축 용어인 조감도(鳥瞰圖)인데, 여기에 새 "조"를 형태상, 발음상 유사한 소리를 내는 까마귀 "오"로 재치 있게 언어유희 기법을 적용하고 있다. 하늘에서 새가 내려다본다는 의미의 그림을 이상이 까마귀가 내려다본다는 의미의 그림으로 재치 있게 바꿔 놓고 있다. "조"대신 "오"로 음운을 대체시켜 놓았다.

두운과 각운을 반복적으로 적용하여 지루함과 불안과 두려워하는 마음을 심화시키는 효과를 거두고 있다.

② **띄어쓰기의 무시와 비문법적인 언어유희**
띄어쓰기를 무시하고 시 한 구절의 종결 어미를 "소"로 각운을 살렸고, "꽃나무"를 반복함으로써 비문법적인 언어유희 기법을 적용하고 있다.

> 벌판한복판에 꽃나무하나가있소. 근처(近處)에는 꽃나무가하나도없소. 꽃나무는제가생각하는꽃나무를 열심(熱心)으로생각하는것처럼열심(熱心)으로꽃을피워가지고섰소. 꽃나무는제가생각하는꽃나무에게갈수없소. 나는막달아났소. 한꽃나무를위(爲)하여 그러는것처럼 나는참그런이상스러운흉내를내었소.
>
> ― 이상의 「꽃나무」 전문

행과 연을 구별하지 않고 띄어쓰기를 하지 않는 것은 초현실주의 자동기술법을 활용하여 꽃나무는 이상적 자아라면, 화자인 나는 현실적 자아이다. 현실적 자아와 이상적 자아의 괴리감과 갈등 상황을 "나는막달아났소"라고 내면 의식을 이미지화하여 병치시키고 있다. 자아의 분열에 대한 공포감을 모순적 상황을 역동적으로 표현한 언어유희 기법을 적용한 시이다.

③ **한자 표기 대체를 통한 언어유희**
띄어쓰기를 무시하는 등 언어 논리를 해체시켜 표현하는 이상의 시는 초현실주의적인 특성을 지니고 있고, 포스트모더니즘적인 시 경향을 보이지만, 이 시에서 "어항"을 한자어로 "魚항"이라고 대체하

여 현실과 동떨어진 낯선 "물고기"의 의미를 강조하고 있다. 血管에는 달빛에 놀란 冷水같은 피가 흐르고, 원통하고 이즈러진 心臟에는 생명의 징조가 아니라 소멸해 가는 자신의 육체를 냉철하게 바라보며 절망하고 탄식한다. 그러면서도 싱싱한 생명을 지닌 "물고기"를 떠올리면서 한 낱말을 단순히 한자로 대체하는 언어유희 기법을 활용하여 새로운 인식을 전달하고 있다.

>   달빗이내등에무든거적자욱에앉으면내그림자에는실고
>   초같은피가아물거리고대신血管에는달빗에눌랜인冷水
>   가방울방울젓기로니너는내벽돌을씹어삼킨원통하게배
>   곱하이즈러진헌겁心臟을드려다보면서魚항이라하느냐
>
>   — 이상의 「素英爲題」 일부

이 시는 부정하고 무정한 여인을 사랑한 화자가 고통스런 내면 상황을 비유로 표현한 작품이다. 소영을 사랑한 화자는 고통과 설움으로 점철되어 있다. 화자는 사랑하는 여인이었던 소영의 방종과 거짓 앞에서 초라하고 비참한 모습 그대로다. 그러나 소영은 화자의 지순한 사랑에도 불구하고 방탕한 생활을 해옴에 따라 화자는 고통에 이지러진 내면을 어항처럼 무심하고 매정하게 들여다보고 있다. 「소영위제(素英爲題)」는 이러한 어긋난 사랑과 그런 두 사람의 관계의 고통스러운 내면 풍경을 그려 낸 작품이다. 화자의 내면의 고통을 섬뜩할 정도로 적나라하게 표출한 비유법이 경이롭다.

④ **동음이의어의 언어유희**
동음이의어는 같은 음이나 뜻이 서로 다른 낱말이다. 여러 개의 의미를 동시에 보여 주는 다성성을 지닌 중의적인 표현으로 애매성과 다의성으로 의미를 확장시키는 효과를 유발한다.

내두루마기깃에달린정조뺏지를내어보였더니들어가도좋다고그런다. 들어가도좋다더니여인이바로제게좀선명한정조가있으니어떠냐다. 나더러세상에서얼마짜리화폐노릇을하는세음이냐는뜻이다. 나는일부러다홍헝겊을흔들었더니窈窕하다더니貞操가성을낸다. 그러고는七面鳥처럼쩔쩔맨다.

— 이상의「危篤—白畫」전문

이 시의 "窈窕하다더니貞操가성을낸다. 그러고는七面鳥처럼쩔쩔맨다." 에서 "요조(窈窕)"와 "정조(貞操)", 그리고 "칠면조(七面鳥)" 등 "조"자로 끝나는 시어를 선택하고 있다. "조"라는 같은 발음의 시어의 배열을 통해 그 뜻이 모두 다르나 같은 발음으로 끝난다는데 독자에게 새로운 재미와 리듬감을 주는 언어유희 기법을 적용하고 있음을 알 수 있다.

이상의 시의 대부분에서 '말꼬리 잇기'라든가 '패러디 기법', 「二十二年」에서 "前後左右를除하는唯一의痕跡에 있어서"라는 표현이 나온다. 이 시행은 "이십 년"이라는 자신의 나이, 그러니까 자신의 생애를 전후좌우에서 제하고 남는 유일한 흔적인 "十"은 기독교의 신을 표상한다와 같이 "긴것/ 짧은 것/ 열十자"의 '파자놀이', '수와 수식', '도상 이미지'를 통해 대립과 분열, 성과 죽음, 새로운 시도 등 다양한 언어유희 기법을 적용한 시로 내면세계를 표현했다.

2) 김승희의 경우

① 비슷한 발음의 낱말을 연속적으로 배열한 언어유희

김승희의 시도 다양한 언어유희 기법을 적용한 시가 많다. 그 중의 비슷한 발음의 낱말을 연속적으로 배열하여 발음의 유사성에 의해 새로운 재미와 의미를 확장하기 위한 언어유희를 적용한 시를 살펴보기로 한다.

도미가 도마 위에 올랐네
도미는 도마 위에서
에이, 인생, 다 그런 거지 뭐,
건들거리고 산 적도 있었지
삭발한 달이 파아랗게 내려다보고 있는 도마 위
도미
물방울이빨랫줄에조롱조롱

도미는 도마 위에서 맵시를 꾸며보려고 하지만
종말에 참고문헌과 각주가 소용이 될까?
비늘을 벗기고 보면 다 피 배인 연분홍 살결
그래도
고종명에 참고문헌과 각주가 소용이 되느니
물방울이빨랫줄에조롱조롱
도미가 도마 위에서
도미가 도마 위에서
몸서리치는 눈부신 몸부림
부질없는 꼬리로
도마를 한번 탕 치고 맥없이 떨어져
보랏빛 향 그윽한 산천

— 김승희의 「도미는 도마 위에서」 전문

    도미를 요리하기 위해 도마 위에 놓는 상황을 통해 생명과 죽음에 대한 사유를 감각적으로 묘사한 시다. 이 시에서 "도미"와 "도마"는 같은 음의 낱말을 연속적으로 배열하여 "도(刀)"라는 '칼'의 이미지를 강조하여 타의에 의해 목숨이 다하는 순간을 강조하고 있다. 그리고 "물방울이빨랫줄에조롱조롱" 구절에서는 띄어쓰기를 무시함으로써 죽는 순간의 긴박감을 고조시키고 있고, 물의 이미지로 눈물방울이 빨랫줄에 매달려 있는 경각에 달린 상황 의식을 언어유희로 죽음의 순간을 삶의 연속성으로 확장시켜 놓는 효과를 발휘하고 있다.

② 한글 파자(破字) 놀이를 통한 언어유희

파자(破字) 놀이는 원래 한자의 자획(字劃)을 분합(分合)하는 과정을 놀이화한 것이다. 한자의 자획을 나누거나 합치거나 하여 알아맞히는 수수께끼 놀이다. 한자의 뜻글자로 구성된 한자의 특성에 따른 풀이를 함으로써 여러 가지 의미의 놀이거리를 만들어 낸 것이다. 그런데 김승희는 한자에서 파생된 놀이를 한글로 파자 놀이를 실험했다. 그의 기발한 재치와 기지, 그리고 사물에 대한 관찰력과 언어감각으로 창조해낸 파자 놀이는 언어에 대한 새로운 인식을 확장시킴은 물론 독자들에게 재미성을 증폭시키는 효과를 발휘하고 있다.

〈일상〉이란 낱말을 고요히 들여다보네
고요히 끓고 있는 못沼같은 일상
풍경에 울타리를 치고
아무나 다 잡아먹을 수 있을 것 같은
고요한 익사

〈일상〉이란 낱말을 고요히 들여다보네
ㄹ은 언제나 꿇어앉아 있는 내 두 무릎의 형상을 닮았네
일상은 어쩌면 우리더러 두 무릎을 꿇고 앉아
자기를 섬기라고 강력히 요구하고 있는 것도 같네
무릎을 꿇고
상이 용사처럼 두 무릎을 꿇고
ㄹ로 두 다리를 포개고 앉아 있으라고
그러면 만사 다 오케이라고

〈일상〉이란 낱말을 더 들여다보네
(일상은 역사보다 더 오래되고
전쟁보다 더 많은 상이 용사들을 낳은 것)
ㄹ을 한번 움직여보네, 바퀴처럼, 썰매처럼
밀고 가보네, ㄹ을 달리게, ㄹ을 구르게, ㄹ을 구루마처럼
굴리며 굴려가 막 밀어보네.
제 속도에 취하여 ㄹ은 즐겁게 굴러가고 즐겁게 달려가네

시의 언어유희

　　　절벽이 있는 데까지 굴러가서

　　　절벽 아래엔 절이 있거나 벽이 있거나 하겠지만
　　　ㄹ은 멈출 수가 없어 아래로 곧장 굴러 떨어지네
　　　너무 멀리 온 거야, 이렇게까지 올 줄은 몰랐어,
　　　웃다 만 반 조각의 얼굴을 허공 중에 설핏 남기며 분해된 ㄹ은
　　　투신 자살, 혹은 미필적 추락으로

　　　〈일상〉이 ㄹ을 잃어버린 날
　　　땅위에선 국경선이 모두 지워지고
　　　아담의 목에 걸린 사과는 사과나무로 돌아가고
　　　뱀의 뱃가죽에선 허물이 떨어져 승천이 돋아나고
　　　여인의 밥상으로 붉은 황토의 푸른 보리밭이 침투하고
　　　시계는 침대가 되고
　　　침대는 시계가 되고
　　　바다가 침대가 되었기 때문에
　　　남자는 여자가 되고 여자는 남자가 되고
　　　아이는 왕이 되고
　　　　　　　― 김승희의 「〈일상〉에서 ㄹ을 뺄 수만 있다면」 전문

　언어 놀이를 통한 낯설게 하기 기법을 적용한 시이다. 〈일상〉이란 낱말에서 한글 자음 'ㄹ'의 형상은 사람이 마치 무릎을 꿇고 있는 자세다. "ㄹ은 언제나 꿇어앉아 있는 내 두 무릎의 형상을 닮았"다거나 "일상은 어쩌면 우리더러 두 무릎을 꿇고 앉아/ 자기를 섬기라고 강력히 요구하고 있는 것" 같은 상이용사로 비유하는 재치가 기발하다. 이처럼 한글의 자음 'ㄹ'의 형태에서 기발한 착상으로 무릎을 꿇고 있는 화자 자신의 모습을 생각하고, 다른 한편 일상의 틀에 갇힌 우리들에게 무릎을 꿇고 조아리는 자세에 대해 우리로 하여금 깊은 생각에 빠지도록 유도한다. 따라서 〈일상〉에서 과감하게 'ㄹ'를 빼 버려야만 '이상'의 자유를 얻을 수 있고, 인간의 본연의 모습을 되돌아갈 수 있다는 논리는 시인의 놀라운 시적 직관을 언어유희로 드러내 보인다.

언어유희적인 언어적 일탈을 우리가 "〈일상〉에서 ㄹ을 뺄 수만 있다"는 가정으로 일상성에서 벗어나 자유를 찾을 수 있다는 풍부한 상상력으로 우리들의 위축된 사고의 영역을 확장시켜 놓았다.

③ **동음이의어 언어유희 "멍"**

다중적인 의미를 지닌 낱말 "멍"의 동음이의어와 유사 발음의 연상 작용을 활용하고, 또한 차용과 풍자로 언어유희를 통해 재미성과 상상력을 확장시킬 수 있다. 김승희 시 「멍」과 최승호의 「멍 때리기 대회」를 예시로 들겠다.

> 비닐 하우스에서 생산되어 팔려온
> 시금치는
> 그렇게 푸르지가 않다.
> 무언가가 크게 잘못되어
> 심하게 멍든 것 같은 표정을 줄 뿐이다.
>
> 바람이 되다만 사랑이
> 희망이 되다만 낙망이
> 새벽이 되다만 절벽이
> 혁명이 되다만 울부짖음이
> 저런 정박의 멍이 된 것일까?
>
> 푸른 멍이 자신의 상처를 이길 수
> 없을 때
> 멍은 멍에가 되어
> 한밤을 개집 속에서 슬프게 울부짖어야 한다.
> 멍
> 멍.멍
> 멍.멍.멍.
> 멍멍멍 울부짖는 엄을 나는 기르고
> 싶지는 않았다.
> 사랑이 되다만 멍들이

시의 언어유희

새벽이 되다만 절벽들이
개벽이 되다만 희망들이
다른 언어로 꽃피어남(울기)을
찾을 때까지

나는 더 멍들의 멍에를 걸머지고
이 토막난 변시체 같은
희망의 빈민굴을 좀더 사랑할
작정이다.
멍들지 않기 위해서는 우리를 멍들게
하는 것들을 좀더 질기게
비웃어 주어야만 하기 때문에
멍이 멍.멍을 초월하는
그 어떤 아름다운 반동을 낳을 때까지.

— 김승희의 「멍」 전문

이 시에서 "멍든", "희망", "멍", "멍에", "멍, 멍" 등 "멍"의 동음이의어와 "멍"이란 말이 들어 있는 낱말을 효과적으로 배열한 언어유희 기법을 활용하여 사회를 풍자하는 등 상상력을 확장시켜 놓고 있다.

멍 때리기 대회가
2014년
서울광장에서 처음 열렸다

나는 참가하지 않았지만
뇌에 수북한 생각들을 거북털처럼 쏟아 놓고
멍게나 해삼처럼 단순해진 뇌를
멍하게
멍청하게
광장에 내버려두는 것도
괜찮은 아이디어라고 생각했다
그렇지만 멍하니 멍청하게 산다는 것은

멍게와 해삼에게나 가능한 일

멍
멍청해지려고
우리는 무척이나 애를 쓴다

— 최승호의 「멍 때리기 대회」 전문

  이 시도 서울광장의 집회를 「멍 때리기 대회」로 언어유희 기법을 적용하여 사회 풍자한 시이다. "멍", "멍게", "멍하게", "멍청하게" 등 멍이 들어간 시어를 적절하게 배열하여 언어유희로 재치 있게 사회를 풍자하고 우리에게 재미성과 상상력을 확장시켜 놓는다.

3) 기타 언어를 해체하여 의미를 확장시킨 언어유희 기법

  언어유희 기법은 비유, 상징, 역설, 풍자 등과 함께 어울려질 때 그 효과와 기능이 확장된다. 많은 시인이 언어유희 기법을 적용한 시를 쓰고 있다. 초현실주의, 포스트모더니즘 경향의 현대시에서도 언어유희 기법은 중요한 기법 중의 하나이다. 특히 우리 한글은 언어를 해체하거나 언어의 형상을 본떠 얼마든지 언어유희 기법을 참신하게 창조해낼 수 있는 언어이다.
  언어를 분해하면 새로운 의미의 언어가 만들어지고 그 언어를 다시 결합하여 의미를 확장시킬 수 있다. 김관식의 「나비」를 예로 들어 보겠다.

나
비다
구름 동동
하늘 떠돌다
되돌아올 줄

시의 언어유희

정말 몰랐다

팔랑팔랑
꽃을
찾아다닐 때
나를
잊었다

그땐 정말
눈물
흘릴 줄
전혀 몰랐다

비틀비틀
낙하하는
나비

나
비다

— 김관식의 「나비」 전문

 이 시는 "나비"라는 낱말을 "나"와 "비"로 해체해 두 낱말이 갖고 있는 의미를 이미지로 전개하여 다시 통합하고 분해하여 상상력을 확장시켰다. 언어를 해체하여 분해하고 결합한 언어유희 기법이다. "나비"가 "나"라는 주체적인 존재와 하늘에서 떨어지는 "비"라는 물의 이미지로 해체하여 물의 순환 과정과 주체의 상실감을 상징적으로 형상화한 시이다. 나비가 하늘을 날아다니다가 떨어지는 상황과 구름이 하늘에서 동동 떠다니다가 비가 되어 땅으로 떨어져 생명을 키워 내듯이 삶과 죽음은 순환된다는 연기설을 바탕으로 주체성을 상실한 현대인들의 모습을 형상화한 시다.
 이상에서 언어유희 기법은 광고에서 카피라이터들이 호기심과 집중도를 자극할 목적으로 동음이의어의 활용, 궁금증을 유발하기 위한 유사 발음어, 반복을 통해 운율감을 살리기 위한 반복어, 일부 낱말의 형태를 변형시켜 새로운 의미를 창출하는 변형어, 의미를 단순화시키는 축약어 등을 활용하여 광고 문안을 새롭게 창조해내고 있다. 그리고 현대시에서 언어유희는 다양한 시적 표현을 위해 많은 시인이 사용하고 있는 기법이다. 특히 포스트모더니즘 시에서는 시적인 상상력을 자극시킬 낱말의 해체와 재결합 등 새로운 의미를 확장하는데 언어유희 기법을 적용하고 있다. 이 밖에도 시인의 노력과 역량에 따라 한자와 한글의 자모, 활용도, 의미 등으로 새로운 의미를 독창적으로 창조해 새로운 방법의 언어유희를 만들어 낼 수 있다.

   언어유희 기법의 역사는 길다. 오래전부터 우리나라는 물론 다른 나라의 시나 소설, 오페라, 연극, 영화 등에서뿐만 아니라 오늘날에도 미디어 광고, 각종 유인물, 플래카드, 게시물 등 우리들의 생활 현장에서도 널리 생활화되고 있다. 현대시에서도 새로운 언어를 창조하고 해학으로 시에서 멀어져 간 독자를 유인하기 위한 수단으로 언어유희 기법의 활용도가 높다.

데페이즈망(dépaysement)

　데페이즈망 기법은 초현실주의자들이 사용하는 예술 기법 중의 하나이다. 1917년 프랑스 작가인 기욤 아폴리네르에 의해 창안된 초현실주의라는 용어는 이후 앙드레 브르통과 초현실주의의 뿌리 하나라고 볼 수 있는 지그문트 프로이트에 의해 꿈과 무의식 세계가 주요 관심사로 등장했다. 브르통에 의해 초현실주의라는 낱말이 정의되기도 했다. 『초현실주의 선언』에서 브르통은 "순수한 정신을 자동 기술하는 것으로, 그로 인해 사람이 입으로 말하든, 붓으로 쓰든, 또는 다른 어떤 방법으로든 사고의 참된 움직임이 표현된다. 사고는 이성에 의한 어떤 통제도 받지 않고, 심미적이거나 도덕적인 모든 관심에서 벗어난 상태에서 기록된다."[21]라고 초현실주의를 명확하게 정의하였다.

　초현실주의 문예사조는 제1차 세계대전 후 1차 세계 대전 전후의 황폐화를 배경으로 이성과 인습을 반대하고 문명의 구속으로부터 인간의 자유와 해방과 혁명을 촉진하기 위한 문예사조로 합리주의와 자연주의에 반대하여 비합리적 인식과 잠재의식의 세계를 추구하고 표현의 혁신을 꾀한 전위적 문예사조로 쉬르레알리즘(surrealism, 超現實主義)이라고 일컬어 왔다.

　초현실주의의 방법으로 유머, 신비, 꿈, 광기, 초현실적 오브제, 진기한 송장 그리고 자동기술법 등이 있으나 가장 중요한 기법은 자동기술법이다. 자동기술법은 이성의 통제를 벗어나 작가가 외부 세계와 분리된 상태에서 발견되는 사고의 형체를 가능한 한 빨리

---

21) 매슈 게일, 오진경 역, 『다다와 초현실주의』, 2001. 한길아트, p.217

표현하려는 방식을 말하는데, 그중에서 논리적으로 연결되지 않은 조각난 이미지들을 조합하는 데서 데페이즈망 기법의 시초가 되었다. 이것은 자동기술법을 정교하게 다듬어 가는 과정에서 구현된 것이라 할 수 있다. 데페이즈망 기법은 즉흥적인 조합이었던 자동기술과는 다르게 주도면밀한 사실주의로 환각적인 장면을 창조하였다.

이러한 초현실주의의 자동기술법이 데페이즈망으로 발전되었는데 초현실주의는 엄밀하게 사실적 초현주의와 추상적 초현실주의로 대별된다면 사실적 초현실주의에서 데페이즈망으로 발전되고, 추상적 초현실주의는 자동기술법과 관련을 맺는다고 보겠다. 데페이즈망 기법은 현대에 와서까지 회화, 사진, 그래픽 디자인, 건축 등 디자인 전 분야에 영향력을 미치고 있다. 그뿐만 아니라 대중매체의 많은 영역에서 데페이즈망 기법이 모티브로 쓰이고 있다.

데페이즈망 기법의 주요한 표현 방법은 비관습적 은유이다. 데페이즈망 기법은 관습적인 은유에서 벗어나 비관습적인 은유를 통해 잠재의식 속 의미를 형성하고 이미지를 합성하여 수용자에게 전달한다.

우리나라에서 1920년대 이하윤, 임화 등에 의해 소개되었고, 이상(李箱)에 의해 일제강점기의 억압된 현실에 대한 회의와 그로부터 해방하고픈 의지를 초현실주의 기법으로 형상화한 시가 창작되었다. 그 후 초현실주의 이론을 실천한 조향 시인에 의해, 김춘수, 김수영, 김종삼, 전봉건, 이봉래, 김구용, 김차영, 고석규, 김영태, 성찬경 등의 많은 시인의 시에서 초현실주의 경향의 시가 광범위하게 확산되었다. 그리고 오늘날도 꾸준히 부분적으로 초현실주의 표현의 여러 기법에 의해 시 작업이 이루어지고 있다.

따라서 초현실주의 기법 가운데 하나인 데페이즈망 기법의 활용과 기법에 대한 이해를 돕기 위한 개념과 적용, 중국 초현실주의 시로 볼 수 있는 기환시(奇幻詩)를 대표하는 이하 시인의 사례, 우리나라의 이상, 조향, 성찬경, 김춘수의 적용 사례를 소개하기로 한다.

데페이즈망(dépaysement)

데페이즈망에 대하여

① 데페이즈망의 의의

　데페이즈망은 '데페이즈'라고 하는 동사에서 나온 말로 프랑스어로 '사람을 타향에 보내는 것' 또는 '다른 생활 환경에 두는 것'을 의미한다. 그 기본 원리는 "일상적 의미와 이탈과 새로운, 혹은 낯선 의미와 느낌의 환기"이다. 데페이즈망은 프랑스어로 본래 전치(轉置), 전위법으로 번역되는데, "낯설음", "낯선 느낌"을 의미한다.
　초현실주의에서의 데페이즈망은 기존의 전통적인 사실주의에서 표현하는 것처럼 사물이나 외계 대상에 대해 아주 치밀하게 사실적으로 묘사하지만, 그 결과로서 나타나는 화면에서의 느낌은 현실적인 리얼리티가 아니라 마술 같은 기이하고 이상하며 환상적인, 현실에 없는 새로운 리얼리티를 가지게 되는 것이다.
　따라서 데페이즈망은 물체나 영상을 본래의 일상적인 질서나 배경, 분위기에서 떼어 내어 전혀 그 사물의 속성과는 관련성이 없는 엉뚱한 장소에 배치함으로써 보는 이로 하여금 심리적인 충격을 주고 서로 관련 없는 두 가지 이상의 사물에 본원적인 새로운 의미를 부여하게 되며, 인간의 마음속 깊이 잠재된 무의식의 세계를 해방하는 방법이다.
　문학에서 러시아 형식주의자인 쉬클로프스키(Viktor Borisovich Shklovskij 1893-1984)에 의해 주장되어 온 "낯설게 하기"와 유사한 기법이나 문학 분야에서 언어 표현상 낯설게 하는 반면, 데페이즈망은 초현실의 세계를 효과적으로 표현하는 미술적인 기법이지만 문학 분야 특히 현대시 장르에서도 그 적용이 용이하다. 그것은 현대시가 과거 노래와 결합된 방식에서 벗어나 그림과 결합했기 때문이다.
　문학에서는 장르별로 방법을 달리하여 낯설게 하는데, 시에서는 시어와 일상어의 대립으로 소설에서는 이야기와 플롯 사이의 대립으로 장르별로 다르게 나타난다. 즉, 시에서는 일상 언어가 갖지 않거나 중요하게 생각하지 않는 리듬, 비유, 역설 등 규칙을 사용하여 일상 언어와 다른 결합 규칙을 드러내는 방법으로 낯설게 하며, 소설에서는 사건을 있는 그대로 보여 주는 것이 아니라 플롯을 통해 낯설게 하여 주위를 환기함으로써 동화된 지각을 방해하고 사물과 세계를 생생하게 지각하도록 하기 위한 문학적 장치인 "낯설게 하기"와 유사하다.

초현실주의의 선구자인 로트레아몽(1846-1870)의 산문시 "말도로르의 노래"(장편 산문시로 격렬한 반역 사상과 악마적인 잔학성을 가진 59편의 에피소드로 된 작품인데, 일관성 있는 주제가 없고 난해한 시구로 철학적 성찰을 노래하며, 자동기술법으로 현실과 환상 의식과 무의식의 아름다운 융합의 문합로 된 시)의 유명한 구절 "재봉틀과 양산(洋傘)이 해부대에서 만나듯이 아름다운" 은 데페이즈망 기법의 예로 들 수 있다.

현실에서는 아주 거리가 먼 재봉틀과 우산이 제자리가 아닌 해부대 위에 있다는 것은 일상적으로 있어야 할 곳의 사물을 우연한 곳이나 의외의 장소에 옮겨 놓음으로써 당황하게 하고, 거기서 놀라움과 신비성을 갖게 하는 것이 데페이즈망 표현 기법의 주된 특성이라고 할 수 있다. 서로 이전과 어떠한 관계도 없었던 오브제의 결합으로 심리적 충격뿐만 아니라 보는 사람의 마음속 깊이 잠재해 있는 무의식의 세계를 해방하는 데페이즈망의 부조리성을 설명하였다.

데페이즈망의 기법을 알렉센드리아는 여섯 가지로 분류에 했다.

첫째, 세부의 확대. 예) 거대한 사과, 방안을 가득 채운 장미.
둘째, 보충적인 사물의 결합. 예) 입과 새, 입과 나무, 산과 독수리.
셋째, 무생물의 생물화. 예) 발가락을 가진 구두, 유리방을 가진 옷.
넷째, 신비스러운 개방. 예) 의외의 광경 쪽으로 열리는 문.
다섯째, 생물의 물질적 변형. 예) 종이로 만들어진 사람, 해변의 바위를 나는 새.
여섯째, 해부학적 경이. 예) 팔목이 여자 얼굴로 된 손

르네 마그리트(Rene Magritte, 벨기에 출생, 1898~1967)는 우리가 주변

데페이즈망(dépaysement)

에서 흔히 볼 수 있는 과일, 나무, 사과, 유리잔, 구두 등 일상적 사물을 '낯설게' 함으로써 그의 특유의 초현실적 효과를 얻어 냈다. 마그리트는 작품에서 신비감을 더욱 드러내기 위해서는 '친근하고 평범한 사물들의 결합이 좀 더 적절하다.'라고 한다. 왜냐하면, 이미 경험한 이미지가 전혀 다르게 변했을 때 느끼는 심리적 충격과 대상의 물리적 구조가 어긋날 때 느끼는 기이한 혼란이 새로운 세계를 인식할 수 있다고 생각했기 때문이다. 마그리트는 평소 사물들의 위치를 전환해 엉뚱한 다른 요소들과 결합하거나, 사물과 말 사이의 엉뚱한 조합을 시도하기도 하였다.

의식과 무의식이 융합되는, 분화하기 이전의 자유로운 사고의 순간을 즐겨 표현해 왔던 마그리트에게는 데페이즈망이라는 기법이 매우 적절했던 것으로 보인다. 마그리트의 경우에는 대부분의 초현실주의 화가들이 그러했듯이 무의식적인 꿈의 세계를 나타내기 위해, 데페이즈망이라는 의식적인 수법을 사용한 것이 아니며, 현실 세계 속에 내재하고 있는 부조리성이나 신비, 경이로움 등을 환기시키기 위해 데페이즈망 표현 기법이 사용되었다.

수지 개블릭(Suzi Gablik, 1934~)은 그녀의 저서 『르네 마그리트』에서 르네 마그리트의 사물에 대한 탐구 방법의 특징을 다음과 같이 8가지로 분류하고 있다.

Ⓐ 고립 : 오브제를 고유의 영역 밖으로 옮겨 기대되는 역할에서 벗어나게 하는 것으로 어떤 사물을 원래 있던 환경에서 떼어내 엉뚱한 곳에 갖다 놓는 것.

Ⓑ 변형 : 어떤 한 측면의 변화 또는 정한 오브제와 정상적으로 연결되지 않은 속성의 배제이다. 사물이 가진 가장 중요한 성질 가운데 하나를 바꾸는 것.

Ⓒ 이중 이미지 : 시각적인 말장난의 형태로 새 모양의 산이나 배 모양의 바다가 그것이다.

Ⓓ 크기의 변화 : 위치 또는 물질을 통한 당혹스러움의 창조.
   Ⓔ 합성 : 두 개의 익숙한 오브제가 결합되어 제3의 당혹감을 불러일으키는 오브제의 산출이다. 가령 물고기의 상체에 사람의 하체를 결합.
   Ⓕ 무중력 표현 : 친숙한 대상물들의 결합을 통한 당혹스러움의 창출.
   Ⓖ 역설 : 지적인 반명제의 방법으로 양립할 수 없는 두 개의 사물이 한 그림 안에 사이좋게 들어가 있는 것.
   Ⓗ 개념적 양극성 : 밖의 풍경과 안의 풍경처럼 두 상황을 단일 관점에서 관찰하는 이미지의 해석.

② 데페이즈망의 시에 적용 형태

   데페이즈망의 기법에 시에 적용된 경우는 알렉산드리아나 수지 개블릭(Suzi Gablik)의 분류처럼 다양한 방법으로 적용할 수 있으나 주요로 시에서 활용되는 대표적인 형태는 형태의 변형, 이질적 결합, 공간의 혼란 등 세 가지로 압축해 볼 수 있다.

   Ⓐ 형태의 변형
   초현실주의 작가들은 회화에서 형태를 전혀 이질적인 모습으로 변형하거나 기존 물체를 왜곡하고 과장시켜 작품 세계를 표현한다. 형태의 변형은 대상을 작가의 의도에 따라 사물이 가지고 있는 일상적인 크기에 변형을 주거나 혹은 사물의 형태나 재질을 다른 대상물로 대체하여 이질감을 지닌 대상으로 변화시키는 방법으로 표현한다. 일반적으로 형태의 변형은 일상적으로 보이는 것, 실재하고 있는 대상의 모양이나 생김새를 왜곡시켜 표현함으로써 관습적인 사고와 경험을 파괴한다. 이는 일반적인 대상의 외적 형태를 변화시켜 부조화적인 느낌을 전달하고 시각적 경험을 확장시키는 효과를 발휘

데페이즈망(dépaysement)

하게 되는데, 시에서는 언어의 유희적인 기법, 다중의 의미의 활용, 유사 이미지를 변형하여 다른 이미지로 대체하여 은유, 상징하여 표현하는 방법 등 다양한 형태 변형을 시 창작 방법에 적용한다. 성찬경의 「프리슴」에서 "순수(純粹)한 파동(波動)"→"파동의 온상(溫床) 위에/주렁주렁 맛있는 열매"→ "이마아슈. fancy. 그리고 환타시" 등의 변형과 시제의 「프리슴」의 글자를 변형하여 프리즘의 형태로 「프리슴」이라 붙였다거나 프리즘의 연속적인 이미지로 "이마아슈", 그리고 영어의 형태로 변형하여 "fancy", 다시 프리즘의 형태로 변형시킨 "환타시"으로 형태의 변형을 시도했다.

 Ⓑ 이질적 결합
 이질적 결합 방법은 사물끼리의 결합, 인간과 동물, 또는 생물과 사물 결합 등 연관성 없는 두 가지 이상의 대상을 결합함으로써 일반적인 대상의 속성을 변화시켜서 전혀 다른 대상과 상황을 창조해 내는 방법이다. 사물의 이미지를 나열하거나 조합하는 방법을 통해서 이루어진 이질적 이미지의 결합은 새로운 관계를 만드는 동시에 환상적인 이미지를 제공한다. 대상에 대한 우리의 인식은 관습적 경험으로 얻어진 상식에 의지하며 이러한 고정 관념이 뒤집히게 될 때 관람자는 일상에서 느끼지 못한 충격과 혼란을 느낀다. 이질적인 대상들을 화해시키고, 기존 형태의 것들을 혼합하여 새로운 것을 창조하는 과정은 상상 속의 새로운 실재를 만들어 낸다.
 이질적인 결합을 적용한 사례를 들면 조향의 「바다의 층계」를 들 수 있다. "―여보세요!" 하고 부르고는 〈뽄뽄따리아〉, 〈마주르카〉, 〈디이젤.엔진〉에 피는 들국화"로 전혀 이질적인 사물의 이미지를 나열하고 있다.

 Ⓒ 공간의 혼란
 공간의 혼란 방법은 이미지의 경계를 모호하게 만들어서 초현실

적인 상황이나 배경을 만들어 내는 방법이다. 이는 두 가지의 서로 다른 상황을 하나로 표현하면 시각적으로 혼란을 일으키게 되는데 바로 이러한 착시 현상을 노린 방법이다. 공간의 모호한 경계는 대상의 정체성을 불분명하게 만들고, 보는 사람으로 하여금 대상에 대한 다양하고 풍부한 의미 해석을 가져와 기존 인식의 한계점을 뛰어넘을 수 있는 상상력의 공간을 제공해 준다. 공간의 혼란은 대상들을 이중적인 상황으로 나타내고 서로의 의미를 중첩하거나 혼합하여 다중적인 의미를 지니게 하는 것이 보통이다. 시에서 현실 공간에서 영혼의 공간으로 넘나드는 중국 당나라 시인 이하(李賀)의 「소소소묘(蘇小小墓)」는 공간의 혼란 방법을 적용한 시라고 볼 수 있다. 그리고 김춘수의 「처용단장 1의3」에서 "호주의 선교사 집"과 "바다"라는 공간의 혼란이 야기되는 사례에서 이러한 창작 기법을 적용하였다고 볼 수 있다.

③ 데페이즈망 기법의 적용 사례-중국 당나라 이하(李賀)의 시

중국에서는 서양의 데페이즈망 기법이 이미 존재하고 있었다. 서양과 달리 귀신의 존재가 있다는 가정을 설정하고 저승 세계에 대한 상상력을 적용하여 현실에서 이루지 못한 꿈을 정신세계에 만족하려는 경향의 시적 기법이라고 할 수 있을 것이다. 중국과 서양은 세계관이 다르기 때문에 동서양을 시적 기법으로 비교할 수 없다. 중국이 일원론적인 세계관에 입각하여 인격이 완성되었을 때 좋은 시가 창작된다고 보는 만큼 서양의 이원론적인 세계관으로 비교할 수가 없다. 그렇지만 오늘날 서양에서 데페이즈망 기법과 유사하다고 보이는 시를 찾는다면, 이하의 시를 들 수 있다.

이하의 시는 생생한 표현, 이상한 어투, 두드러진 병렬, 종종 망령이나 기괴한 생물, 요괴, 초자연 현상이 그린 초현실주의적인 환상시의 대표적인 시인이다. 그의 시는 색채감이 풍부한 예리한 감각

데페이즈망(dépaysement)

적 시 창작 방법으로 일관하였고, 염세주의적인 차가운 눈으로 즐겨 유귀(幽鬼)를 다루기 때문에 '유귀의 재주가 있다'라고 평가되고 있다. 그의 시 한 편을 소개해 보기로 한다.

   幽蘭露 무덤가 난초에 맺힌 이슬
   如啼眼 눈물어린 그대 눈망울
   無物結同心 사랑의 마음을 맺어줄 정표도 없는데
   煙花不堪剪 안개처럼 가녀린 꽃 꺾을 수조차 없네
   草如茵 풀밭은 깔개
   松如蓋 소나무는 포장
   風爲裳 바람은 나부끼는 그대의 옷자락
   水爲佩 물소리는 그대의 찰랑거리는 패옥 소리
   油壁車 기름 먹인 화려한 수레
   夕相待 저녁 무렵 그대를 기다리네
   冷翠燭 차가운 도깨비불
   勞光彩 광채를 더하고
   西陵下 서릉의 무덤 가에는
   風吹雨 비바람만 불어온다
        — 이하(李賀), 「소소소묘(蘇小小墓)」 전문

 * 결동심(結同心) : 고대 중국에서 사랑하는 남녀가 사랑의 증표로 비단띠를 허리에 두르던 것.
 * 촉(燭): 원뜻은 촛불, 등불. 여기서는서 도깨비불.
 * 소소소(蘇小小) : 중국 위진남북조 시기 남조 齊나라의 유명한 기생

 이 시는 이하가 18세에 지은 시로 이미 죽은 영혼을 현재로 불러내는 방식으로 현실 세계의 "소소소"의 묘를 매개로 하여 그녀를 현실 세계로 불러냈는데, 1-8구는 현실 공간에서의 자연물에 소소소의 혼이 서려 있는 영매물로 대체하였다. 때문에 난초가 눈물을 머금고 흐느끼고, 풀과 소나무, 바람, 물은 소소소의 옷과 장식물로 시적 대상에 감정 이입의 단계보다 진일보한 역동적인 진술로 전설

을 과거 이야기로 기억하는 것이 아니라 현재의 세계까지 연장선에서 이어져 오는 진실을 보여 주는 방식으로 현실과 환상적인 공간의 경계를 뛰어넘어 자유롭게 넘나드는 초현실주의적인 기법을 보인다.

④ 데페이즈망 기법의 적용 사례
-한국의 초현실주의 시인 이상, 조향, 성찬경의 시

Ⓐ 이상(李箱)의 적용 사례

우리나라에서 초현실주의 대표 시인으로는 이상과 조향, 성찬경을 들을 수 있는데, 이들의 시를 한 편씩 소개해 보기로 한다. 이상은 일제강점기의 억압된 현실에 대한 회의와 그로부터 해방을 초현실주의 기법으로 형상화하는 시를 창작했는데, 그는 절망적인 세상을 유머로 바꾸어 놓고자 했고, 또한 우연의 기법인 데페이즈망과 자동기술법을 이용함으로써 일상적 현실로부터 탈피하여 초현실주의 세계를 지향하고자 했다.

이상의 아방가르드 경향의 초현실주의 대표시라고 할 수 있는 「오감도」는 전체적으로 긴장·불안·갈등·싸움·공포·죽음·반전 등 자의식 과잉에 의한 현실의 해체를 그 기본 내용으로 삼고 있고 특히, 「오감도 제1호」는 사람들이 서로를 두려워하는 절망적인 상황을 역전의 눈으로 그리고 있다.

Ⓑ 조향의 적용 사례

1950년대 한국의 초현실주의 시론 창작 방법으로 삼아서 일관되게 초현실주의 시를 실천한 시인 조향의 데페이즈망 기법의 대표적인 시는 「바다의 層階」을 손꼽을 수 있다.

데페이즈망(dépaysement)

—여보세요!

〈뽄뽄따리아〉
〈마주르카〉
〈디이젤.엔진〉에 피는 들국화.

—왜 그러십니까?

모래밭에서
受話器
女人의 허벅지
낙지 까아만 그림자.

비둘기와 소녀들의 〈랑데·부우〉
그 위에
손을 흔드는 파아란 기폭들.
나비는
起重機의
허리에 붙어서
푸른 바다의 층계를 헤아린다.

— 조향의 「바다의 층계(層階)」 전문

이 시는 일상적인 의미면의 연관성이 전혀 없는 시어들의 결합하여 창조적인 관계를 맺어 놓아 결국에는 사물의 현실적인 존재와 합리적인 관계를 해체해 버렸다. 또한, 자유 연상적인 의식의 흐름을 회화적인 이미지로 진술한 시 「가을과 소녀(少女)의 노래」를 예로 들어보겠다.

하이얀 洋館포오취에
소박한 의자가 하나 앉아 있다.

소녀는 의자 위에서 지치어 버려

낙엽빛 팡세를 사린다
나비처럼 가느닿게 숨쉬는 슬픔과 함께……

바람이 오면
빨간 담장이 잎 잎새마디가 흐느낀다
영혼들의 한숨의 코오러쓰!

詩集의 쪽빛 타이틀에는
化石이 된 뉴우드가 뒤척이고,

사내는 해쓱한 테류우젼인 양
카아텐을 비꼬아 쥐면서
납덩이로 가라앉은 바다의 빛을 핥는다

먼 기억의 스크링처럼
그리워지는 황혼이
少女의 살결에 배어들 무렵
가을은 大理石의 체온을 기르고 있었다.
　　　　― 조향의 「가을과 소녀(少女)의 노래―Dessin소(秒)」 전문

　조향(趙鄕, 1917~1984)은 1950년대의 초현실주의의 수용 및 전개 과정에서 중추적인 역할을 해 왔는데, 초기 낭만주의적 초현실적인 서정시를 써 왔다. 후기에서도 초현실주의시를 꾸준히 연속적으로 실천했는데, 주로 감각적 낭만성을 지향하는 시를 썼다. 그는 허무의식의 극복을 위한 방법으로 새로운 리듬과 이미지 창조하는 것을 시인의 역할로 여기고, 시어 자체가 이미지로 사용되는 새로운 시의 세계를 실험한 '씨네 포엠'의 창작 방법, 단어의 반복, 의미 없는 문장의 나열, 활자의 변주를 통한 '언어유희' 창작 방법, 시어를 형태적으로 살리려는 시도로 '시어'를 '사물'처럼 이용하기 위한 '포말리즘(Formalism)=예술 작품의 형식을 중요시하는 예술 이론'의 창작 방법을 적용한 형태시를 쓰기도 했다. 그의 시는 낭만주의 경향을 고

데페이즈망(dépaysement)

수하면서도 초현실주의 무의식의 세계를 지향하며 회화성이 강한 낭만적 서정시로 흰색이 주조를 이루는 긍정적인 허무주의 색채가 강한 이미지즘의 시이나 현실적인 무의식의 세계를 그려 냈다.

ⓒ 성찬경(成贊慶, 1930~2013)의 적용 사례

조향이 초현실주의 시의 전반적인 근본 사상을 이해의 한계를 드러내고 기법의 차원에서 수용에 머물기는 했으나 형식적인 면에서 해박한 지식으로 다양한 실험을 시도했다는 데에 그 성과는 매우 크다고 할 수 있다. 이후 김춘수, 김수영, 김종삼, 전봉건, 이봉래, 김구용, 김차영, 고석규, 김영태 등의 시에서 초현실주의 경향의 시가 광범위하게 확신되어 나타났다. 초현실주의 경향의 시를 쓴 성찬경의 「프리슴」을 예로 들어보겠다.

> 음향과 빛깔과 아마 향기마저도
> 實은 그들이 어디 있더냐. 암흑 속엔
> 純粹한 波動뿐이다.
> 靈感이라지만 그것도 정말은
> 순수한 파동. 그 파동의 溫床 위에
> 주렁주렁 맛있는 열매는
> 오히려 이마아슈. fancy. 그리고 환타시.
> 果汁엔 투명한 觀念이 스며
> 혀끝에 끈끈한가 살펴보라.
> 준엄한 탐험가. 태고의 무덤을 파헤치고
> 해골을 태양 아래 널어 말리는
> 메스. 千의 데스마스크를 찍어낸 손톱이여.
> 사로잡은 魅惑은 다이아몬드의 망치로
> 티끌이 뻐개져서 다시 티끌 되도록 바수어라.
> 그 바람에 튀는 별똥별을랑 心臟의 기름삼고
> 아직 화릉거리는 혼백엔 부채질하라.
> 회색의 室內에서 무수한 톱니바퀴가
> 두르르 올바르게 번개처럼 회전하면

> 그 機關은 물고기와 蓮꽃과
> 煙氣와 피아노, 아르뻬지오와 에메랄드와
> 刹那와 낙타, 바늘구멍과 永遠과
> 를 서로 혼인시키는 魔術열매의 온상.
> 그럴 무렵엔 리사를 惱殺하는 미소를 띠우고
> 옆모습만 보이며 잡힐 듯이 다가서는
> 오, 뮤우스./ 자양 많은 乳液은
> 내 오로지 그대 위해 바치리라.
> 리라를 타며 스러질 듯 아리따운 그 모습을
> 넋 놓고 바라보면 不可思議한 轉換이.
> 다섯 개의 나의 窓엔 스테인드글라스가 박히고
> 넘나드는 파동은 눈부시게 치장되어
> 꽃은 빛깔과 향기를 귀뚜라미 노래를
> 나빈 춤을 세계는 饗宴을 다시들 찾는다.
>
> ― 성찬경의「프리슴」전문

이 시는 음향과 빛깔과 향기의 교응을 노래한 보들레르의「만상의 조응」의 시를 환기시킨다. 서로 아무런 필연성이 없어 보이는 것들의 병치는 사실상 지적으로 엄밀하게 계산된 것이라고 볼 수 있다.「프리슴」에서 성찬경은 기독교와 불교를 '물고기'와 '연(蓮)꽃'의 상징으로, 소멸하는 것과 영원한 것을 '연기(煙氣)'와 '에메랄드'의 상징으로 나타낸 뒤 이들을 병치시켜 놓았다. '찰나'와 '영원', '낙타'와 '바늘구멍', '피아노'와 '아르뻬지오' 역시 대립 항을 형성하고 있는데, 성찬경은 이들을 무질서하게 배열했다.[22] 이처럼 성찬경은 이들 대립 항들을 '결혼(婚姻)'시켰는데, 우리나라의 초현실주의는 1920년대 신흥문예(新興文藝), 특히 다다이즘이 닦아 놓은 토대 위에서 출발했다. 1924년 고한용이 조선 문단에 소개한 다다이즘은 일본의 쓰지 준이나 다카하시 신기치의 기질적인 반항이나 기행(奇行)이 중심을 이룬 것이었다. 이상의「거울」에서 강한 자의식의 강화로 식민지

---

22) 박희진,「認識과 讚美」,『영혼의 눈 육체의 눈』, 고려원, 1986, p.260~261.

데페이즈망(dépaysement)

현실의 제 모순에서 벗어날 수 없는 식민지 근대 주체 사이의 분열이라는 주제로부터 초현실주의 시가 본격화되었고, 1934년 이시우, 신백수, 한천 등의 『삼사문학(三四文學)』 동인들에 의해 1920년대 다다이스트들이 문제 삼아 왔던 스타일의 문제에 천착하고 문단의 헤게모니에 접근하고자 하여 현실의 추상화로 시대 의식이나 역사의식과 멀어졌는데, 이는 이후 조직된 1940년대 만주에서 정치적 망명 생활을 한 이수형, 신동철 등의 《시현실》 동인도 마찬가지였다. 《시현실》 동인들은 주로 여성의 육체에 탐닉함으로써 정치·사회적으로 나아갈 길이 두색(杜塞)된 현실로부터 도피하고자 하는 등 한국의 초현실주의는 개인적 미의식(美意識) 차원에 머물고 말았다.

전후 초현실주의 대표 시인은 조향을 손꼽을 수 있고, 김구용, 성찬경, 서정주 시인들도 일부 초현실주의 시를 썼으나 현실적인 사회 의식이나 역사의식에서 벗어나 개인의 무한한 상상력의 세계를 확장한다는 점에서 현대의 정신세계를 표현하기 위한 시 창작 방법이나 우리나라에서는 초현실주의 시를 쓰는 시인들의 수가 적고, 그들 활동이 미미하여 하나의 주요 흐름으로 정착하지 못했으나 오늘날까지 현대 시인들이 시 창작에서 부분적으로 자신들의 무한한 정신세계를 표현 기법으로 창작 방법을 활용하고 있다.

ⓓ 김춘수의 적용 사례

김춘수 시인을 잘 알다시피 언어와 대상 간의 관계를 고민하고 그 해답을 얻기 위해 고투했던 시인이자 시 이론가였다. 그가 제시한 '무의미시'는 우리 시의 새로운 가능성을 보여 주었다고 평가하고 있다. 특히 존재의 탐구, 대상의 즉물적 제시, 현실의 실감을 허무 의지로 승화시켰던 점에서 당대는 물론 한국 문학의 미래를 구축하는 한 축을 이루기도 했다. 그의 장편 연작시집 『처용단장』은 초현실주의적인 데페이즈망 기법 등 다양한 시 창작 기법을 적용한 시인이다. 그의 시 「처용단장 1의3」의 예를 들어보기로 한다.

벽(壁)이 걸어오고 있었다.
늙은 홰나무가 걸어오고 있었다.
한밤에 눈을 뜨고 보면
호주(濠洲) 선교사(宣敎師)네 집
회랑(廻廊)의 벽(壁)에 걸린 청동시계(靑銅時計)가
겨울도 다 갔는데
검고 긴 망또를 입고 걸어오고 있었다.
내 곁에는
바다가 잠을 자고 있었다.
잠자는 바다를 보면
바다는 또 제 품에
숭어 새끼를 한 마리 잠재우고 있었다.
다시 또 잠을 자기 위하여 나는
검고 긴
한 밤의 망토 속으로 들어가곤 하였다.
바다를 품에 안고
한 마리의 숭어 새끼와 함께 나는
다시 또 잠에 들곤 하였다.
　　　　　　　　＊
호주(濠洲) 선교사(宣敎師)네 집에는
호주(濠洲)에서 가지고 온 해와 바람이
따로 또 있었다.
탱자나무 울 사이로
겨울에 죽두화가 피어 있었다.
주(主)님 생일(生日)날 밤에는
눈이 내리고
내 눈썹과 눈썹 사이 보이지 않는 하늘을
나비가 날고 있었다.
한 마리 두 마리,

─ 김춘수의 「처용단장 1의3」 전문

위 시는 처용 설화의 유토피아적인 세계를 그린 시로 유년 시절에 호주 선교사에 집에서 겪었던 체험과 분위기를 중심으로 진술한

데페이즈망(dépaysement)

시이다. 각 문장과 장면은 하나의 줄거리로 이어지는 것이 아니라 각기 다른 장면을 객관적으로 묘사한다. 전체 시의 분위기는 차분하고 안정된 분위기로 유년기의 추억으로 자리 잡은 바다를 대상화시켜 어린 시절을 회상하고 있다. 이미지들이 병치되어 낯선 의미를 새롭게 태어나는데, 이는 시인의 유년기에 대한 그리움의 정서를 이미지로 표현한 것임을 알 수 있다.

바다는 숭어 새끼를 품고 있는 모성 본능적인 모습을 보이며, 모성으로 표현된 장면은 앞선 장면들과는 다르게 평화롭다. 이러한 지점에서 화자는 밤이 주는 공포의 이미지와 잠을 자는 평화로운 행위를 병치시키는 데페이즈망 기법을 적용하고 있다.

이상에서 우리나라 초현실주의 시인들은 물론 초현실주의 경향의 시를 창작한 시인들에 의해 데페이즈망 기법은 시 창작 방법으로 다양하게 적용됐다. 앞으로 복잡한 현대의 물질문명의 흐름과 4차 산업 시대에서 복잡한 현실 속에서 시인이 자유롭게 몽환적인 꿈을 꿀 수 있는 현실 밖의 이색 공간에서의 자유로운 사유를 표현하기 위해 적합한 시 창작 방법이 바로 데페이즈망의 기법이라고 볼 때 이 기법의 적용은 심리적인 내면세계의 표현에 가장 적합한 창작 기법이라고 할 수 있다.

따라서 데페이즈망 기법을 이용하면, 데페이즈망 기법을 적용해 사물을 새로운 시각으로 바라봄으로써 즐거움과 흥미를 느낄 수 있고, 비현실적인 세계를 표현함으로써 자신의 문학 세계를 자유롭게 표현할 수 있으며, 독창적인 문학 세계를 구축할 수 있다는 점에서 시 창작 방법에 적용하면 새로운 시를 창조할 수 있는 무한한 가능성으로 작용하리라 기대된다.

데페이즈망 기법을 중국시에서 찾는다는 것 자체가 동서양의 세계관이 다름으로 불가능한 일이지만, 데페이즈망 기법과 유사한 시 창작 기법을 든다면 당나라의 기환시(奇幻詩)가 서양의 데페이즈망 기법과 유사하다고 할 수 있을 것이다. 중국의 당나라 때 초현실적이며 주지적인 환상시를 쓴 대표적인 시인으로 이하를 꼽을 수 있다. 이하는 중국 당나라 시대 왕유와 이백, 두보와 함께 중국의 "당시사걸(唐詩四傑)"로 평가받는 시인이다. 이하의 시에서 데페이즈망 기법과 동일한 초현실주의적인 시 창작 방법을 추론해 볼 수 있을 것이다.

우리나라에서도 고전 문학에서 기환시(奇幻的)의 문학 양식이 많이 적용해 왔었고, 전통 시가에서도 데페이즈망 기법을 적용한 시가 있으나 여기에서는 언급하지 않았다. 앞으로 데페이즈망 기법을 활용하여 좋은 시가 많이 창출되었으면 하는 소망과 함께 풍성한 시단이 되기를 기대한다.

랩(RAP)에서 시를

　시대에 따라 문화 현상이 변화한다. 그 변화에 따라 모든 예술의 표현 방식도 달라진다. 오늘날 대중음악의 한 분야로 랩이 유행하고 있다.
　대중문화를 선도하는 랩은 일종이 음악에서의 포스트모더니즘의 경향을 반영한 음악적 표현 수단이다. 따라서 현대시가 회화와 가까워짐에 따른 드라이한 정서를 구어체로 반복한 운율을 가진 시로 대중의 정서에 가깝게 접근할 수 있다는 측면에서 현대시 창작 기법으로 차용하는 것도 가능할 것이다. 따라서 랩을 현대시 창작 기법으로 차용하여 대중들이 외면하는 현대시를 대중들과 함께하는 정서 표현의 수단으로 활용하고자 랩을 차용한 시 창작 기법을 모색하고자 한다.

랩의 가능성

　랩은 대중음악의 표현 수단이다. 음악의 표현 수단과 시의 결합은 현대시가 회화와 결합하여 내재율을 따름으로 인해 대중성을 잃어버린 결과에 대한 대안으로서 시와 음악과의 만남으로 대중성을 획득하기 위함이다. 이는 어느 측면에서 전통적인 정형시로의 외형률을 수용을 의미한다. 시와 랩은 그 탄생 역사가 전혀 다르다. 랩은 미국의 빈민가에서 탄생해 지극히 서민적인 속성과 결합한 예술 표현

양식이다. 그리고 시가 미적인 형식과 창조성이 강한 성격을 지녔고 오랜 역사적 배경을 지니고 있는 데 반해, 랩은 미적인 속성이 시에 비해서 덜하며 즉흥적인 신체 리듬과 가까운 성격을 지녔다.

그뿐만 아니라 그 탄생과 표현 수단으로 차용된 역사가 수십 년에 불과하다는데 서로의 교집합을 찾을 수 없을 정도로 전혀 다르다. 또한, 시가 화자, 운율, 이미지를 중요한 요소로 하는 데 반해, 랩은 래퍼와 라임이 중요한 요소로 구성된다는 점도 다르다. 굳이 시와 랩의 관련을 맺을 수 있는 친연성을 든다면, 이들 모두가 언어를 표현 수단으로 하는 예술이라는 점과 시와 랩이 경험을 바탕으로 하는 언어적 표현 예술이라는 점에서 공통점을 찾을 수 있다.

최근 들어서 젊은이들의 열렬한 지지를 받는 랩을 시와 접맥하여 예술성과 대중성이라는 이항 대립적인 두 양식을 융합한 새로운 장르로서의 랩의 시학을 시 창작 기법으로 차용해 보는 것도 오늘날 다문화, 다매체 시대를 살아가는 당위적인 존재론적인 시학이 될 수 있을 것이다. 그리고 오늘날 지구촌에서 자유민주주의 보편적인 생활 문화로 일반화되어 가는 시대적인 상황에서 엘리트 고급문화와 특권 지배 계층의 전유 문화가 되어 왔던 시와 반 전통적이고 전통 문화의 향유 능력이 없는 피지배계층의 문화로서 랩과의 통합은 진보 세력과 보수 세력, 음악과 문학의 재결합, 고급문화와 열등 문화를 융합하는 대중문화로서의 대중성과 예술성이라는 상반된 서로의 이질적인 간극을 좁히기 위한 시도라고 할 수 있다.

21세기 뉴미디어 시대에서는 다양한 예술들이 서로 교류하고 융합한다. 따라서 문학이 다른 예술 영역의 서사를 문학의 영역으로 수용하여 그 영역을 확장하고 있다, 문학을 원천으로 한 애니메이션, 블록버스터 영화 등 원소스멀티유즈(OSMU), 즉 하나의 콘텐츠를 영화, 드라마, 책, 드라마, 애니메이션, 게임, 캐릭터, 공연, 테마파크 등 다양한 매체와 방식으로 판매해 부가 가치를 극대화하는 방식으로 파급되어 나가는 시대이다. 이런 시대적인 흐름에 맞게 본질

랩(RAP)에서 시를

적으로 문학적 특성을 지닌 시와 다양한 음악 장르에서 새롭고 혁신적인 음악 양식인 랩과 결합은 오늘의 시대적인 문화 현상이기도 하다.

대중 가수 출신인 음유 시인 밥 딜런에게 노벨문학상 수상자로 결정한 추세는 오늘날 지구촌의 시대적인 문화 현상이며, 문학의 대중성을 문학의 영역으로 확장하려는 시대적인 요청에 부응하는 현상이 일어나고 있다. 이는 곧 랩을 차용한 현대시의 새로운 창작 방법의 가능성과 현대시의 음악성과 대중성의 지향으로 새로운 모색의 길을 찾는 대안이 될 수 있음을 시사한 바 크다.

랩은 음악과 문학이 함께 공존한다. 랩은 크게 메시지(message), 라임(rhyme), 플로우(flow) 등 세 가지 요소로 구성된다. 또한, 랩은 신체 동작을 위주로 역동적인 춤의 일종인 힙합과 친연성을 가지고 있다.

첫째, 메시지(message)는 시의 의미적인 요소에 해당하며, 래퍼가 쓴 가사다. 래퍼는 랩의 가사를 쓰는 작사가로 자작시 낭송가의 역할을 담당한다. 오늘날 시의 향유층들이 본질적인 창작 작업보다는 자작시나 유명 시인의 시를 낭송하려는 문화가 대세를 이루고 있다. 이러한 향유층 문학인이 많아지고 있는 오늘의 상황은 문학의 질적인 수준의 하락을 의미하기도 하지만, 문학의 대중화를 지향하려는 움직임은 고독한 현대 사회에서 자신의 존재 가치를 인정받으려는 자기표현의 욕구가 강한 사람들이 많아졌음을 의미한다.

랩 공연에서 래퍼는 스스로가 시인이 되어 자신의 경험 정서나 사회 비판적인 의견을 메시지로 전달한다. 주로 자신의 생활을 토대로 진솔한 경험 정서와 비판 의식을 가사로 쓰거나 소설이나 영화의 대본을 쓰듯이 배경과 등장인물을 설정하여 허구적인 진실의 이야기를 창작하여 스토리텔링을 한다. 따라서 래퍼는 가사에 자신의 사회 비판 의식을 반영하기도 하고, 어떤 일정한 규칙이나 형식을 나름대로 정하여 표현하는가 하면, 파티 음악에 맞는 가사, 자신의 겪은 경험담을 다른 래퍼들과 주고받는 경쟁하기도 하며, 특정 지역의 방언을 사용하기도 한다. 그리고 시를 창작하듯이 형상화하여 묘사와 진술하기도 하며, 직유, 은유 등의 시적 표현을 활동하기도 한다. 따라서 랩은 래퍼의 자작시를 음악과 함께 리듬으로 대중들에게 전달하는 일종의 자작시 낭송과 스토리텔링과 유사한 성격을 지녔다고 할 수 있다.

둘째, 라임(Rhyme)은 랩의 운을 살려 나가는 약속 체계로 문장의 반복으로 리듬감을 살려 나가는 형식적인 요소로 정형적인 틀을 말한다. 정형시에서 두운, 요운, 각운의 음위율이 문장 구조의 위치에 따라 운율을 형상하는 데 반해 랩에서는 문장의 구조보다는 낱말 집중하여 발음의 유사점에 따라 음위율이 적용된다는 점에서 그 차이를 보인다.

주로 라임은 두세 글자의 명사로 쓰이는 것이 일반적이나 때로는 네 글자 이상의 낱말이나 발음이 유사한 문장으로 라임을 만들기도 하는 다음절 라임(예 : 입방아 찧는 짓은 보태와 궁둥방아 찧은 것만도 못해)과 다른 모음일지라도 초성 자음이 같을 때 생겨나는 자음운 라임(예 : 추파와 개피), 그리고 초성과 종성이 다르나 모음의 유사성 발음으로 라임을 만드는 모음운 라임(예 : 오이와 고기), 초성 자음과 중성 모음이 유사하고, 글자 수가 같다거나 유사한 음이 나는 글자를 배열하는 퍼펙트 라임(예 : 전봇대와 전복돼) 등 라임이 주는 리듬감을 확장하기도 한다.

플로우(Flow)는 폴 에드워즈(Paul Edwards)는 『How to Rap』에서 플로우의 정의를 "곡 안에 담긴 리듬과 라임을 뜻한다. 랩은 단순히 시를 소리 내어 읽은 것이 아니다. 시의 리듬과는 달리 힙합의 플로우는 음악과 타이밍이 잘 맞아야 한다."23)라고 말하고, 가사의 리듬이 음악의 기본 리듬에 잘 들어맞아야 하는데, 이 기본 리듬을 비트(beat)라고 하며, 음악의 자체를 가리킬 때 비트라는 말을 사용한다

---

23) 폴 에드워즈, 『How to Rap』, 서울, 한스미디어, 2011, p.93.

고 주장하고 있다.

플로우의 종류로는 랩의 발음할 때의 특성을 잘 반영한 '끌기'와 '달리기'와 '언어를 씹는 감각'으로 나눌 수 있다. '끌기'란 언어를 발음할 때 특정한 음보를 더 길게 발음하는 것을 말한다(예 : 저는 학생입니다. '다' 5초 이상 길게 끌어 발음하는 것). 이와는 반대로 '달리기'는 가사를 달리는 느낌이 들도록 빠르게 읽는 것을 말한다. 이를 가리켜 '쪼개기'라고도 하는데 결국 '달리기'는 비트를 잘게 쪼개는 것이므로 이러한 의미로 달리 부른 말이다(예 : 저는 학생입니다. 이 문장을 5초 안에 읽을 수도 있으나 더 빠르게 2초 안에 발음하는 것).

그리고 '언어를 씹는 감각'이란 래퍼가 가사를 한 글자 한 글자 곱씹으며 어떻게 발음할지를 감각적으로 수량화한 것인데, 언어를 씹는 감각은 '똑바로 발음하기'와 '흐릿하게 눌러서 발음하기'로 나눌 수 있다. '똑바로 발음하기'는 한 글자 한 글자 강하게 발음하는 것으로 단단한 리듬을 형성하는 효과를 기대할 수 있다. 똑바로 발음하면 전달력은 강하나 경직된 리듬감이 형성된다. '흐릿하게 눌러서 발음하기'는 전달력은 떨어지지만, 리듬감과 음악성을 살리는 효과를 가져온다. 이러한 특성을 래퍼가 잘 살려 나갈 때 래퍼에 따라 개성을 발휘할 수 있고 그만의 고유한 랩의 리듬을 형성할 수 있다.

랩은 주로 발음으로 리듬을 살려 나가는 효과를 가져 오기 때문에 낭송시의 낭송 방법의 양상과 비슷하나 시가 문자의 시각적 효과를 중요하게 여기는 현대시와는 달리 운율을 살려 나간다는 입장을 고수한다는 점에서 우리나라 전통 시들이 노래 부르는 가사였다는 사실로 보아 어느 측면에서 보면, 시의 복고적인 성격으로 귀환을 의미한 것으로도 볼 수도 있다.

랩을 이용한 실험시

① 랩의 가사

　우리나라는 7, 80년대 도시의 재개발로 달동네가 점차 사라져 가게 되었고, 그 자리에 새로운 빌딩이나 아파트가 빠른 기간에 완공되어 새로운 모습으로 바뀌었다. 오늘날도 도시의 재개발은 꾸준히 이루어져 도시의 옛 모습이 나날이 변화되고 있으며, 그 변화의 속도가 점차 빨라지고 있다. 달동네의 구불구불 미로 같은 골목길과 허술한 판자촌 집들이 철거되고 쾌적한 새 건물로 들어서게 된다. 그렇게 되면 달동네 기존에 사는 주민들은 다른 곳으로 이주하게 된다. 물론 기존의 주민들에게 새로 지을 아파트의 입주권이 하나씩 주어지기는 하지만, 그들은 새로운 공간에서 이주해서 살아갈 만한 경제적인 기반이 없는 사람들이다. 따라서 달동네 사람들은 입주권을 다른 사람들에게 넘기고 변두리로 밀려 나가야 하는 것이 오늘날 도시의 빈민층들의 현실이다.

　아래 인용한 리쌍의 랩은 사회 현실을 고발한 소설 분야에서 조세희의 『난장이가 쏘아올린 작은 공』과 맥락을 같이하고 있다. 조세희는 이 소설을 통해 1970년대 급격한 산업화의 물결 속에서 삶의 기반을 빼앗기고 몰락해 가는 도시 빈민들의 삶을 다루었다. 노동자를 착취하고 투기를 일삼는 부도덕한 부유층과 최저 생활비에도 못 미치는 임금을 받으며 살아가는 빈민층의 삶을 대립적으로 그려 냈었다.

　경제 성장과 함께 소외된 그늘에 사는 달동네 사람들의 삶은 시골의 고향을 떠나 도시의 변두리에 자리 잡아 이웃과 정을 나누고 살다가 재개발로 자신의 터전을 잃어버리고 뿔뿔이 흩어졌다. 도시화의 그늘 속에서 살아가는 재개발 지역 사람들의 애환을 리쌍은 「부서진 동네」라는 랩의 가사를 써서 노래로 불렀다.

랩(RAP)에서 시를

난 어디로 흘러가는 걸까
우린 어디로 흘러가는 걸까
이 세상이 아름답다 나만 빼고

마지막까지 버티며 목멘 나의 동넨
끝내 높은 빌딩이 들어서네
여기저기 재개발 사라져가는 내 삶의 계단
고장나버린 삶의 페달 나는 또 다시 맨발
맨날 아픔은 반복되고 나는 어디서 살아야 하나
강북 강남 다른 땅값
그 사이로 장난처럼 흐르는 한강
참나 지금 내 눈에 보이는 건
끝이 없는 사막뿐인데
나는 어디서 살아야 하나
내 추억은 어디서 자라야 하나
이렇게 난 떠나 가야만하나
가난만이 내가 가질 전부인가
내 말 한마디 들어줄 사람
이 세상 어디에도 없는 건가
그럼 도대체 나는 뭔가

오늘도 그려 보네 어릴 적 나의 동네
오늘도 달래 보네 떠도는 나의 인생

그곳에서 우리 만난 날 아주 오래전이지
그 좁은 골목에서 나는 어렸고
너도 어렸지만 너는 내게 다가와
친구가 되자고 말했었지
한참을 손잡고 거닐다 정원이 컸던
우리 집에서 아무런 말도 없이 우리

나는 아직 살고 있다 이 세상에
그러니 새삼스레 울지 말자

>
> 남은 시간이 나의 재산 그러니
> 쓸데없는 계산으로 골치 아퍼 말자
> 어차피 나는 찢어진 마음
> 여러 번 꼬맨 환자 마시고 잊자
> 소주한잔 이젠 이런 말들이 지겹다
> 모든 게 버겁다 덧없다 어렵고 서럽다
> 이 땅은 내가 태어나고 죽어야 할 곳인데
> 왜 난 피지도 못하는 꽃인데
> 이 도시에 박힌 빌딩이 칼이 돼
> 내 가슴에 꽂히네 내 평생의 추억 한 자루
> 삽에 묻혀 불쌍히 죽어 내 마음은 추워
> 내 평생의 추억 한 자루
> 삽에 묻혀 불쌍히 죽어 내 마음은 추워
>
> 오늘도 그려 보네 어릴 적 그 소녀를
> 오늘도 달래 보네 사라진 추억들을
>
> 너는 내게 자랑스럽게 백점 맞은
> 시험지 보여 주곤 했지
> 양 갈래로 땋은 긴 머리
> 조그맣고 귀여운 나의 옛 동네
> 친구 하지만 우린 다른 두 학교로 가게 된 후
> 한참을 울고 다시는 보지 못했었지
>
> — 리쌍의 「부서진 동네」[24] 전문

 도시의 재개발로 어린 시절 생활했던 생활 공간이 사라져 가는 소시민의 애환과 자화상을 진술하고 있다. 직접적으로 자신이 겪은 경험과 느낌을 랩의 가사로 쓴 글이다. 경험을 언어로 진술했다는 점에서 문학의 영역으로 포함할 수 있으며, 이를 시적인 형상화 과정을 거쳐 객관화했을 때 얼마든지 랩을 차용하여 사회 풍자적인

---

[24] 박하재홍, 『랩으로 인문학하기』, 탐, 2013. pp. 119-121.

시를 구사할 수 있음을 알 수 있다.

② 랩을 시로 차용한 실험시

Ⓐ 이숭원(李崇源, 1955~)의 시 「리얼라임」

우리나라에서 랩을 차용한 시는 그리 흔하지 않다. 2006년 이숭원 시인의 『어둠과 설탕』에서 랩을 차용한 시가 두서너 편이 수록되어 있는데, 그가 의도적으로 랩을 차용한 시를 실험했다고 볼 수 있는 시가 바로 「Real Rhyme」과 「MC SI」이다. 이 시들은 랩이라고 해도 손색이 없을 정도로 랩을 차용한 실험시라고 할 수 있다.

> 始作해
> 詩作해
>
> 선남선녀 미남미녀 방아 찧는 밤에
> 겨울에도 모기나는 지저분한 방에
> 노예들과 진배없는 너와 나의 생애
>
> 쓰레기 소각장의 불타는 시간들
> 케이블을 타고 오는 춤추는 거짓들
> 장애물과 방해꾼인 지루한 가족들
>
> 어린 칭크 가진 것은 캉골 타미 팀버랜드
> 가라 힙합 취하는 건 금줄 그루피 메르세데스
> 리얼 MC 친구들은 다제이와 그래피티 비보이스
>
> 눈감고 꿈꾸는 건 백만장자 영화배우 인기가수
> 잠에서 깨어나니 요리사 웨이터 옷장수
> 정신을 차려보니 경비원, 주유원, 운전수
>
> ― 중략 ―

이봐 너희들
내 말이 안 보여? 내 말이 안 보여?
내 말이 안 보여? 내 말이 안 보여?

죽으면 사라질 힘 헬스는 왜 하는지
어차피 병 걸릴 몸 웰빙은 염불인지
배울 것 없는데 참 학교는 왜 가는지
외롭고 괴로운 삶 결혼은 안 하든지

보험금 세금 정기적금 빌어먹을 국민연금
녹색불이 켜졌어!요 어디로 갈건가!요 생각해!요

— 이숭원의 「Real Rhyme」25) 일부

  이 시의 제목부터 랩의 용어를 사용하고 있다. 첫 연에서부터 "시작(始作)해/ 시작(詩作)해"로 동음이의어의 의미를 뚜렷하게 구별하기 위해 한자어를 사용하고, 랩의 시작과 시를 쓰는 행위로써의 시작을 동일시한다. 1연의 '∞해'와 '∞해'의 다음절 라임의 반복 종결 어미를 동일한 형태소 '∞해'로 종결하고, 2연의 '밤에', '방에', '생애'의 모음운 라임 'ㅇ'가 들어가는 종결 어미의 동음으로 배열했으며, 3연의 '타미 팀버랜드'. '그루피 메르세데스', '그래피티 비보이스'의 모음운 라임 'ㅡ'의 동일한 종결 어미의 형태소 배열 등 각 연의 종결 어미를 다음절 라임, 모음운 라임, 자음운 라임 등의 플로우로 짜여 있다. 또한, 각 연의 행들이 일정한 글자수로 반복적인 리듬감을 살리기 위한 라임으로 배열했다.
  5연을 보면 '백만장자—영화배우—인기 가수', '요리사—웨이터—옷장수', '경비원—주유원—운전수', 등으로 직업의 종류를 나열하는데 중심을 두어 변형 라임으로 일부 리듬이 깨어짐을 다시 보완하고자 종결 어미의 동일한 형태소인 '∞수'로 종결하여 반복하는 등

---

25) 이숭원, 『어둠과 설탕』, 문학과 지성사, 2006, pp.79-81.

시의 압운과는 다소 거리가 있으나 내용상 의미의 진정성을 추구하고 있고, 꿈에서 현실로 제자리를 잡아가는 과정을 현실적인 직업으로 순차적으로 하향하여 배열함으로써 현실적인 삶이 팍팍해져 감을 드러내고 있다. 2연과 4연에 마지막 부분에 다시 반복 배열해서 강조하고 리듬감을 형성토록 플로우가 구성되어 있다.

「MC SI」도 랩의 실험시로 여기서 MC는 래퍼(rapper)가 자신들을 전문적인 랩 가수라고 지칭하는 약어로 자신들을 시인과 동일하다고 여기는 자긍심을 은연중에 드러낸 말이다.

> 내 세례명은 신의 이빨 Diss**의 천재 MC SI
> 당신들은 원반 없는 프리스비 시중 은행의 화폐 견양
> 트레이가 열리지 않는 재생기야 못생겼어
> 무더위 속 냉기처럼 한파 속 열기처럼 나는 겸손하지는 않을 테야
> 바람의 방향이 변한 거지
> 나의 사주는 신의 언어 BAR가 세 개면 잭팟
> 메탈리카 셔츠와 아디다스 신발
> 張三李四 朝三暮四
> 침몰하는 연락선 숲 속의 바보
> 모두 다 모사품 가득한 회랑에서 늪지 같은 책략에 분리수거물이 되고
> 전혀 낯선 국면이야 나태한 생활 밤의 어둠 속에 취해야지
> 전 세계를 참견할 거야 내 거짓말은 아주 정직해
>
> ** Disrespect 최초의 Diss는 1983년 Run DMC의 곡. 『Sucker MC's에서 시도되었다.
>
> — 이숭원의 「MC SI」26) 일부

Diss는 상대와 랩으로 허점을 공격하는 힙합 음악으로 대중들의 공감대를 형성하는 비판 의식이 깔린 주제가 대부분이다. 불연속적

---

26) 앞의 책, pp.84-85.

인 단절과 파편적인 반복, 변주, 나열함으로 동시대인에게 날카로운 칼날을 들이댄다. 래퍼는 즉석에서 분위기에 따라 즉흥적이고 일회적인 랩으로 노래하고 종결되는 특성이 있음에 유의해야 한다.

Ⓑ 최승호의 랩 동요

동요는 노래를 부르기 위한 가사이기 때문에 정형률에 의해 랩을 차용하기 쉬운 장르이다. 최근에 쏟아져 나온 말놀이 동시집이 랩의 성격과 비슷하나 근본적으로 말놀이는 말놀이가 목적이기 때문에 청각은 물론 시각적인 기능도 살려 나가야 하는 데 반해, 랩은 말놀이에 중점을 둔 것이라기보다는 랩의 형식을 갖추고 노래로 불려질 수 있는 가사라는 점에서 근본적으로 그 성격이 다르다.

> 토리 토리 도토리
> 토리 토리 도토리
> 도토리 먹는 다람쥐
> 이쪽 볼이 뽈록
>
> 토리 토리 도토리
> 토리 토리 도토리
> 도토리 먹는 다람쥐
> 저쪽 볼이 뽈록
>
> 도레미파 도토리
> 솔라시도 도토리
> 토리 토리 도토리
> 다람쥐
> 가나다라도토리
> 마바사아 도토리
> 토리 토리 도토리
> 다람쥐
>
> ─ 최승호의 「노래하는 다람쥐」 전문27)

랩(RAP)에서 시를

　다람쥐가 도토리를 먹는 모습을 노래 부르는 것으로 형상화하여 랩의 가사로 창작한 동요이다. 우리나라 민요에서도 노래하는 느낌을 살리기 위해 반복법을 구사하는 표현이 많다. 노래로 부를 때 리듬을 살려 나가려는 발상은 랩에서도 마찬가지이다. 우리나라의 판소리, 무가 등에서도 리듬을 살리기 위한 랩의 라임이 이미 활용되어 왔다.
　다음의 민요를 보면 동음의 배열로 라임을 살려 노래로 불렀던 사실을 알 수 있다.

　　　　동그랑 땡 땡 동그랑 땡 얼싸절싸 잘 넘어 간다
　　　　동그랑 땡 땡 동그랑 땡

　　　　꾀꼬리는 노래를 잘하니 독창가수로 돌리고
　　　　제비는 몸 맵시 고우니 무용가로 돌려라
　　　　동그랑 땡 땡 동그랑 땡 얼싸절싸 잘 넘어 간다
　　　　동그랑 땡 땡 동그랑 땡

　　　　딱따구리는 진찰을 잘하니 나무의사로 돌리고
　　　　멧새는 집을 잘 지으니 목수로 돌려라
　　　　동그랑 땡 땡 동그랑 땡 얼싸절싸 잘 넘어 간다
　　　　동그랑 땡 땡 동그랑 땡

　　　　부엉이는 밤눈이 밝으니 사냥꾼으로 돌리고
　　　　황새는 다리가 기니 달리기 선수로 돌려라
　　　　동그랑 땡 땡 동그랑 땡 얼싸절싸 잘 넘어 간다
　　　　동그랑 땡 땡 동그랑 땡

　　　　동그랑 땡 땡 동그랑 땡 얼싸절싸 잘 넘어 간다
　　　　그랑 땡 땡 동그랑 땡
　　　　　　　　　　　　　　　　― 민요,「동그랑 땡」전문28)

---

27) 최승호, 뮤지,『랩 동요집』중앙북스, 2015, p. ?

위의 민요 「동그랑 땡」과 최승호의 랩 동요 「동그랑 땡」을 비교해 보면, 서로의 유사점과 차이점이 분명하게 드러난다. 오늘날 창작 동요가 노래하는 기능에 초점을 맞추기보다는 시적 표현의 방식으로 변질되었거나 정형률의 제약에 따른 자유시적인 동시의 표현으로 바뀌었다. 따라서 어린이 독자와 거리를 좁히지 못하고 독자로부터 외면을 당하고 있다. 이러한 현실을 타개할 대안으로서 최승호의 『랩 동요집』은 노래 부르는 기능을 랩으로 되살려 어린이들의 폭발적인 반응을 일으켰다. 이것으로 보아 전통적인 시가나 민요는 물론 현대적인 감각을 살려 랩을 차용한 동요로 어린이들의 공감을 유발할 수 있음을 알 수 있다.

>그랑 땡 그랑 땡 그랑 땡
>동그랑 땡
>그랑 땡 그랑 땡 그랑 땡
>동그랑 땡
>
>빗방울이 떨어지네 동그랑 땡
>동그랑 땡 동그랑 땡
>
>비 온다 먹자 동그랑 땡
>동그랑 땡 동그랑 땡
>물땅땅이랑 먹자 동그랑 땡
>동그랑 땡 동그랑 땡
>게아재비랑 먹자 동그랑 땡
>동그랑 땡 동그랑 땡
>
>— 최승호의 「동그랑 땡」[29] 전문

위의 랩 동요는 단순한 반복이 아니라 '동그랑 땡'의 이미지와 비가 올 때 운동장에 떨어지는 빗물이 동그라미를 그리는 모습과 비

---

28) 조인정, 『동그랑 땡』, https://www.youtube.com/watch?v=RbYuzgL6grE
29) 최승호, 뮤지, 앞의 책,

유하여 먹는 '동그랑 땡'을 형상화하여 라임을 살려 랩으로 구성한 동요이다. 우리는 예로부터 비가 올 때 먹거리가 생각나 콩을 볶아 먹거나 전을 부쳐 먹는 풍습이 전해져 왔다. 그런데 물에 사는 수생 곤충인 물땅땅이와 게아재비랑 나누어 먹자고 하여 수생 생태계로 동그란 이미지를 살려내고 있다.

'동그랑 땡'의 동그란 이미지와 유사한 비 올 때의 모습과 비 온 날에 생각나는 음식 등 민속적인 경험 정서를 끌어와 창작한 랩 동요다. 따라서 얼마든지 동요에서 어린이의 경험 정서를 끌어와 위와 같이 다양하게 랩 동요를 창작할 수 있을 것이다.

세계적으로 젊은 층의 열렬한 호응을 받는 랩은 음악의 영역인 동시에 문학의 영역이기도 하다. 대중문화는 당시 사회의 현실을 반영한다. 귀족 문화로 오랫동안 그 위치를 누려 왔던 문학과 미국의 흑인 사회에서 유행하였던 랩 문화가 세계적으로 확산된 것은 자유 민주주의적 평등을 지향하는 시대적인 사조를 반영한 현상이라고 할 수 있다.

대중문화를 선도하는 랩은 음악에서의 포스트모더니즘의 경향을 반영한 음악적 표현 수단이다. 따라서 현대시가 회화와 가까워짐에 따른 드라이한 정서를 구어체를 반복한 운율을 가진 시로 대중들의 정서에 가깝게 접근할 수 있다는 측면에서 현대시의 창작 기법으로 차용하는 것도 가능할 것이다.

따라서 진정성을 기본으로 하는 랩 문화와 시와 융합은 독자에게 외면을 받는 현대시의 활로를 활짝 여는 계기 될 것으로 기대된다. 본질적으로 음악성을 바탕으로 하는 랩과 회화성을 바탕으로 하는 현대시와의 융합은 시의 대중성과 예술성을 확장하는 계기가 될 것이며, 장르간의 경계를 해체하고 작가의 자기 반영성을 모토로 하는 포스트모더니즘적인 시대 조류에 따르는 일이다.

오늘날은 첨단 미디어 시대다. 이러한 시대적 흐름에 따라 현대시의 대중성을 확장하고 시 창작의 새로움을 모색하기 위한 대안으로 랩을 차용하는 시 창작 방법을 제시했다. 아직은 미개척한 분야로 생소하기는 하지만 랩을 차용한 시 창작 기법을 적용한다면 오늘의 시대에 맞는 대중들이 선호하는 시를 창작할 수 있으리라고 기대한다.

이야기 시

이야기 시는 서술적 요소가 가미됨으로써 초장르적인 성격이 짙다. 보통 이야기는 소설적인 성격을 지니고 있기 때문에 전통적인 서정시와는 다른 성격의 탈장르적이라 할 수 있는데, 서정시와의 차별성은 창작 주체의 갈등이 담겨 있다는 점이고, 소설과의 차별성은 이야기 구조를 가지고 있으나 소설과는 서술 방식의 차이가 있다는 점, 서술 방식의 차이로 인해 독자의 상상력이 개입된다는 점, 정서 표현을 위한 다양한 서술 방식을 적용하고 있다는 점에서 시, 소설과는 차별화된 탈장르의 독특한 장르적 성격을 지니고 있는 시를 일컫는다. 따라서 이야기 시는 쉽게 읽히고 독자와의 거리를 좁히는 데 기여하는 친근감이 많은 시라고 할 수 있다. 우리나라에서는 백석 시인과 서정주 시인이 이야기 시를 창작하여 시적인 성공을 거두기도 했다.

이야기 시의 창작 기법을 현대시에 적용해 보는 것도 시적인 영역의 확대는 물론 다양한 표현으로 자신의 시 세계를 확장하는데 필요하다고 본다.

이야기 시의 개념과 전개

이야기 시는 서술시, 서사시와 유사하다. 우리나라에서 이야기 시를 차용하게 된 시발점은 김기진이 단편 서사시론을 발표하면부터이다. 김기진은 임화의 「우리 오빠의 화로」를 분석하고, 이 시의 새로운 양식과 수법이 장차 프롤레타리아 시가 나아갈 방향을 제시한다는 평가를 내리기도 했다.

이후 김준오는 서술시의 정의를 장르적 개념이 아니라 형식 개념으로 이야기를 노래한 시를 의미하는데, 이야기 시는 굳이 소설과 희곡의 플롯과 같이 완결된 형식을 갖출 필요가 없다고 했다.

이야기 시는 말하는 시로서 서술시 또는 설화시라고도 하고, 장르적 개념으로 서경시, 서정시와 함께 시의 내용과 관련된 양식이다. 따라서 이야기 시는 장르적인 혼합 형상이다. 즉, 탈장르이다. 하나의 내러티브가 중심으로 전개되는 서사 양식이 결합한 양식으로 이야기 시의 하위개념 분류로 서사시, 담시, 단편 서사시로 구분하기도 한다. 서술시는 시에 사건이나 이야기가 포함된 화소가 있는 모든 경우의 시를 의미한다. 다시 말해서 서사시, 단편 서사시, 이야기 시, 설화 시 등은 모두 서술시의 일종으로 서술적 요소가 초장르적 성격을 띠기도 한다. 오늘날 포스트모더니즘이 지향하는 탈장르적인 개념의 일부분으로 해석될 수 있지만, 포스트모더니즘의 탈장르의 개념은 모든 장르를 혼성 결합하여 장르의 경계를 무너뜨린다는 측면에서 더 광범위하다고 볼 수 있다.

이야기 시는 인간이 서로 만나 자기 경험을 이야기한다는 인간의 본성적 특성을 잘 반영한다는 점과 가독성과 접근성이 양호하여 시인과 독자 사이의 거리를 좁힐 수 있다는 점, 미디어의 영향으로 자극적인 것을 선호하는 오늘의 독자들은 시적 감성을 자극해야 공감할 수 있다는 독자들의 시적 변화에 가장 능동적으로 대처한 시이다. 우리나라의 이야기 시는 1920년대 카프 시인들을 중심으로 이야기 시가 창작되고 대중성을 획득했다. 이 무렵 김동환의 장편 서사시 『국경의 밤』(1925)이 있다. 이 시는 하룻밤과 그 이튿날 낮까지에 걸쳐 '현재-과거 회상-현재'의 시제로 작품이 전개되고 있는데, 제1부는 제1절에서 제27절까지로, 시간적 배경은 현재이고 공간적

이야기 시

배경은 두만강변이다. 내용은 주인공 순이(順伊)가 밀수하러 떠난 남편을 걱정하는 것과, 그 걱정이 이완되면서 옛 사랑의 회상으로 빠져들게 되는 것이다. 제2부는 제28절에서 제57절까지로, 시간적 배경은 과거이고 공간적 배경은 산골 마을이다. 여기서는 순이의 혈통이 밝혀지고, 또 언문을 아는 선비와의 불행한 사랑이 전개된다. 제3부는 제58절에서 제72절까지로, 시간적 배경은 다시 현재가 되고 공간적 배경은 두만강변과 산골 마을이 된다. 순이를 다시 찾아온 언문을 아는 선비가 사랑을 호소하나 이를 거절한다는 것과, 마적의 총에 맞아 죽은 남편의 시신을 고향 산골 마을에 매장한다는 내용이다.30)

　이후 백석의 1936년 시집 『사슴』에 실려 있는 「여승」을 들 수 있다. 이 시는 일제 강점기에 비극적 삶을 살아가는 한 여인의 모습을 형상화하고 있는데, 가난 때문에 가족을 잃고 여승이 되기까지의 일생을 서사적으로 잘 그려 내고 있다. 시의 구성 방식은 역순행적 구성으로 시상을 전개했는데, 1연은 여승의 현재 모습, 2~4연은 여승이 되기까지 여인의 비극적인 삶의 모습을 그렸다. 서사적 구조를 지닌 이 시의 내용은 여인의 남편이 가난 때문에 일거리를 찾아 집을 떠났다. 몇 해를 기다려도 남편이 돌아오지 않자 아내는 어린 딸을 데리고 남편을 찾으러 집을 나선다. 어느 날, 금광까지 찾아온 여인에게서 '나'는 옥수수를 사게 된다. 남편이 집을 나간 지 십 년이 되는 해에 어린 딸은 죽게 되고, 여인은 머리를 깎고 한 많은 속세를 떠나 여승이 된다. '나'는 쓸쓸한 모습의 여승을 다시 만나 서로 인사를 나눈다는 이야기 시이다.

　이 시는 일제 강점기 속에서 한 여인이 겪은 비애감과 한 많은 삶의 모습을 그렸는데, 힘겨운 현실을 살아가던 한 여인이 세속을 떠나 여승이 되기까지의 삶을 보여 줌으로써, 이 작품은 일제 강점기 때 가족들과 헤어지고 고향을 떠날 수밖에 없었던 우리 민족의

---

30) 다음, 『한국 민족 문화대백화사전』

현실적 모습을 드러내고 있다. 1936년 『시인부락』 창간호에 실린 오장환의 「모촌」을 들 수 있다. 이 시는 일제 치하 식민지 현실 속에서 삶의 근거를 잃고 유랑하던 1930년대 농민들의 애환을 그린 작품으로 연과 행의 구분을 무시한 독특한 형태의 '이야기 시' 구조를 취하고 있다. 이와 같은 형식을 취한 시인의 의도는 폐쇄적 공간인 식민지 현실의 구속과 제약으로부터 벗어나고자 하는 소망을 반영한 것으로 볼 수 있다.

1938년 11월에 간행된 이용악의 두 번째 시집 『낡은 집』도 이야기 시다. 이 시는 '낡은 집'이라는 시적 대상의 내력과 그를 둘러싼 사건을 다룬다는 점에서 서사시적 성격을 지니며, 시의 구성은 맨 처음에 현재 상태를 제시하고, 이후 과거로 돌아가서 시간 순서대로 설명을 해나가는 비순차적 구성 방식을 취한다. 서사성을 효과적으로 구현하기 위해 시적 화자가 관찰자의 시점에서 시적 대상에 대한 정보를 전해 주는 방식을 택하고 있다.

1967년 신동엽의 「금강」을 비롯하여 1970년대 서정주의 「질마재 신화」는 이야기 시로 그가 주장하는 '액션'은 이야기로 독자들을 유인하기 위한 전략으로 시적인 리듬이나 이미지와는 다른 서사 양식의 핵심적 요건을 말한다. 오늘날 습작기 시인이나 기존 시인들이 관념의 세계를 벗어나지 못하고 머릿속에서 떠오르는 생각들을 자동 기술하거나 장식적 수사를 동원하여 설명하는데, 시적 리듬이나 이미지를 무시하는 이런 초보적인 시 창작 단계에서 빨리 벗어나기 위한 방편이나 시적인 감수성을 기르기 위한 쉬운 방편으로 이야기 시의 창작법을 익히는 것이 더 효과적이다.

머릿속의 생각을 이야기하지 말고 자신의 경험을 이야기하여 공감으로 이끌어가는 방식이 관념의 세계에서 빨리 벗어나는 위한 방편으로 이야기 시의 창작 방법의 적용이 더 진실을 말함으로써 주관적인 관념의 진술보다는 더 효과적이고 독자들의 공감을 얻을 수 있기 때문이다.

이야기 시

  이야기 시의 서술 방식은 첫째, 발신자가 수신자에게 사연을 전달하는 방법으로 진술한 내면의 이야기를 표현하는 편지체 방식이 있는데, 이에 해당하는 시를 예로 들면, 임화의 「우리 오빠와 화로」, 김해강의 「기리는 그밤」 등이 있다.
  둘째, 시적 화자와 등장인물 간의 대화가 직접적으로 드러나는 경우와 시적 화자의 대화만 드러나면서 사건의 상황을 전달하는 대화체 방식이 있는데 이에 해당하는 시는 고은의 「밤중」, 백석의 「고향」 등이 있다.
  셋째, 이야기를 서술하는 방식에서 가장 보편적인 방법으로 지난 경험을 떠올리며 진술하는 회상체 방식으로 이에 해당하는 시를 예로 들면, 백석의 「여우난골족」, 이용악의 「풀벌레 소리 가득 차 있었다」 등이 있다.
  넷째, 신화, 설화, 민담과 같은 설화를 시적 화자가 청자에게 전달해 주는 형식을 활용한 설화체 방식으로 서정주의 「질마재 신화」 「몽블랑 신화」, 최두석의 「놀부」, 김소월의 「접동새」 등이 있다.
  다섯째, 현실에서 발생한 사건을 소재로 하여 객관적으로 관찰하고 독자에게 메시지를 전달하는 설화체 방식이 있는데, 이에 해당하는 시로는 최두석의 「김영천씨」, 정진규의 「콩국수」 등이 있다.

이야기 시의 특성

  이야기 시가 서정시와 소설과 구별되는 특성은 이야기 시가 서정시와 달리 창작 주체나 화자의 갈등이 담겨 있고, 이야기의 구조를 갖고 있으나 소설과 다른 서술 방식의 차이를 보이며, 이의 차이로 인해 독자의 상상력이 많이 개입되므로 독자들의 흥미를 끌 수 있다. 정서 표현을 위한 다양한 서술 방식을 사용한다는 점이다.

이야기 시의 특성을 화자의 내적 갈등, 서술 방식의 차이, 상상력의 개입, 다양한 서술 방식 등으로 요약해서 정리하면 다음과 같다.

1) 화자의 내적 갈등

　서정시는 시인의 주관적인 정서가 중심이다. 갈등과 사건이 중심이 되는 서사적 성격과는 대조적으로 자연의 아름다움이나 창작 주체가 느낀 충만한 정서를 내면의 언어를 묘사와 진술로 형상화하여 표현하는 것이 일반적이다 그렇지만 이야기 시는 서정시의 정서 중심의 표현과는 달리 창작 주체나 화자의 갈등과 사건이 담겨 있기 마련이다. 이야기 시는 이야기로 진술하므로 대부분의 이야기에는 갈등이 들어 있는 경우가 많다. 자아와 세계의 갈등을 표현한 장르가 소설이라고 볼 때 이야기 시에서의 자아의 갈등은 화소가 중심이 된다.

　　　　　식칼 만들어 자식들 옷가지 사고
　　　　　낫 벼려 쌀 팔고 밤에는 대폿집에서
　　　　　순대와 소주 취해야 하루가 가는
　　　　　파주의 대장장이한테는 입에 달린 허풍이 있다
　　　　　집채만한 도가니를 만들어
　　　　　나라 안의 모든 총과 대포를 잡아넣고
　　　　　삼순예순닷새 펄펄 끓여
　　　　　그걸로 가래를 만드는 거다
　　　　　그래 사람들은 그를 가래라고 놀려댄다지만
　　　　　겨우 파주까지 올라갔다가 돌아서는
　　　　　동강난 경의선 찻간에 나도 꿈을 꾼다
　　　　　차폐물로 골짜기에 숨겨진 탱크와 대포가
　　　　　펄펄 끓는 도가니 속에 들어가
　　　　　벌건 쇳물로 녹는 허황 꿈을 꾼다
　　　　　그 힘으로 기차가 머리를 돌려 냅다

이야기 시

> 신의주를 향해 내달리는 어리석은 꿈을 꾼다
> 병정들의 지친 군홧발자국 소리만큼이나
> 이웃들의 조롱이 두려운
> 경의선 썰렁한 찻간에서
> ― 신경림의 「파주의 대장장이를 만나고 오며」 전문

 1990년 이후 분단 상황이 더 이상 사회적, 정치적 이슈로 부각되지 못하는 상황에서 평화적 통일이 이루어지기를 갈망하는 화자의 내적 갈등이 이야기로 재현된 것이다.
 이야기의 형상화 방식은 서사 장르에서 발견할 수 있는 형상화 방식과는 다르다. 소설의 경우라면, 실제 현실의 문제와 관련된 문학적 형상화 방식은 감정을 배제하고 사실을 구체적, 전형적으로 그려내는 것이 요구된다. 그러나 시의 경우에는 필연적인 사건 전개, 인물의 성격화 등이 배제된다. 등장하는 사건은 우연적이며 단편적이다.31)
 시는 소설에 비해 상상의 영역에 가까우며, 시적 화자의 감정이 노출되는 장르적 특성을 가지고 있다. 현대시에서 이러한 특징이 강화되고 있다.
 설화를 활용하여 서사적인 구성으로 갈등을 노출한 시로 서정주의 『질마재 신화』에 수록된 「신부」의 시를 예로 들 수 있다.

> 신부는 초록 저고리 다홍치마로 겨우 귀밑머리만 풀리운 채 신랑하고 첫날밤을 아직 앉아 있었는데, 신랑이 그만 오줌이 급해져서 냉큼 일어나 달려가는 바람에 옷자락이 문 돌쩌귀에 걸렸습니다. 그것을 신랑은 생각이 또 급해서 제 신부가 음탕해서 그 새를 못 참아서 뒤에서 손으로 잡아당기는 거라고, 그렇게만 알고 뒤도 안 돌아보고 나가 버렸습니다. 문 돌쩌귀에 걸린 옷자락이 찢어진 채로 오줌 누곤 못 쓰겠다며 달아나 버렸습니다.

---
31) 노철, 「현대시에서 이야기 시의 층위와 이야기 시의 형태」, 『한국문학이론과 비평』 제42집, 한국문학이론과 비평학회, 2009, p.83.

그러고 나서 사십년인가 오십년이 지나간 뒤에 뜻밖에 딴 볼일이 생겨 이 신부네 집 옆을 지나가다가 그래도 잠시 궁금해서 신부방 문을 열고 들여다보니 신부는 귀밑머리만 풀린 첫날밤 모양 그대로 초록 저고리 다홍치마로 아직도 고스란히 앉아 있었습니다. 안쓰러운 생각이 들어 그 어깨를 가서 어루만지니 그때서야 매운 재가 되어 폭삭 내려 앉아 버렸습니다. 초록 재와 다홍 재로 내려 앉아 버렸습니다.

― 서정주의 「신부」 전문

　이 시는 현세적 가치를 뛰어넘어 영원한 아름다움으로 승화된 여인의 정절과 한(恨)을 담담하게 노래한 시로 신부의 무한정한 기다림이 나타난다. 한국 여인의 절개를 담담하게 짧은 이야기 시로 제시하여 신비한 느낌을 자아낸다. 그렇지만 「신부」는 시인이 상상력으로 창작해낸 것이 아니라 경북 양양 일월산 황씨 부인 전설을 차용했다. 신랑은 오해로 신부를 버리고 달아났고 달아난 신랑을 40~50년 동안 한자리에 고스란히 기다리다 재로 변한 신부의 이야기다. 비현실적인 이야기이지만 사려 깊지 못한 사람들의 행위나 섣부른 오해, 성급한 판단 등에 대한 일반화와 여성의 수동적인 모습을 담고 있다.

　이러한 설화 형식은 자신의 경험에서 소재를 찾지 못하는 경우 활용할 수 있다. 흔히 알고 있는 전래동화를 활용하여 핵심인 부분을 선택하고 이를 활용하여 이야기 시로 창작할 수 있다.

　이 시는 시집 "질마재 신화"의 맨 첫머리에 실린 작품으로, 한국 여인의 매서운 절개를 짧은 이야기체 형식으로 두 부분으로 엮어 놓은 산문시이다. 전반부는 순간적인 오해로 인해 첫날밤 신부를 버리고 달아난 신랑의 이야기로, 행위의 초점이 신랑에게 맞추어져 있다. 신랑은 옷자락이 돌쩌귀에 걸린 것을 신부가 음탕해서 잡아당기는 것으로 오해하고 갈등하여 달아나 버린다. 신랑의 조급한 성질과 지각없는 판단이 비극의 원인으로 제시되고 있다.

2) 서술 방식의 차이

　이야기 시는 소설처럼 갈등과 사건이 등장하기도 하지만, 소설에서 나타나는 인물, 사건, 배경에 대한 설명이 생략되는 경우가 많다. 서사는 사건의 의미 있는 시간의 흐름을 제시하는 형식이다. 그러나 이야기 시에서는 시간의 흐름은 있지만, 작품 속에서 인물이 어떠한 성격이나 특성을 지닌 채 살아가고 있는가 하는 것을 장황한 설명보다는 실제의 상황이 더 중요하기 때문에 사건의 시작과 진행의 여부보다는 지금까지의 상황에 초점이 맞추어진다. 이처럼 서사의 특성과 맞물리지만, 시인이 하고 싶은 이야기는 대상의 관찰을 통한 장면 제시와 압축적 전개를 통해 충분히 전달될 수 있기 때문이다. 이야기가 시작되었지만 끝나지 않을 수도 있다.

　　　　날로 밤으로
　　　　왕거미 줄치기에 분주한 집
　　　　마을서 흉집이라고 꺼리는 낡은 집
　　　　이 집에 살았다는 백성들은
　　　　대대손손 물려 줄
　　　　은동곳도 산호 관자도 갖지 못했느니라.
　　　　재를 넘어 무곡을 다니던 당나귀
　　　　항구로 가는 콩실이에 늙은 둥글소
　　　　모두 없어진 지 오랜
　　　　외양간엔 아직 초라한 내음새 그윽하다만
　　　　털보네 간 곳은 아무도 모른다.
　　　　찻길이 놓이기 전
　　　　노루 멧되지 족제비 이런 것들이
　　　　앞뒤 산을 마음 놓고 뛰어다니던 시절
　　　　털보의 셋째 아들
　　　　나의 싸리말 동무는
　　　　이 집 안방 짓두광주리 옆에서
　　　　첫울음을 울었다고 한다.
　　　　"털보네는 또 아들을 봤다우

송아지래두 불었으면 팔아나 먹지"
마을 아낙네들은 무심코
차가운 이야기를 가을 냇물에 실어 보냈다는
그날 밤
저릎등(燈)이 시름시름 타들어 가고
소주에 취한 털보의 눈도 일층 붉더란다.
갓주지 이야기와
무거운 전설 가운데서 가난 속에서
나의 동무는 늘 마음 졸이며 자랐다.
당나귀 몰고 간 애비 돌아오지 않는 밤
노랑고양이 울어울어
종시 잠 이루지 못하는 밤이면
어미 분주히 일하는 방앗간 한 구석에서
나의 동무는
도토리의 꿈을 키웠다.
그가 아홉 살 되던 해
사냥개 꿩을 쫓아 다니는 겨울
이 집에 살던 일곱 식솔이
어디론지 사라지고 이튿날 아침
북쪽을 향한 발자국만 눈 위에 떨고 있었다.
더러는 오랑캐령 쪽으로 갔으리라고
더러는 아라사로 갔으리라고
이웃 늙은이들은
모두 무서운 곳을 짚었다.
지금은 아무도 살지 않는 집
마을서 흉집이라고 꺼리는 낡은 집
제철마다 먹음직한 열매
탐스럽게 열던 살구
살구나무도 글거리만 남았길래
꽃피는 철이 와도 가도 뒤울안에
꿀벌 하나 날아들지 않는다.

― 이용악의 「낡은 집」 전문

*은동곳 : 상투를 튼 뒤에 풀어지지 않도록 꽂는 은으로 만든 동곳. *산호 관자 : 망건에 달아 망건 줄을 꿰는 작은 고리. *무곡(貿穀) : 이익을 보려고 곡식을 많이 사들임. *콩실이 : 콩을 싣고 다님. *둥글소 : 황소, 수소. *싸리말 동무 : 어렸을 때 마마를 함께 앓으면서 싸리말을 타고 나왔던 동무, '싸리말'은 싸리로 조그맣게 결어 말처럼 만든 것으로, 마마에 걸린 지 12일 되는 날 역신을 쫓아낼 때 쓴다. 동의어, 배송마(拜送馬). *짓두광주리 : (함경방언) 바늘, 실, 골무 같은 바느질 도구를 담는 그릇. 반짓고리. *저릎등 : 저릎의 표준어인 '겨릅'은 껍질을 벗긴 삼대이다. 저릎등은 삼대를 태워 밝히는 등 *갓주지 : 갓을 쓴 절의 주지 스님. 옛날 아이들을 달래거나 울음을 그치게 할 때 갓주지에 관한 이야기를 즐겨 했음. *아라사(俄羅斯) : 러시아의 음차, 아국(俄國). *글거리 : (함경남도 방언) 그루터기

이용악의 「낡은 집」은 어른들로부터 화자가 전해 들은 이야기를 진술한 부분과 화자의 정서를 담은 부분으로 구성되어 있다. '낡은 집'은 몰락해 가는 한 가족이자 민족의 삶을 비유하고 있다. 화자의 친구인 '털보의 셋째 아들'의 성장 과정을 중심으로 그 가족이 몰락해 가는 과정을 사실적으로 그려 놓고 있다. 이처럼 털보네 가족의 몰락은 일제 강점기 조선 농촌의 해체 과정을 대변한다고 할 수 있다.
  우리가 관심을 갖는 부분은 털보네 가족에 대한 자세한 설명보다는 인물들의 대화나 행동을 통해서 당시의 시대적 삶을 드러내 보여 주고 있고, 고향을 등지고 북쪽으로 떠나가는 과정도 한 장면으로 제시된다. 발단, 전개, 위기, 절정, 결말의 소설 구성이 아닐지라도 독자는 이야기의 내용을 이해할 수 있고, 작가의 정서를 이해할 수 있게 된다.

3) 상상력의 개입

서사의 기본 구조는 대립·갈등이다. 따라서 대립·갈등의 지속되는 시간의 길이에 따라 많은 시간, 공간 속에 놓인 인물의 내면세계를

다루게 된다. 따라서 이처럼 이야기 형태 시는 실질적으로 경험보다 갈등이 더 강하게 표현되어야 한다. 그러기 위해 시인은 자신의 정서 경험 사실을 있는 그대로 기술하기보다는, 허구 장치를 본능으로 동원하여 보다 극적으로 이야기하게 된다. 이 지점부터 사실이나 경험의 기록을 넘어서는, 문제·갈등·주제에 걸맞은 허구 쓰기 서사 창작이 가능해진다.32)

비교적 이야기 시는 소설과 비교해서 독자의 상상력이 많이 개입된다. 서술 방식에서 소설 요소는 생략하는 것이 일반적이다. 겉으로 드러나지 않은 부분은 서정시에서 사용되는 압축, 함축의 시어와 유사한 기능을 하게 된다.

> 징이 울린다. 막이 내렸다.
> 오동 나무에 전등이 매어 달린 가설 무대
> 구경꾼이 돌아가고 난 텅빈 운동장
> 우리는 분이 얼룩진 얼굴로
> 학교앞 소줏집에 몰려 술을 마신다.
> 답답하고 고달프게 사는 것이 원통하다.
> 꽹과리를 앞장세워 장거리로 나서면
> 따라붙어 악을 쓰는 건 쪼무래기들뿐
> 처녀애들을 기름집 담벽에 붙어 서서
> 철없이 킬킬대는구나.
> 보름달은 밝아 어떤 녀석은
> 꺽정이처럼 울부짖고 또 어떤 녀석은
> 서림이처럼 해해대지만 이까짓
> 산구석에 처박혀 발버둥친들 무엇하랴
> 비료값도 안 나오는 농사 따위야
> 아예 여편네에게나 맡겨 두고
> 쇠전을 거쳐 도수장 앞에 와돌 때
> 우리는 점점 신명이 난다.
> 한 다리를 돌고 날나리나 불거나

---

32) 오규원, 『시작법』, 문학과 지성사, 1990.

이야기 시

고갯짓을 하고 어깨를 흔들거나.
― 신경림의 「농무」 전문

1970년대 초반 산업화로 파괴되어 가는 농촌 공동체의 모습을 그들의 놀이인 농무를 통해 바라보고 있는 시이다. 사회적 현실의 변화로 이미 공동체적 분위기는 사라져 가고, 피폐해진 농촌의 현실로 인해 신명나지 않는 농촌 생활과 이를 안타깝게 지켜보는 농민들의 모습을 사실적, 객관적으로 형상화하고 있다. 신경림의 대표작이기도 한 「농무」는 절망을 극복하려는 몸짓이며, 현실에 대한 비판과 저항 의식을 표출했다.

4) 다양한 서술 방식

이야기 시는 사건 전달을 통한 감정을 표현하기 때문에 서정시와는 다르게 다양한 서술 방식을 적용한다. 서술 방식으로 시간 역행 구성, 액자식 구성, 편지체, 대화체, 묘사, 쉬운 어휘의 선택의 방법 등을 적용한다. 그래서 독자는 소설을 읽는 것으로 착각할 만큼 작품에 몰입된다. 그것은 마치 옆에서 보조자가 사건을 전달해 주는 느낌을 갖게 된다.

이번 구정엔 틀림없이 에미 보러 온다기에
에미는 동네마다 옷장사를 나갔는데
오는 시장바닥을 떠돌면서 기다렸는데
연탄가스에 중독되어 네가 먼 가다니
― 정호승의 「마지막 편지」 일부

위의 시의 화자인 어머니께서 돈 벌러 다니는데, 연탄가스로 죽은 딸 순이를 청자로 하여 쓴 편지의 내용이다. 사건의 중심은 순이의 죽음이다. 시적 화자인 어머니는 딸의 죽음 소식을 듣고 망연자실한다. 이런 상황에 처한 딸을 잃은 어머니의 통한을 진술하고 있다. 이때 시인은 편지의 방식을 활용하여 시적 화자의 슬픈 정서 경험을 부각시키고 있다.

 이야기 시는 대체적으로 다른 시보다 흥미가 있어 쉽게 이해가 되는 시이지만, 독자에게 등장인물의 당면한 상황을 통해 공감을 얻을 수 있기 때문에 시가 될 수 있는 것이다.

이야기 시의 감상

삼베 두 조각

나희덕

내리는 아침
할머니는 손수 지어놓으신 수의로 갈아입으셨다
수의는 1978년 7월 15일자 신문지에 싸여 있었다
수의를 지어놓고도 이십년을 더 사신 할머니는
백살이 가까운 어느 겨울날이 되어서야
연둣빛을 군데군데 넣어 만든 그 수의를
벽장 속에 숨겨둔 날개옷처럼 차려 입으신 것이다
그런데 아무리 찾아도 버선이 보이지 않았다
이상도 허지, 그것을 안 맨들 양반이 아닌디 아닌디……
어리등절해하는 사람들을 향해
할머니의 두 입술은 설핏 웃는 듯도 하였다
상자 속에는 버선 대신 삼베 두 조각이 들어 있어서
그걸로 잘 마른 장작 같은 두 발을 싸드렸다
삼베 두 조각을 두고
할머니는 왜 끝내 버선을 만들지 않으셨을까
1978년 7월 15일자 신문지에 싸여 있던

이야기 시

수의 한벌과 삼베 두 조각으로 따뜻하게 여며 입고
할머니는 1998년 1월 19일 아침
흰눈이 내리는 새로운 집으로 걸어들어 가셨다

국어선생은 달팽이
함기석

당나귀 도마뱀 염소, 자 모두 따라 해!
선생이 칠판에 적으며 큰 소리로 읽는다
배추머리 소년이 손을 든 채 묻는다
염소를 선생이라 부르면 왜 안되는 거예요?
선생은 소년의 손바닥을 때리며 닦아 세운다
창 밖 잔디밭에서 새끼염소가 소리친다
국어선생은 당나귀
국어선생은 도마뱀
염소는 뒷문을 통해 몰래 교실로 들어간다.
선생이 정신없이 칠판에 쓰며 중얼거리는 사이
염소는 아이들을 끌고 운동장으로 도망친다
아이들이 일렬로 염소 꼬리를 잡고 행진하는 동안
국어선생은 칠면조
국어선생은 사마귀
선생이 창문을 활짝 열어젖히며 소리친다
당장 교실로 들어오지 못해? 이 망할 놈들!
아이들은 깔깔대며 더욱 큰 소리로 외쳐댄다
국어선생은 주전자
국어선생은 철봉대
염소는 손목시계를 풀어 하늘 높이 던져버린다
왜 시계를 던지는 거야? 배추머리가 묻는다
저기 봐, 시간이 날아가는 게 보이지?
아이들은 일제히 시계를 벗어 공중으로 집어 던진다
갑자기 아이들에게

오전 10시는 오후 4시가 된다
아이들은 기뻐하며 집으로 돌아가기 시작한다
선생이 씩씩거리며 운동장으로 뛰쳐나온다
그사이, 운동장은 하늘이 되고
시계는 새가 된다
바람은 의자가 되고
나무들은 자동차가 된다
국어선생은 달팽이!
국어선생은 달팽이!
하늘엔 수십 개의 의자가 떠다니고
구름 위로 채칵채칵 새들이 날아오른다
구름은 아이들 눈 속으로도 흐르고
바람은 힘껏
국어책과 선생을 하늘 꼭대기로 날려보낸다.

그날

이성복

그날 아버지는 일곱시 기차를 타고 금촌으로 떠났고
여동생은 아홉시에 학교로 갔다 그날 어머니의 낡은
다리는 퉁퉁 부어올랐고 나는 신문사로 가서 하루 종일
노닥거렸다 전방(前方)은 무사했고 세상은 완벽했다 없는 것이
없었다 그날 역전(驛前)에는 대낮부터 창녀들이 서성거렸고
몇 년 후에 창녀가 될 애들은 집일을 도우거나 어린
동생을 돌보았다 그날 아버지는 미수금(未收金) 회수 관계로
사장과 다투었고 여동생은 애인과 함께 음악회를 갔다
그날 퇴근길에 나는 부츠 신은 멋진 여자를 보았고
사람이 사람을 사랑하면 죽일 수도 있을 거라고 생각했다
그날 태연한 나무들 위로 날아오르는 것은 다 새가
아니었다 나는 보았다 잔디밭 잡초 뽑는 여인들이 자기
삶까지 솎아내는 것을 집 허무는 사내들이 자기 하늘까지

이야기 시

무너뜨리는 것을 나는 보았다 새점(占) 치는 노인과 변통(便通)의
다정함을 그날 몇 건의 교통사고로 몇 사람이
죽었고 그날 시내 술집과 여관은 여전히 붐볐지만
아무도 그날의 신음 소리를 듣지 못했다
모두 병들었는데 아무도 아프지 않았다

  이야기 시는 주관적인 관념의 세계에서 벗어나지 못하고 머릿속에서 생각한 잡다한 생각들을 기술하는 습작 초기 시를 쓰는 사람에게 관념을 벗어나 실제 정서 경험을 진술하는 시 창작 습관을 형성하는데 효과적이다. 칠정(七情)인 희노애락오욕애(喜怒哀樂惡慾愛)의 정서 경험을 전달하기 위해서 시적 대상이 되는 객관적 상관물을 통해 형상화하여 감각적으로 표현해야 좋은 시가 된다. 시는 깊은 철학적 사유나 학문적 지식이나 과학적인 지식을 요구하지 않는다. 자신의 정서 경험을 객관적 상관물로 표현하여 자신과 동일한 느낌을 독자에게 환기시키면 된다.
  오늘날 포스트모더니즘적인 현대시에서 독자들이 쉽게 이해하고 흥미 있게 읽을 수 있는 시로 이야기 시를 창작해 보는 것도 습작기에 있는 사람이나 관념의 늪에서 벗어나지 못한 시인들의 시창작 방법을 교정하는데 이야기 시의 창작 방법은 효과적인 대안이 될 수 있을 것이다.

제2장 시인들의 시 창작

고양이를 소재로

— 이장희의 「봄은 고양이로다」와
황인숙의 「나는 고양이로 태어나리로다」를 중심으로

　고양이는 애완동물로 옛날부터 현재까지 가정에서 많이 기르고 있다. 옛날에 농본 사회에서는 곡식을 축내는 쥐들을 잡기 위해 곡식 창고나 쌀가게에서 고양이를 기르는 일이 많았다. 최근에는 쥐를 잡기 위한 목적이 아니라 애완동물로 기르고 있고, 기르다가 집을 나간 고양이가 밤마다 도시 주변 아파트의 쓰레기장을 배회하며 음식 쓰레기봉투를 물어뜯고 난장판을 만들어 놓는가 하면, 말려 놓은 생선을 도둑질하거나, 밤마다 괴성을 지르는 바람에 공공의 적이 되고 있다. 따라서 어떤 지자제는 길고양이 퇴치 운동을 벌이는 곳까지 있을 정도다.
　반면 고양이는 예로부터 문인, 화가 등 예술인들의 작품 소재로 많이 등장했다. 특히 고양이 소재의 문학 작품을 예로 들면, 보들레르가 근대인의 복잡한 심리를 감각적으로 형상화하여 고양이의 양면적 모순된 미의식을 추구한 시 「고양이」, 나쓰메 소세키가 고양이의 눈에 비친 인간의 어리석음과 지식인들의 이중적인 속물근성을 우스꽝스럽고 날카롭게 풍자한 장편 소설 「나는 고양이로소이다」, 19세기 미국의 낭만주의를 대표하는 에드가 앨런 포우(Edgar Allan Poe, 1809~1849)의 추리 소설 「검은 고양이」 등이 있다.
　우리나라 시에서 고양이 소재는 어떻게 형상화되었는지 이장희의 「봄은 고양이로다」와 황인숙의 「나는 고양이로 태어나리로다」를 중심으로 고양이 소재의 시적 형상화 방법에 대해 검토해 보기로 한다.

고양이를 시로

 1) 고양이의 상징성

　고양이는 행운보다는 불행을 상징하는 동물이다. 고대인들은 신은 태양을 창조했고, 악마는 달을 만들었으며, 태양이 비추는 낮은 선한 것, 달과 밤은 악한 것이라는 단순한 사고에서 야행성인 고양이는 불행과 어둠을 상징하는 동물로 많은 예술 작품에 등장했다.
　공포 영화나 드라마에서 악령이나 귀신이 등장할 때 검은 고양이를 등장하여 악행이 일어날 것은 암시하는 공포 분위기를 조성하였다. 어둠 속에 비추는 고양이의 파란 눈과 울음소리는 공포 분위기를 조성하는 데 적합한 캐릭터였다.
　이같이 대부분의 나라에서는 고양이는 불행을 상징하는 동물이지만, 일본에서 마케키네코(招き猫, まねきねこ)는 행운을 상징하기도 한다. 마네키네코는 앞발로 사람을 부르는 형태를 한 고양이 장식물인데, 길조를 부르는 물건의 일종으로 주로 상가 등에 장식해서 번창을 기원한다.
　오른쪽 앞발을 들고 있는 고양이는 돈을 부르고, 왼쪽 앞발을 들고 있는 고양이는 손님을 부른다고 한다. 때로 양손을 들고 있는 것도 있다. 마네키네코는 삼색 고양이(흰색, 검은색, 갈색)가 일반적이지만, 근래에는 금색, 흑색도 있다. 복을 부르는 물건의 일종이기 때문에 정월에 새로 만드는 가정도 많고, 신사 주위의 가판대에서 판매하는 경우도 많다. 또, 시장이 발달한 곳에는 마네키네코 전문점도 있고, 크고 작은 수많은 마네키네코를 보유한 가게도 있다.
　명산지인 군마현 타카사키 시 근교에서는 다른 특산품인 달마와 함께 대형의 일본지를 붙여 만드는 제조법으로 생산하고 있다. 그 외에 도자기로 된 것도 있으며, 근래에는 플라스틱 제품도 등장해서 지금도 많은 수의 마네키네코가 유통되고 있다.

2) 고양이와 인간과의 관계

고양이는 기원에 관해《민족문화대백과사전》에 의하면, 약 5,000년 전 아프리카 리비아 지방의 야생 고양이가 고대 이집트인에 의하여 순화, 사육되어 점차 세계 각지로 퍼졌다고 한다. 우리나라에는 대체로 10세기 이전에 중국과 내왕하는 과정에서 들어온 것으로 추측된다.

우리의 옛 조상들은 짐승들 가운데 소를 양성(陽性), 고양이를 음성(陰性) 등으로 파악하는 습성이 있었다. 생리적으로 고양이의 눈동자는 어두운 밤에 달처럼 둥글게 되고 밝은 낮에는 가늘어진다. 밤과 달은 음이며, 야행성인 고양이도 음성으로 보았다.

여성도 음성이므로 우리의 선조들은 음험하고 앙칼진 것으로 대변되는 고양이의 기질을 여인과 동질적인 것으로 보았다. 옛 선조들은 속에 음침한 마음을 가지며, 겉으로는 유들유들한 행실을 일컬어 묘유(貓柔)라고 하였고, 여인의 부드럽고 달콤한 음성, 즉 미성(媚聲)을 묘무성(貓撫聲)이라 하였다.

동서양을 막론하고 고양이는 주술적인 동물로 여겨져 왔다. 우리 조상들은 주술을 이용하여 사람을 저주할 수 있다고 생각하였고, 그 저주의 수단으로 고양이를 가장 많이 이용하였다. 고양이의 다리나 간을 땅에 묻고 저주를 하면 원한이 있는 사람의 다리나 간에 병이 생겨 죽게 된다고 생각하였다. 또, 도둑질한 범인을 찾거나 보복하려는 범인점을 칠 때도 주술을 전해 주는 매개체로서 고양이를 이용하였는데, 고양이를 불에 찌는 방법으로 범인점을 치는 저주 기속(奇俗)이 전해지고 있다. 즉, 경기도에서는 도난을 당하였을 때 절에서 얻어온 기름을 고양이에게 칠하여 산 채로 태우면 범인이 불구자가 된다는 얘기가 있다.

　고양이는 옛날부터 사람들과 사람에게 해를 끼치는 쥐를 잡아 주는 실용적인 동물로 길러 왔다. 그래서 고양이의 습성을 인간과 비교한 속담들이 많다. 검은 고양이 눈감듯 한다(검은 고양이가 눈을 뜨나 감으나 잘 알아보지 못하듯이 어떠한 일에 사리를 분별하기가 매우 어렵다는 뜻). 고양이가 발톱을 감춘다(재주 있는 사람은 그 능력을 깊이 감추고 드러내지 않는다는 뜻). 고양이 만난 쥐다(상대의 위엄에 눌러 무서움에 꼼짝 못 한다는 뜻). 개는 사람을 따르고 고양이는 집을 따른다(고양이는 영역을 지키기 때문에 이사 가기를 싫어한다. 세력 범위를 냄새로 맡아 나타내므로 낯선 곳으로 이사를 가면, 집을 나가 길고양이가 되기 쉽다). 고양이가 세수하면 비가 온다(고양이는 얼굴을 씻을 때 주로 수염과 눈썹을 씻어 촉모를 민감하게 해 둔다. 저기압 상태가 되면 수염이 달라붙기 때문에 비가 오기 전에 수염을 씻는다. 번개가 치거나 심한 비바람을 예견하고 불안감을 느낀 고양이가 세수한다고 한다). 고양이는 부자가 환생한 것(고양이가 잠만 자고 게으르다는 것을 비유).

　고양이는 오징어를 먹으면 허리가 삔다. 고양이가 조개를 먹으면 귀가 떨어진다. 고양이를 죽이면 7대가 벌을 받는다. 고양이 목에 방울 단다. 고양이 세수하듯 한다. 고양이 보고 반찬 가게 지키라는 격이다. 고양이 앞에 쥐걸음이다. 고양이 앞에 쥐. 고양이 죽은 데 쥐 눈물만큼. 고양이 얼굴에 세 번. 고양이 더위는 한여름 3일 뿐. 고양이의 똥. 고양이에게 동전, 고양이에게 돌부처. 그냥 고양이, 자는 고양이, 우는 고양이. 집안 고양이. 이층 고양이. 배부른 고양이는 쥐를 잡지 않는다. 밤이 되면 고양이도 집으로 돌아온다. 반찬 먹은 고양이 잡아들이듯 한다. 반찬단지에 고양이 발 드나들 듯하다. 고양이한테 반찬 단지 맡긴 격이다. 고양이 낯짝만 하다. 고양이 쥐 생각. 고양이 간 골에 쥐 죽은 듯, 고양이 개 보듯. 고양이

고양이를 소재로

고막 조개 보기. 고양이 기름 종지 노리듯. 고양이 낙태한 상. 고양이 달걀 굴리듯. 고양이 덕과 며느리 덕은 알지 못한다. 고양이 덕은 알고 며느리 덕은 알지 못한다. 고양이 도장에 든 것 같다. 고양이 똥도 약에 쓰려면 없다. 고양이 발에 덕석. 고양이 밥 먹듯 하다. 고양이 버릇이 괘씸하다. 고양이 벽장에 든 것 같다. 고양이 소대가리 맡은 격. 고양이 수파 쓴 것 같다. 고양이 우산 쓴 격. 고양이 쥐 노리듯. 고양이 쥐 사정 보듯. 고양이 쥐 어르듯. 고양이 쫓던 개. 고양이 털 낸다. 고양이가 반찬 맛을 알면 도적질을 하지 않고 견디지 못한다. 고양이가 알 낳을 노릇이다. 고양이가 얼굴은 좁아도 부끄러워할 줄은 안다. 고양이가 쥐를 마다한다. 등 고양이 생태에 대한 비유의 대부분이 고양이에 대한 부정적인 개념 은유로 인간을 비유하고 있다.

　독일의 작가 악셀(Axel)은 그의 저서 『고양이』에서 다음과 같이 말하고 있다.

　"인간은 다른 모든 창조물에 대해 자신의 안전을 지키면서 동시에 자신의 존재를 더욱 높였다. 처음에는 사냥을 돕는 개와 말을 이야기하기 시작했다. 나중에 가서는 먹이와 몸에 걸칠 것을 얻기 위해 직접 나서서 투쟁하는 대신에 그런 것들을 부지런히 생산하는 동물들을 헛간에 사육하면서 열심히 일하고 순종하게 하는 것이 더 편했다. 그래서 소, 양, 닭, 돼지는 인간의 살아 있는 먹이 창고가 되었다. 이렇게 오랫동안 짐을 운반하고, 사냥하고, 집을 지키고, 우유와 모피와 달걀을 제공해 주는 동물들을 키운 후에 마지막에야 우리 인간과 함께 지내는 동물로 고양이가 등장했다."[33]

　고양이는 인간과 관계를 맺으면서도 일정한 거리를 두었다. 항상 야생적인 본능으로 독립성을 스스로가 지키기 위해 전적으로 인간에 의지하지 않는 동반자의 자세를 취해 온 동물이다. 자기 기분 내키는 대로 행동하다가 자신이 바라는 것을 사람들이 충족시켜 주어서

---
[33] 데틀레프 블룸, 『고양이 문화사 : 작은 발이 걸어간 길을 찾아서』, 들녘, 2008, p.22.

야 관심을 두는 등 버릇없는 동물로 생각이 들기도 한다.
  이집트인들은 오래전부터 고양이를 신성시하였고, 로마 시대에는 쥐 잡은 실용적인 도구로 이용되었다. 기독교 문화에서 고양이는 배척의 대상이었다. 중세 14세기 르네상스 이후 고양이의 독자성과 비타협적인 특성으로 인해 예술가들의 사랑을 받기 시작했고, 많은 예술품의 제작 소재가 되었고 오늘날에도 그림, 조각, 연극, 영화. 드라마, 시, 소설 등 예술 전반에 걸쳐서 고양이 소재가 등장하고 현대인 삶을 풍자하거나 알레고리로 활용하고 있다.

3) 고양이 소재의 시적 형상화

① 이장희의 「봄은 고양이로다」 시적 형상화

  이장희의 「봄은 고양이로다」는 시제부터 은유이다. 1920년대 감상주의적인 시단의 흐름에서 시적 대상을 감각적으로 은유하여 표현했다는 점은 그의 시는 비평가들의 관심을 끌기에 충분하다. 봄을 고양이라는 시적 대상으로 비유한 상상력이 돋보인다. 봄과 고양이의 동질성은 따뜻한 햇살, 졸음이 오는 특성에서 찾을 수 있다. 고양이는 따뜻한 햇볕에서 잠을 자는 봄의 풍경과 견주어 볼 때 봄과 고양이의 동질적인 이미지가 연상된다.

      꽃가루와 같이 부드러운 고양이의 털에
      고운 봄의 향기가 어리우도다

      금방울과 같이 호동그란 고양이의 눈에
      미친 봄의 불길이 흐르도다

      고요히 다물은 고양이의 입술에
      포근한 봄 졸음이 떠돌아라

고양이를 소재로

> 날카롭게 쭉 뻗은 고양이의 수염에
> 푸른 봄의 생기가 뛰놀아라
>
> ― 이장희의 「봄은 고양이로다」 전문

고양이를 세밀하게 관찰하고 고양이의 특징을 잘 보여 주는 신체 부위 즉, '털', '눈', '입술', '수염'에 각각 봄과 유사한 이미지들을 끌어와 결합하여 봄의 '향기', '불길', '졸음', '생기'로 표현했다. 그리고 각 연의 끝부분을 '~도다', '~아라' 등의 반복적인 영탄조 어미로 종결지음으로써 음악적 효과도 살려 냈다.34)

이 시는 보들레르의 고양이를 소재한 3편의 시에서 고양이를 관능적인 여인과 결합한 발상법을 적용한 시라고 할 수 있다. 시의 짜임을 보면, 1, 2연과 3, 4연이 각각 유사한 통사 구조로 이루어졌고, 음수율도 거의 동일하나 그 이미지는 1, 3연이 여성적인 정적 이미지라면, 2, 4연은 거칠고 야성적인 동적 이미지로 서로 대조적이라는 점이다.

1연에서는 '고양이의 털'을 통해 봄의 부드러운 촉감을 감각적으로 그려 냈고, 거기다가 '고양이의 털'에 '고운 봄의 향기'가 어리운다는 후각적인 이미지를 결합하여 '고양이의 털'을 촉각과 후각을 동원한 공감각적인 이미지로 시각화하여 구체화시켜 형상화하였다. 특히 '고양이의 털'이라는 동물적인 이미지를 식물적인 이미지인 '꽃가루'와 동일시하여 '고양이의 털―꽃가루―향기'의 동식물의 영역 이미지가 '동물―식물―공기'로 통일된 시적 공간으로 형상화해 놓고 있다. '고양이의 털'의 부드러운 촉감을 느낄 수 있는 동물적인 이미지와 '꽃가루'의 부드러운 촉감이라는 식물의 이미지가 모순적으로 대립하면서도 '부드럽다'는 촉감의 공통점으로 서로 결합되고 있다는 점이다.

---

34) 김윤자, 「이장희 시 고찰-형식주의적 접근을 중심으로」, 동국대학교 석사학위논문, 2005. p.36.

2연에서는 '고양이의 눈'을 직유적인 표현으로 금방울로 미화시켰고, '미친 봄의 불길'로 관능적인 이미지로 형상화했다. 여기에서 '고양이의 눈'이라는 동물적 이미지에서 금방울이라는 광물적인 이미지와 이질적인 결합을 해 놓았으나 '고양이의 눈'과 '금방울'이 '동그랗다'는 모양의 유사성에 의해 결합되고 있다. 즉, '고양이의 눈―금방울―불길'의 경계가 해체되어 '동물―광물―공기'로 하나의 세계로 통일되고 있다. 또한, 3연에서는 '고양이의 입술'을 통해 '포근한 봄'의 노곤한 권태감과 졸음으로 형상화하고 있다. 우리가 졸음이 올 때 하품을 하게 된다. 그리고 잠이 들었을 때 침을 흘리기도 한다. 권태감과 졸음을 체험을 통해 생생하게 '고양이의 입술'에서 발견하여 형상화했다. 그리고 4연에서는 고양이가 수염을 빳빳하게 세우고 있는 모습을 통해서 '푸른 봄의 생기'를 시각적으로 형상화하는 등 오관을 통해 감각적으로 봄을 형상화해 놓고 있다.

3연에서 졸음을 눈에서 발견되는 것이 아니라 신체 부위가 해체되어 졸음을 입술에서 발견하고 '봄 졸음'을 입술을 다물고 있는 고양이의 활동 모습을 통해 '떠돌아라'라는 활동 양태로 구체적으로 시각화시켜 놓았다. 따라서 '고양이 입술―봄 졸음'은 활동을 통해 동일성을 획득하게 되고, 4연의 '고양이 수염―봄의 생기'로 하나로 통일되게 된다.

1연에서 '고양이의 털에/ 고운 봄의 향기가 어리우도다'에서 하강 이미지, 2연에서 '고양이의 눈에/ 미친 봄의 불길이 흐르도다.'에서 상승 이미지, 3연에서 '고양이의 입술에/ 포근한 봄 졸음이 떠돌아라.'와 4연의 '고양이의 수염에/ 푸른 봄의 생기가 뛰놀아라'.라는 수평적 역동 이미지 등 '하강 이미지―상승 이미지―수평적 역동적 이미지'로 시가 구성되어 있음을 알 수 있다.

이처럼 이원적 대립 구조로 봄의 현실을 통해 내면세계의 객관적인 성찰을 명징하게 감각화 시켜 형상화하고 있다는 점이 그의 시의 특징이라고 할 수 있다.

② 황인숙의 「나는 고양이로 태어나리로다」 시적 형상화

황인숙의 고양이를 소재로 시 「나는 고양이로 태어나리로다」라는 1984년 경향신문 신춘문예 당선 시이다. 첫 시구인 '이다음에 나는 고양이로 태어나리라.'라고 불교의 윤회설을 가정한 상황을 전제로 하고, 독백적 진술로 형상화한 시다. 윤회설은 모든 생명 있는 것은 자신이 지은 업보에 따라 지옥(地獄), 아귀(餓鬼), 축생(畜生), 아수라(阿修羅), 인간(人間), 천상(天上)의 육도(六道), 혹은 육취(六趣)에서의 삶과 죽음을 반복한다는 불교의 교리이나 이러한 윤회설을 가정하고 고양이의 생태 특성과 대조적인 비일상적인 행동을 일상적인 행동으로 실천하겠다는 상상력을 펼치고 있다.

우선 색깔 이미지를 보면 "까망 얼룩 고양이로 태어나리라."로 가정하고, '까망 얼룩'과 유사한 이미지인 '까치', '들쥐', '참새' 등의 동물을 등장시킨다. '까치'와 '참새'는 우리가 사는 생활 주변에서 흔히 볼 수 있는 동물로 '까망 얼룩'의 이미지가 있는 조류이며, '들쥐'는 고양이의 천적이다. '공처럼 둥글릴 줄 아는/ 작은 고양이'는 귀엽고 깜찍한 장난기가 있는 동물을 뜻한다. 고양이가 하는 일은 툇마루에서 졸거나 사기그릇의 우유를 핥아 먹는 새끼 고양이의 특성과는 정반대의 행동을 하겠다고 다짐한다.

당시 경향신문 신춘문예 심사 위원이었던 박희진, 박이도는 이 시에 대해 "……당선작이 지니는 무장식성은 차라리 하나의 매력으로 돋보인다. 그것이 한갓 평범한 진술로서 그치지 아니한 건 그 진솔한 짜임새에 걸맞게 잘도 통제된 감정의 사이사이 빛나는 유머 감각 때문이다. 시의 재미를 작자는 나름대로 터득하고 있다."라고 '유머 감각과 진솔한 짜임새'가 돋보이는 시라고 심사평을 썼다.

고양이가 들쥐도 잡지 않고 들쥐와 뛰어 놀고 배가 고프면 참새 떼를 덮치다가 그들이 달아나면 '아하하하/ 폴짝폴짝 뒤따르리라.'라는 유머 넘치는 장난, 꼬마 참새는 잡지 않고 놀래 주고 큰 참새를 잡겠다는 의지를 밝힌다. 이는 식욕을 채우는 본능적인 욕구보다는 들쥐와 참새와 장난을 하며 놀이를 하겠다는 비일상적인 행동을 다짐하고 있다. 들판에 홀로 남아돌아가지 않고 '어둠을 핥으며 낟가리를 찾으리라./ 그 속은 아늑하고 짚단 냄새 훈훈하겠지./ 훌쩍 뛰어올라 깊이 웅크리리라.'라는 빈 들판에서 짚단 냄새를 맡고, 낟가리 위로 "훌쩍 뛰어올라 깊이 웅크리리라."라고 다짐한다.

  모두 동적인 이미지로 구성되어 있다. '사뿐사뿐' 뛰고, '가시덤풀 속을 누벼누벼/ 너른 들판으로 나가'고, 들쥐와 뛰어 놀고, 살금살금 참새 떼를 덮치고, 앞발로 툭 건드려 놀래 주고, 낟가리 위로 훌쩍 뛰어올라 깊이 웅크리며, '놓친 참새를 쫓아/ 밝은 들판을 내닫는 꿈을.' 꾸며 살겠다는 고양이의 야생적인 특성을 희화화하고 있다. 다른 동물을 잡아먹겠다는 것보다는 비록 굶는 일이 있더라도 자기 영역을 지키고 독립성을 지키겠다는 시인의 내면세계를 고양이를 통해 형상화하고 있다.

    이 다음에 나는 고양이로 태어나리라.
    윤기 잘잘 흐르는 까망 얼룩 고양이로
    태어나리라.
    사뿐사뿐 뛸 때면 커다란 까치 같고
    공처럼 둥글릴 줄도 아는
    작은 고양이로 태어나리라.
    나는 툇마루에서 졸지 않으리라.
    사기그릇의 우유도 핥지 않으리라.
    가시덤풀 속을 누벼누벼
    너른 들판으로 나가리라.
    거기서 들쥐와 뛰어 놀리라.
    배가 고프면 살금살금
    참새떼를 덮치리라.
    그들은 놀라 후다닥 달아나겠지.
    아하하하
    폴짝폴짝 뒤따르리라.
    꼬마 참새는 잡지 않으리라.

고양이를 소재로

할딱거리는 고놈을 앞발로 툭 건드려
놀래주기만 하리라.
그리고 곧장 내달아
제일 큰 참새를 잡으리라.
이윽고 해는 기울어
바람은 스산해지겠지.
들쥐도 참새도 가버리고
어두운 벌판에 홀로 남겠지.
나는 돌아가지 않으리라.
어둠을 핥으며 낟가리를 찾으리라.
그 속은 아늑하고 짚단 냄새 훈훈하겠지.
훌쩍 뛰어올라 깊이 웅크리리라.
내 잠자리는 달빛을 받아
은은히 빛나겠지.
혹은 거센 바람과 함께 찬 비가
빈 벌판을 쏘다닐지도 모르지.
그래도 난 털끝 하나 적시지 않을걸.
나는 꿈을 꾸리라.
놓친 참새를 쫓아
밝은 들판을 내닫는 꿈을.

― 황인숙의 「나는 고양이로 태어나리로다」 전문

먹고 살기 위한 본능에 집착한 나머지 고양이가 추구하는 독립적인 특성을 살리고, 본능적인 욕구를 절제하며 본능적인 욕구를 유머스럽게 자신이 싶은 꿈을 좇아 황량한 들판이라는 공간을 독차지하며 자신의 꿈을 실현하겠다는 의지를 윤회설의 다음 생을 가정하여 청빈낙도의 선비정신을 구현하겠다고 화자는 말하고 있다. 청빈낙도 선비 정신의 다음 생은 미래의 생이지만 바로 과거 우리나라 선비들이 살아왔던 삶의 방식이었다. 결국, 황인숙은 「나는 고양이로 태어나리로다」를 통해 미래의 삶을 과거의 삶으로 대체시켜 현재―미래―과거로 이어지는 윤회설을 뒷받침하고 있는 시적인 구조로 형상화하여 진술하여 폭력적인 현실에서 벗어나고자 하는 내면 의식을 표출해내고 있다.

 이장희의 「봄은 고양이로다」와 황인숙의 「나는 고양이로 태어나리로다」는 소재가 고양이일 뿐 전혀 다른 각도에서 형상화된 시이다. 이장희의 「봄은 고양이로다」가 1920년대 감상적인 시단 풍토에서 경이적인 발상으로 봄의 특성을 고양이의 생태 특성과 비유하여 형상화하여 고양이 속에서 봄이, 봄 속에서 고양이가 조화롭게 융합되는 모습과 함께 그들이 생생하게 살아 움직이는 것으로 이원적 대립 구조로 봄의 현실을 통해 내면세계의 객관적인 성찰을 보였다면, 황인숙의 「나는 고양이로 태어나리로다」는 1980년대 광주 민주 항쟁의 폭력적 상황을 경험한 세대들의 상실감과 공허감을 윤회설을 바탕으로 상징적으로 형상화하여 독백적 진술로 풀어낸 시라고 할 수 있다.

 두 시가 불운한 현실적인 상황을 배경으로 하고 있고 일제 강점기 이장희는 봄이 고양이처럼 감각적으로 피부로 오기를 바라는 희망을 노래했다면, 황인숙의 「나는 고양이로 태어나리로다」는 1980년대 광주 민주 항쟁 이후 독재적인 시대 현실에서 고양이의 폭력성을 희화화하여 꿈을 잃어버린 세대들의 상실감과 윤회설을 바탕으로 미래가 과거로 퇴보하는 상황을 설정하여 명징하게 보여 줌으로써 자기의 내면세계를 성찰한다는 점에서 고양이 소재는 현실을 뛰어넘는 미래 지향의 의지와 희망의 표상으로 형상화했다고 볼 수 있다.

시의 공간 인식

— 백석의 「남신의주 유동 박시봉방」과
박목월의 「나무」를 중심으로

　현대시에 나타난 공간 인식은 시인이 외부 세계를 어떻게 인식하여 시로 형상화했는가를 살펴보는 것이다. 공간에 대한 자각과 인식은 시인의 상상력 바탕을 시로 형상화되기 때문에 시인의 내면세계를 살피는 데 있어서 필수적인 요소이다. 시적 대상은 반드시 공간을 차지하고 있기 마련이다. 그 때문에 시인이 시적 대상이 자리한 공간을 어떻게 인식하느냐에 따라 시적인 형상화의 방법도 달라진다.
　백석(白石, 1912 ~ 1996)의 「남신의주 유동 박시봉방」은 1948년 『학풍』지에 발표한 작품으로 1940년부터 1942년까지 만주 등지를 떠돌다 일본 동경을 몇 달 체류하다가, 1945년 해방이 되자 고향으로 돌아와 신의주에 머물 때의 체험을 바탕으로 쓴 시이다. 시제가 의미한 바처럼 '남신의주 유동'이라는 지명의 공간과 '박봉시방'이라는 집의 공간 인식을 바탕으로 창작된 시가 백석 「남신의주 유동 박시봉방」이다. 반면에 박목월의 「나무」는 '유성에서 조치원으로 가는 어느 들판'에 서 있는 나무와 '조치원에서 공주로 가는 어느 가난한 마을 어귀', 그리고 '공주에서 온양으로 우회하는 뒷길 어느 산마루', '온양에서 서울로 돌아온 나무' 등으로 나무가 공간을 이동한다는 인식을 보인다.
　두 시가 부분적으로 나무를 소재로 하기는 했지만, 백석의 시는 '남신의주 유동'이라는 공간의 체험 중에서 부분적으로 나무를 소재로

하고 있으며 나무를 자신의 처지와 동일한 처지로 인식했다면, 박목월의 「나무」는 나무를 전체적인 소재로 하여 화자와 같이 공간을 이동하면서 나무를 인식하고 있다.

시에서의 공간 인식

칸트는 인간의 인식 기능을 감성과 오성으로 보았다. 감성은 대상을 받아들이는 것으로 감성에 의해 사물은 대상화되게 되며, 오성은 감성에 의해 표상화된 대상, 즉 대상을 다시 사유하게 된다.35) 사물에 의하면 모든 공간적 관계는 관찰자가 지각하는 하나의 외양적 현상일 뿐 이것이 공간의 절대성을 박탈하지는 않는다. 공간은 모든 공간적 현상들을 가능하게 하는 틀 혹은 조건에 불과하다고 보았다. 직관의 근저에 놓여 있는 필연적 선험적 표상이며, 순수 직관으로 무한히 주어진 양으로서 표상된다. 즉, 공간이 후천적으로 경험으로부터의 경험적 개념이 아니고 외계물이 감각으로서 표상되기 위해서는 경험에 앞서 선험적으로 미리 공간 표상이 구비되어 있다고 해명하기도 한다.36)

따라서 공간은 그 자체로 범주들에 의해서 수행된 선험적 영역이기 때문에, 순수한 사유 형식에 있어 객관적 타당성을 감성적 직관과 결합한다. 따라서 모든 범주의 종합 원리를 설명하고 있는 자기의식의 종합은 감성적 직관의 형식인 공간과 연관되고 말할 수 있을 것이다.

우리가 흔히 '공간'하면 자연 공간, 현실 공간, 가상 공간으로 구분할 수 있다. 그러나 시인은 자연 공간과 현실 공간을 자기의 내면

---

35) 김용정, 『칸트철학 연구』, 유림사, 1978, p.13.
36) 앞의 책, pp.17~21 참조

공간으로 끌어와 시적 대상을 상상력에 의해 언어로 창조적 공간을 만들어 낸다.

자연 공간이란 우리가 존재하는 우주 공간으로 해·달 등의 세계, 지상의 세계인 바다·산·대지 그리고 바람과 비와 같은 사물 공간으로 우주적 자연의 원형 사물로서 항구적이고 영속적인 존재[37]를 포함한다. 이러한 자연 공간은 자연적으로 형성된 창조적인 공간이라면 시인의 상상력에 의해 창조된 공간은 인위적 공간이다. 자연적인 공간에 대응하는 인위적인 창조적인 공간 인식은 언어권에 따라서 각기 다른 언어로 창조된 공간이지만 모든 존재를 언어로 창조한 공간이다.

하이데거가 말한 "언어는 존재의 집"[38]이란 언어에 의해 모든 존재가 표상될 수 있다는 말이다. 따라서 시인의 내면 공간을 시로 형상화하여 언어로 창조적 공간을 만들어 낼 수 있다는 의미이다.

문학 작품 속에서의 공간이란 첫째, 그것은 문학 작품 속에 묘사된 지리적 공간을 칭한다. 둘째, 문학의 공간이라는 말은 텍스트 공간, 다시 말해서 문학 텍스트 그 자체, 그것이 차지하고 있는 문자화된 물질적 공간, 그 특이한 배역, 구성을 가리킬 수 있다. 셋째로, 우리가 문학 공간이라 말할 때, 그것은 작가 글쓰기에 몸을 맡기는 공간, 삶, 현실이 이미지가 되고, 그 이미지를 언어화하고자 하는 끝없는 새로운 시작만이 열리는 공간, 언어를 통해 현존이 부재가 되고, 부재가 현존이 되는 공간, 블랑쇼적 의미의 문학 공간을 지칭할 수도 있다.[39]

시의 공간은 시적 상상력에 의해 창출된 일종의 소우주로서 그 바탕엔 우주적 창조 원리나 질서에 의한 법칙이 원용된 정신적인 세계이다. 그 때문에 과학이나 논리를 초월한 우주적 상징역으로 제시된다. 우주적 상징역은 현실 세계와의 유추적 결합을 구성 원리로

---

37) 오승희, 「현대시조의 공간연구」, 동아대학교 박사학위논문, 1991. pp.4~5.
38) 하이데거, 『하이데거 시론과 산문』, 탐구당, 1979, p.115.
39) 박혜영, 「문학과 공간 : 이론적 접근1」, 『덕성여대 논문집』 25집, 1996, pp.4~5.

형성함으로써 단순한 외계 묘사나 재현이 아닌 재창조의 세계가 된다. 따라서 공간에 대한 파악은 자아와 세계를, 존재와 세계라는 시대정신과 세계관을 통해 제시될 수 있다. 시는 초월과 변용, 그리고 구원과 영원성 획득과 같은 문학 외적 요소들을 문학적 본질로 차용하고 있는 미학임을 알 수 있게 한다. 따라서 시의 공간은 시인의 세계관을 시로써 형상화하고, 시로써 실천하며 실현하고자 하는 시 세계로 귀결된다.40)

최근 활자 매체를 통한 독자와의 시의 소통이 인터넷을 통한 전자 매체라는 새로운 가상 공간으로 이동되어 빠른 속도로 전달되면서 독자와의 소통 공간이 달라지고 있는 추세이다.

1) 백석의 「남신의주 유동 박시봉방」의 공간 인식

현대시에서 공간의 개념은 바슐라르(Gaston Bachelard)에 의하면, 사람들의 과거의 경험을 인식하는 것은 시간이 아니라 공간이라고 설명한다. 오랜 머무름에 의해 구체화된, 지속의 아름다운 화석들을 발견하는 것은, 공간에 의해서, 공간 가운데"41)라는 것이다. 우리가 살아가는 생활의 중요한 요소는 공간이며, 이 공간을 토대로 생활하면서 얻어진 기억들이 축척되어 간다는 것이다.

공간은 추상적인 개념이라면, 시인이 생활하는 일정한 지역의 공간은 장소가 된다. 백석의 '남신의주 유동'은 과거 백석이 생활했던 지역적인 장소이고, '박시봉방'은 구체적인 생활 공간으로 화자가 세들어 사는 '어느 목수(木手)네 집 헌 삿을 깐, 한 방'이다.

당시 방 한 칸을 세를 얻어서 사는 사람들이 많았는데, 편지 봉투에 자신이 거처하고 있는 주소를 명시할 때 집주인의 이름 아래

---

40) 박진환, 「한국시의 공간구조 연구-1920년대와 1930년대를 중심으로」, 중앙대 박사학위논문, 1989, p.23.
41) 가스통 바슐라르, 곽광수 옮김, 『공간의 시학』, 동문선, 2003, p.84.

시의 공간 인식

'방'자를 붙여 쓰는 것이 다반사였다. 자신이 남과 이야기할 때 자신이 세 들어 살고 있는 거처를 밝힐 때도 '박시봉방'으로 소개하기도 했다. 그러므로 이 시제는 화자가 거처하고 있는 주소라고 보아야 할 것이다.

「남신의주 유동 박시봉방」이라는 시제는 편지 봉투의 수신인 주소로 백석이 수신인이 되며, 시의 내용은 편지의 사연에 해당한다. 고향을 떠나 객지인 신의주에 방을 얻어 기거하면서 홀로 떨어진 외로운 자신의 처지를 지난 삶을 되돌아보며 지난날을 회고하는 진술로 이루어진 시이다. 과거의 회고담을 통해서 앞으로 어떻게 살아갈 것인가 하는 삶의 자세에 대해 다짐하는 내용을 자신에게 띄우는 편지 형식의 시라고 볼 수 있다.

> 어느 사이에 나는 아내도 없고, 또,
> 아내와 같이 살던 집도 없어지고,
> 그리고 살뜰한 부모며 동생들과 멀리 떨어져서,
> 그 어느 바람 세인 쓸쓸한 거리 끝에 헤매이었다.
> 바로 날도 저물어서,
> 바람은 더욱 세게 불고, 추위는 점점 더해 오는데,
> 나는 어느 목수(木手)네 집 헌 삿을 깐,
> 한 방에 들어서 쥔을 붙이었다.
> 이리하여 나는 이 습내 나는 춥고, 누긋한 방에서,
> 낮이나 밤이나 나는 나 혼자도 너무 많은 것 같이 생각하며,
> 딜옹배기에 북덕불이라도 담겨 오면,
> 이것을 안고 손을 쬐며 재 우에 뜻없이 글자를 쓰기도 하며,
> 또 문밖에 나가디두 않고 자리에 누워서,
> 머리에 손깍지벼개를 하고 굴기도 하면서,
> 나는 내 슬픔이며 어리석음이며를 소처럼 연하여 쌔김질하는 것이었다.
> 내 가슴이 꽉 메어 올 적이며,
> 내 눈에 뜨거운 것이 핑 괴일 적이며,
> 또 내 스스로 화끈 낯이 붉도록 부끄러울 적이며,

나는 내 슬픔과 어리석음에 눌리어 죽을 밖에 없는 것을 느끼는 것이었다.
그러나 잠시 뒤에 나는 고개를 들어,
허연 문창을 바라보든가 또 눈을 떠서 높은 턴정을 쳐다보는 것인데,
이때 나는 내 뜻이며 힘으로, 나를 이끌어 가는 것이 힘든 일인 것을 생각하고,
이것들보다 더 크고, 높은 것이 있어서, 나를 마음대로 굴려 가는 것을 생각하는 것인데,
이렇게 하여 여러 날이 지나는 동안에,
내 어지러운 마음에는 슬픔이며, 한탄이며, 가라앉을 것은 차츰 앙금이 되어 가라앉고,
외로운 생각만이 드는 때쯤 해서는,
더러 나줏손에 쌀랑쌀랑 싸락눈이 와서 문창을 치기도 하는 때도 있는데,
나는 이런 저녁에는 화로를 더욱 다가 끼며, 무릎을 꿇어 보며,
어니 먼 산 뒷옆에 바우섶에 따로 외로이 서서,
어두어 오는데 하이야니 눈을 맞을, 그 마른 잎새에는,
쌀랑쌀랑 소리도 나며 눈을 맞을,
그 드물다는 굳고 정한 갈매나무라는 나무를 생각하는 것이었다.
― 백석의 「남신의주 유동 박시봉 방 (南新義州柳洞朴時逢方)」 전문

이 시에서는 네 개의 공간이 등장한다. 첫째 공간은 '아내와 살던 집', 둘째, '어느 목수네 헌 삿을 깐, 한 방', 그리고 셋째, '그 어느 바람 세인 쓸쓸한 거리', 넷째, '어느 먼 산 뒷옆에 바우섶' 등이다.

살뜰한 부모님과 동생들이 있고 아내와 살던 집은 공간적으로 멀리 떨어져 있으며, 화자는 타향인 「남신의주 유동 박시봉」이라는 '목수네 헌 삿을 깐 한 방'에 존재하는데 두 공간은 시간적으로 다른 대조적인 공간이다.

화자가 존재하는 마음 놓고 안식을 취할 수 없는 불안한 처소이다. 보통 "집은 인간에게 안정의 근거나 또는 그 환상을 주는 이미

지들의 집적체이고, 인간의 사상과 추억과 꿈을 한 데 통합하는 가장 큰 힘의 하나"42)이다. 그러나 화자가 거주하는 공간은 '습내 나는 춥고, 누긋한 방'으로 불결하고 혼자 수많은 생각에 잠겨 있는 고독한 공간이며 자아 성찰의 공간이라고 볼 수 있다.

  화자는 외롭고 쓸쓸한 자신의 마음을 들여다보는 과거 유랑했던 장소인 타향의 '방'이다. 비좁고 철저하게 고립된 '방'에서 혼자서 자신의 과거와 삶을 되새김질하고 있다. 가족이나 타인의 연대가 끊어진 비좁은 폐쇄적인 공간에 위치한 나는 '문밖에 나가디두 않고 자리에 누워서'라는 수평적인 눕는 행위를 통해서 '연 문창을 바라보든가 또 눈을 떠서 높은 턴정을 쳐다보는 것'으로 폐쇄된 내부 공간에서 외부 공간으로 이동을 꿈꾼다. 그러면서 크고 높은 곳으로, 수직적인 상승의 방향으로 공간 구조를 극적으로 전환을 시도한다.

  화자가 시의 마지막 부분에서 갈매나무를 생각한다. 갈매나무는 겨울이라는 고통스러운 상황을 이겨 내는 강한 힘을 지니고 있는 존재이다. 갈매나무는 고난의 땅에서 도망치려 하지 않고 그 현실을 꿋꿋하게 견디면서 따뜻한 새 봄을 기다리는 나무이다. 갈매나무가 있는 공간은 "절대 고독의 시간과 공간 속에서 그는 열병처럼 통과제의를 치르며 애써 새로운 존재로 거듭나게 되는 것이다."43)

  "바우섶에 외로이" 서서 '하이야니 눈을 맞을, 그 마른 잎새에는, 쌀랑쌀랑 소리도 나며 눈을 맞을,' 갈매나무를 생각하며 고난을 극복하려는 의지를 보인다. 화자는 고난을 극복하는 갈매나무를 생각해내고, 갈매나무와 자신을 일체화시켜 초반부에 보인 체념과 허무는 극복되고 있다고 할 수 있다. 화자 역시 언젠가 갈매나무처럼 존재의 고난과 고독을 즐길 수 있는 경지에까지 이르게 될 것이다.

  「남신의주 유동 박시봉의 방」은 과거를 되돌아보게 하고 자신의 정체성과 앞으로의 삶에 대해 고민하게 한다. 방을 통해 사유를 확

---

42) 가스통 바슐라르, 앞의 책, pp.77~95.
43) 이은정, 최동호 외, 『백석 시 읽기의 즐거움』, 서정시학, 2006, p.337.

장하고, 그곳을 자신의 삶으로 수용하게 된다. 그 공간은 상실과 결핍의 공간이자 회복과 재생의 공간이 된다.

이렇듯 공간의 확장은 고향 이외의 공간을 삶의 영역으로 수용하게 되어 시의 정서가 더욱 풍성해진다. 고향을 중심으로 했던 시의 정서가 고향 이외의 공간을 구체적 장소로 형상화하여 장소성을 획득하면서 백석의 시는 더욱 다양한 정서를 만들어 간다. 공간을 구체적 장소로 수용함으로써 백석은 시의 세계를 더욱 넓히게 된다. 원형의 장소였던 고향에 대한 애착이 다른 공간을 구체적 장소로 수용하게 하여 장소성을 갖게 된다. 그래서 백석의 시는 한 지역 또는 공간의 이야기가 아니라 우리 민족의 이야기로 확대될 수 있다. 고향 이외의 공간을 구체적 장소로 수용하면서 백석의 시는 고향을 넘는 또 다른 모습의 미학을 보여 준다.44)

백석의 시는 대체적으로 과거의 공간에 집착한다. 백석의 과거 지향의 공간 인식은 사라져 버린 고향에 대한 애착을 통해 마음의 평온을 얻으려는 내면 공간이다. 철저하게 삶의 공간을 유린당한 일제 강점기 정신적인 원형의 공간인 고향 회귀를 통해 공동체 의식의 근원적인 아름다움을 형상화했다.

이 시는 백석의 후기 시로써 전통적인 시적 율격을 탈피하여 산문적으로 서술한 32행으로 구성된 시이다. 산만한 구성으로 서술하면서 행의 끝부분을 쉼표로 처리하여 중간중간 호흡을 가다듬는 무려 37회 쉼표 사용하는 것은 고통스런 현실 의식을 표현했다고 할 수 있다. 또한, 이 시의 시제가 "과거형 시제와 함께, '나'의 자기 성찰을 '~것이다'라는 서술어로 종결시킴으로써, 화자인 '나'와 '나'의 성찰에 대한 진술을 대상화시켜 말하는 발화자로서의 '나'가 생성된다. 이러한 현상은 '나'의 성찰 과정을 되돌아보는 '나'의 존재를 부각시켜, 시 속에 화자가 시도하는 성찰이 발화자인 '나'의 마음속에서 지속적으로 진행되는 것이라는 것을 느끼게 한다. 이러한

---

44) 권진희,「백석 시의 장소성 연구」, 한국교원대학교 대학원, 2015, pp.70~71.

회상의 지속성 효과는 오랜 기간 지속적으로 진행되고 있는 화자의 고뇌의 과정을 생생히 느끼게 만든다."45)는 점에서 철저히 슬픔과 안타까움이 가득한 공간, 폐쇄된 공간으로써 「남신의주 유동 박시봉방」의 내면 공간을 구체화시키고 있다고 할 수 있다.

「남신의주 유동 박시봉방」은 자아 성찰의 내면 공간을 장소화하였으며, 사라진 일상성의 공간 의식을 시각화하고, 과거에 대한 이중적 시선으로 형상화하여 '나'의 정체성을 재확립 '갈매나무'로 상징화하여 한국인의 삶의 본질을 극명하게 보여 주고 있다.

2) 박목월의 「나무」의 공간 인식

박목월은 초기시는 시집인 『청록집』(1946, 조지훈, 박두진 3인 시집), 『산도화』(1955)에 실린 시들로 절제된 언어로 상상 속 이상향으로서의 자연에 대한 동경의 세계 등 자연 친화적인 경향과 고향 회귀 의식을 서정시를 창작했다. 중기시는 1950년대 이후 발표한 시집인 『난·기타』(1959), 『청담』(1964)에 실린 시들이다. 이때 인간 세계로부터 멀리 떨어진 신비한 자연에서 일상적인 세계로 내려와 소박하고 담담한 생활의 단상 등 인간의 애환과 허무 의식, 현실 인식을 통한 이상을 추구하는 생활시 경향을 보였다. 주로 시적 공간을 '가정'으로 한 대조적 성격의 이원 구조로 이루어진 '집'으로 설정하고 있다. 대표 작품으로 '집'을 상하의 수직적 구조로 이루어진 이질적인 공간으로 설정하여 표현한 「층층계」와 『난·기타』에 수록된 『청담』에 수록된 「상하」를 들 수 있다. 후기시는 『경상도의 가랑잎』(1968), 『무순』(1976), 『크고 부드러운 손』(1979, 유고 시집)에 실린 시들인데, 질박한 향토성의 미학과 고향 회귀 의식, 자신의 삶과 내면에 대한 성찰, 기독교적 세계관에 바탕을 둔 신앙적 경건함을 노래하는 등

---

45) 박승혜, 「백석 시 "남신의주유동박시봉방" 가르치기 연구」, 경상대학교 교육대학원, 2009. p.27.

존재론적인 자기 탐구와 기독교적인 신앙을 노래했다.

박목월의 「나무」는 후기 시에 해당한다. 중기시에서 보여 주었던 현실에 대한 부정적인 형상화, 부정적인 현실에 대한 인고와 순응으로부터 벗어나 삶에 대한 긍정이라는 새로운 모습을 보여 주고 있다.

> 유성에서 조치원으로 가는 어느 들판에 우두커니 서 있는 한 그루 늙은 나무를 만났다. 수도승일까. 묵중하게 서 있었다.
> 다음 날은 조치원에서 공주로 가는 어느 가난한 마을 어귀에 그들은 떼를 져 몰려 있었다. 멍청하게 몰려 있는 그들은 어설픈 과객일까. 몹시 추워 보였다.
> 공주에서 온양으로 우회하는 뒷길 어느 산마루에 그들은 멀리 서 있었다. 하늘께을 지키는 파수병일까, 외로워 보였다.
> 온양에서 서울로 돌아오자, 놀랍게도 그들은 이미 내 안에 뿌리를 펴고 있었다. 묵중한 그들의. 침울한 그들의. 아아, 고독한 모습. 그 후로 나는 뽑아낼 수 없는 몇 그루의 나무를 기르게 되었다.
>
> — 박목월의 「나무」 전문

이 시는 고독한 인간의 이미지를 「나무」로 형상화하고 있다. 시인은 나그네였다가 서울로 돌아온다. 시에는 그와는 다른 어떤 돌아감이 그려진다. 돌아감은 움직임이라기보다 상태 변화다. 나무는 시인의 변화를 신비롭게 그린다. 이 시는 박목월의 나무화 욕심을 대표하는데, 나무화의 욕심은 박목월의 돌아감이 궁극적으로 자연(물)으로 돌아가는 것임을 알린다.46)

나무는 나그네처럼 공간을 이동하는 고독한 자신의 내면세계의 표상이다. 그는 후기 시에서 고향이라는 공간에 안착한다. 고달픈 현실에서 자신의 삶을 성찰하고 현재의 삶을 긍정할 수 있는 고향은 안식과 평안을 가져다주는 어머니와 같은 존재일 것이다. 그는 고향을 시적 공간으로 설정하고 고향의 이미지와 관련된 소재들을

---

46) 박민근, 「박목월 후기시에 나타난 '자연'의 의미」, 연세대 대학원, 2001, p.99.

제시함으로써 고향의 시적 공간을 간접적으로 드러내고 있다.
 이 시는 낯선 곳을 떠돌면서 고향이라는 공간에 자리한 나무들을 이동함으로써 자신이 고향의 공간을 한시도 잊지 않고 있음을 보여 준다고 할 수 있다.
 박목월은 후기 시에서 이처럼 일상과 자연의 연계, 신과 자연의 등가성, 우주적인 귀향의 이미지, 윤리와 자연의 접목함으로써 고향이라는 자연 공간을 구심점으로 하고 자신과 자연을 일체화시켜 일원적인 이상적인 세계상을 그려 냈다.

 이상에서 현대시에 나타난 공간 의식을 백석의 「남신의주 유동 박시봉방」과 박목월의 「나무」를 중심으로 살펴보았다. 두 시 모두 타지를 떠도는 나그네의 고독한 이미지를 담고 있다는 점에서 공통점을 보인다. 백석의 「남신의주 유동 박시봉방」은 자아와 타아가 단절된 상황에서 자폐증적으로 타지의 방이라는 폐쇄된 공간에서 외로움과 절망 속에서 고난과 역경을 극복하는 갈매나무를 생각하며 과거 지향적인 고향에 대한 애착과 향수의 공간을 설정하여 자기 자신의 성찰하는 자세를 보이고 있다면, 박목월의 「나무」는 타지를 떠돌면서도 고향의 공간에 자리 잡고 변함없이 그 자리를 지키고 있는 나무의 존재를 자기와 일체화하여 고향의 공간을 내면세계의 공간으로 확장시켜 놓음으로써 심리적 안정을 도모하려고 하고 있다.
 백석의 「남신의주 유동 박시봉방」은 절망과 단절의 공간에서 갈매나무로 자기와 일체화시켜 희망을 꿈꾼다면, 박목월의 「나무」는 외롭게 떠돌아 다니면서도 고향의 공간을 내면 공간에 설정하고 타지의 나무를 자신의 내면 공간으로 끌어 들여서 스스로가 가꾸어 나가면서 외로움을 달래고 있다.
 백석의 자연 공간은 나그네로서 머무름으로써 정지된 내면 공간이라면, 박목월의 「나무」의 공간은 여러 곳에 존재하는 자연 공간 속의 나무를 내부의 심리적 공간으로 끌어와 함께 나그네처럼 이동하면서 늘 가슴속에 품고 있는 고향의 공간으로 일체화시켜 외로움을 극복하려고 한다는 점이 서로 다르다고 할 수 있다.

　이처럼 시인의 시적 공간이 갖는 의미는 시인이 지향하는 시 세계와 주제 의식을 보여 주는 중요한 단서가 된다. 시인의 공간 인식은 현실을 어떻게 받아들이고 갈등을 어떻게 극복하느냐 하는 중요한 기능을 하게 된다.

　시적 공간의 변모 양상을 통해 우리는 시인이 현실과 어떻게 대응했는가 하는 대응 방식을 알 수 있고, 시인의 시 세계 전반을 심층적으로 이해할 수 있게 되는 것이다.

감각적 이미지

— 정지용의 「바다 2」와
김광균의 「외인촌」을 중심으로

 우리나라에서 서구적인 현대시가 본격적으로 도입된 것은 1930년대 시문학파를 중심으로 한 순수시 운동과 모더니즘의 주지주의 경향의 시가 본격적으로 전개되기 시작한 때부터라고 할 수 있다.
 1926년부터 서구의 주지주의, 다다이즘, 초현실주의 등 이미지를 중시하는 새로운 움직임이 전개되기 시작하여 1930년대 낭만주의적인 감정 토로의 시가 아닌 지성 입각한 시 창작 방법이 본격적인 흐름이 되면서부터 음악성을 중시하는 감정 위주의 시에서 회화성을 중시하는 지성 위주의 시 창작의 흐름으로 변모하기 시작해서 오늘에 이르고 있다.
 박용철의 순수시론, 1930년대 중반 모더니즘 등장하면서 최재서, 김기림 등의 주지주의 시론이 도입되었다. 이 무렵 인간의 문제, 생사의 문제, 도시 문명의 모습, 농촌과 도시의 삶 등을 다룬 작품이 발표되고, 이를 심화한 예술적 경향을 지향하는 모더니즘시가 본격적으로 대두되면서 서구의 다양한 문학사조를 수용함으로써 시각이 다양화되고, 성숙한 문학의 기교와 이상의 초현실주의, 박태원의 리얼리즘의 확대와 심화, 그리고 김기림의 현대 문명 비판이랄지 김광균의 도시적 감상, 김상용의 동양적인 세계를 추구하는 전원시, 카프 계열의 식민지 현실의 풍자시 등 다양한 주제 의식이 도입되기 시작했다.

본격적인 순수 서정시는 시문학파 박용철, 김영랑, 구인회의 예술성과 형식미의 중시 등에서 우리나라 현대시는 획기적 변화의 분수령을 이루었다. 특히 시문학파가 추구했던 언어의 조탁, 언어 미학의 추구와 음악성을 추구한 세련된 기교, 새로운 공감각적인 기법이 도입되면서부터 우리나라의 시는 오늘과 같은 본격적인 현대시로 탈바꿈했다고 할 수 있다.

　1930년대 우리 현대시의 다양한 성격으로 순수 서정시의 옹호와 지향, 모더니즘의 주지적이고 기교주의적 경향, 생명파의 등장, 반도시적인 목가시 등장, 본격적인 여류 시인 등장과 활동 등으로 우리 문학사에 획기적인 변화를 가져왔다는데 1930년대는 한국 현대 문학사의 분수령이었다.

　따라서 이 무렵 영국의 현대 시인인 엘리어트와 파운드 등의 모더니즘 또는 이미지즘의 영향을 받아서 낭만적이고 음악적이며, 주정적인 시작 태도나 경향파 등의 내용 편중의 문학을 거부하고, 도시적 감성과 문명 비판의 요소를 지닌 주지적이고 기교적인 시에 역점을 둔 모더니즘의 기교주의적 경향의 시를 주도적으로 이끈 김광균과 정지용은 감각적 이미지를 형상화하는 시 창작 방법으로 시를 써 왔다.

　특히 정지용의 시를 김기림은 우리말을 가장 효과적으로 구사하고, 감각적으로 탁월한 시이라고 감각적 이미지를 활용하여 시를 창작하는 이미지 시인으로 평가했다.47)

　정지용과 김광균의 각각 한 편의 시, 정지용의 「바다 2」와 김광균의 「외인촌」을 비교함으로써 모더니즘 경향의 시를 쓴 두 시인이 감각적 이미지를 어떻게 형상화하여 시 창작 방법에 적용했는가 하는 문제에 대해 살펴보고자 한다.

---

47) 김기림, 「모더니즘의 역사적 위치」, 『김기림 전집 2』, 심설당, 1988, p.54.

감각적 이미지의 형상화

1) 이미지의 개념과 역할

시에서 이미지는 제재를 명확하게 드러내고, 독자의 내면세계를 자극하며, 독자들의 반응을 유도함으로써 시를 정서와 연결시켜 주는 구실을 한다고 N. Frye는 말했다. 이미지는 독자들에게 감각적인 인상을 유발하여 추상적인 관념을 구체적으로 형상화함으로써 시적 대상을 보다 생생한 느낌으로 전달하는 역할을 하게 된다.

시인이 자신의 경험에서 얻어진 정서를 시적 대상과 유사한 관련 이미지로 전환하여 구체적으로 형상화함으로써 자신의 정서를 독자가 환기시킬 수 있도록 시어로 표현하게 되는데, 이때 감각적 이미지로 표현함으로써 정서를 사물이나 행동에 대한 전체적인 정서 인식에 대한 심리적인 반응을 일으키게 한다는 심리학의 용어에서 비롯된 말이다. 그래서 루이스는 이미지를 "말로 그린 그림"이라고 단순한 재현이 아니라 문학적인 측면에서 정의했다. 즉, 추상적인 의미보다 대상을 온전하게 감각하고 인식하도록 자극하는 언어, 그리고 이것의 구체적인 표현을 이미지라고 부르게 되었던 것이다.48)

따라서 이미지란 언어라는 간접적 자국을 통해 얻어지는 감각 현상을 말한다고 할 수 있으며, 과거의 경험을 바탕으로 재생되고 일정한 방향을 지향하며, 단순한 감각 재현이나 자극의 원물에 대한 모방이라기보다는 새로운 사물과 감각을 창조하는 능력이라고 할 수 있다. 일반적으로 이미지는 시에서의 적용한 모든 감각 기관으로 인식한 사물의 정서에 대한 반응을 일으킬 것을 전제로 한 언어의 그림을 의미한다. 따라서 이미지에 비유적인 언어가 쓰이는데, 이때 직유하고 은유한 보조 관념에 해당한다고 할 수 있다.

루이스는 이미지의 기능을 신선미, 강렬성, 환기력 등 3가지로 설

---

48) 김학동, 조용훈, 『현대시론』, 새문사, 1997, p.96.

명하고 있고, 윤석산은 그의 저서 『현대시학』에서 이미지의 기능을 5가지로 자세하게 설명하고 있다.49)

첫째, 시의 의미를 육화시키는 기능이다. 이것은 가변적이고 모호한 정서나 상상력을 이미지를 통해 전달받을 수 있다는 점이다.

둘째, 대상을 모방적으로 재현하는 기능이다. 이때 모방의 대상은 의식 밖에 객관적으로 존재하는 사물과 시인의 의식 속에 떠오르는 관념이나 정서로 나눌 수 있다.

셋째, 새로운 사물과 관념을 창조하는 기능이다.

넷째, 독자의 자율적 해석권을 확대시키는 기능이다. 이 기능은 이미지화의 대상의 수법에 따라 달라짐을 전제한다. 시를 창작하는 시인이 상상력에 의하여 창조한 사물을 대상으로 삶과, 인과 관계를 배제한 채 병치할 경우에는 이미지가 최대한으로 확대된다. 그러나 외부에 객관적으로 존재하는 사물을 대상으로 삼고 직유나 치환, 은유처럼 시인이 직접 연결하면 이미지는 상대적으로 축소된다는 것이다.

다섯째, 전체 의미를 하나로 수렴하거나 확산시키는 기능이다. 이 기능 또한, 이미지화의 대상이 무엇이냐에 따라 달라지는데, 정지용의 시편의 경우처럼 구체적 대상을 묘사할 경우에는 수렴의 기능이 적용하고 확산의 기능은 대상을 추상적으로 은유하거나 병치할 때 나타난다는 것이다.

여섯째, 시적 분위기를 조성하는 기능이다. 이 기능은 이미지들이 환기시키는 정서가 상호 작용을 하면서 새로운 분위기를 형성한다는 것이다. 결국, 동일한 제재를 다룬 작품도 시인에 따라 각기 다른 분위기를 형성하는데 원인이 있다.

이미지는 시인의 경험과 상상력과 밀접한 관련을 맺게 되는데, 결국 상상력이라는 것도 시적 대상에 대해 시인의 경험 기억과 관련을 맺은 기억에 남는 이미지를 환기하는 정신 작용에 불과하다. 그러므로 상상력은 새로운 이미지를 창조하는 것이라고 할 수 있다.

---

49) 윤석산, 『현대시학』, 새미, 1996, pp.372~377.

감각적 이미지

따라서 시인의 체험을 바탕으로 문학적 상상력이 전개되고, 이 체험은 시적 대상과 유사한 이미지와 결합하여 형상화되고, 내면화되어 구체성을 띨 수 있도록 감각적인 이미지로 시각화되게 된다.

2) 정지용의 「바다 2」에 대한 감각적 이미지의 형상화

정지용을 감각적 이미지를 잘 구사하는 시인으로 평가한 사람은 김기림과 임화였다. 김기림은 정지용의 시가 지닌 감각적인 특징은 문학상의 근대적 가치 실현에 중요한 의미를 던지고 있고, 그의 시에서의 감각적인 특징이 감정과 이념 위주의 한국시를 극복할 수 있는 대안이 될 수 있다고 보았다.

"문명 속에서 형성되어 가는 새로운 감각·정서·사고"50)를 형상화한 시라고 평가한 김기림은 정지용 시에 대한 문학사적 업적을 근대적 삶의 예술적 표현으로서 긍정적인 해석과 평가를 내렸고, 시각적 이미지에 집중하여 피력했다.

김기림은 정지용의 시의 감각을 시각적 이미지에 집중해서, 그의 회화성과 가시적인 성질에 대해 주의 깊게 고려하는 태도는 현대시의 근본적인 요구를 파악하고 있다고 보고, 현대시의 호흡과 맥박을 불어넣은 최초의 시인이라고 극찬을 아끼지 않았다. 반면에 임화는 정지용의 시에 대해 "내용 사상은 방기하고", "다만 있는 것은 언의 표현 기교와 현실에 대한 비관심주의라고 비판하고, 정지용의 시에 갖는 감각적 특성도 김기림은 정지용의 시가 '감정 극복으로서의 감각'을 높이 평가했다. 그러나 임화는 김기림과는 달리 감정을 무분별한 감상주의와 다른 것으로 인간의 진실한 내면적 흐름과 연관된 능동적 행동을 이끌어 내는 긍정적인 의미로 해석하는 다른 견해로 정지용의 감각적 특성에 대해 감정을 무시하고 배제한 결과, 깊이

---

50) 김기림, 앞의 책, p.56.

있는 사상을 형상화하지 못하고 기교주의로 흐르고 있다고 비판했다.
 아무튼, 정지용의 시의 감각은 그의 시의 미적 형식의 원리로 작용하는데, 그는 사물을 시각적으로 파악하고 이미지화하는 것에만 국한하지 않고, 더욱 생동감 있게 감각 체험을 제공하는 촉각에 근원한 창작 방법을 적용하고 있다. 정지용의 촉각적 체험은 사물이 몸에 닿는 촉감과 더불어 마음까지 함께 닿는 듯한 체험을 환기시킨다는 데 그 시의 특징이다.
 바다에 대한 시인의 감각적 체험의 생생한 재현은 시인의 순수 직관에 의해 바다를 체험하는 시인의 인식 공간에서 상상력과 융합하여 의미 있는 공간을 획득하여 내면세계를 역동적으로 형상화해 놓고 있다.

> 바다는 뿔뿔이
> 달아나려고 했다.
>
> 푸른 도마뱀떼같이
> 재재발렀다.
>
> 꼬리가 이루
> 잡히지 않았다.
>
> 흰 발톱에 찢긴
> 산호(珊瑚)보다 붉고 슬픈 생채기!
>
> 가까스로 몰아다 부치고
> 변죽을 둘러 손질하여 물길을 씻었다.
>
> 이 앨쓴 해도(海圖)에
> 손을 씻고 떼었다.
>
> 찰찰 넘치도록

감각적 이미지

돌돌 구르도록

희동그라니 받쳐 들었다!
지구(地球)는 연(蓮)닢인 양 오므라들고…… 펴고……
— 정지용의 「바다 2」 전문

　정지용은 바다를 영원한 꿈을 상징하는 동경의 대상과 두려움과 어두움을 상징하는 외경의 대상으로 인식하는 등 이원적으로 인식하고 형상화하고 있다. 동경의 대상으로 인식하는 바다는 원초적인 이미지로 모성 이미지와 상통하게 되고, 바다의 모성적인 이미지와 무한성을 인식함으로써 시적 자아의 내면 공간을 확대하고 있다. 또한, 외경의 대상으로 인식하는 바다는 어둠과 소멸의 세계로 외롭고 어두운 자신의 내면세계가 드러나게 된다. 따라서 바다에 대한 동경의 대상과 외경 대상의 대립은 바로 열린 바다와 닫힌 바다라는 두 개의 대립 양상으로 시적 자아와 갈등의 대상으로 표출되고 있다. 그의 바다에 대한 시적 공간은 폐쇄된 공간으로 바다는 시인의 서정과 서로 몰입되지 못한 채 외경의 대상으로 나타난다.
　그는 바다를 근원적인 공간으로 인식함으로써 자아가 지향하는 세계의 넓이와 깊이와 영원성을 보여 주는데, 이 시는 동물적인 상상력으로 외경의 대상으로 나타나는 바다라고 볼 수 있다. 그의 바다에 대한 연작시 시 10편 중 「바다2」는 가장 뛰어난 작품으로 평가받고 있다.
　이 시는 역시 표면적으로는 고요하고 편안한 바다의 풍경을 노래한 듯하나 자세히 살펴보면 그 이면에 숨어 있는 존재론적 고뇌의 깊이가 간단치 않다. 이 시에는 우주적 상상력이 드러나므로 우주의 원리를 구체적으로 설명할 수 있는 논리 체계인 음양 오행론적 접근이 요구된다. 위의 시에서 기다림의 이미지가 두드러지는 시어는 '한 백 년'과 '게'이다. 기다림의 이미지가 특히 강렬한 시어는 '한 백 년'이다. '한 백 년'은 사전적으로는 물리적 시간의 길이 혹은 단위를 의미하는 것이지만, 위의 시에서는 지루한 기다림을 상징하는 심리적 상태를 의미한다.51)로 보고 있다. 어찌 되었든 그의 시에는 물의 이미지가 많이 등장하고 있다.

1연의 "바다는 뿔뿔이/ 달아나려고 했다."라는 시각적 이미지의 역동적인 묘사는 좁은 공간에서 넓은 공간으로 확산하려는 이동 장면을 생동감 있게 시각화시켜 놓고 있으며, 2연에서는 이러한 장면을 도마뱀과 비유하여 바다의 원시성을 드러내놓고 있다. 일상적인 바다가 근원적 원시 공간의 바다로 도마뱀을 낯선 결합함으로써 근원적 원시성이 신선하고 낯익게 다가온다.

대부분 비유는 그 구조상 본의와 유의(喩義)의 어느 한쪽이 추상어나 관념어인 경우가 많은데, 정지용의 시는 모두 감각어, 사물어로 되어 있는 점52)은 감정의 노출을 억제하면서 사물에 대한 인상을 인상적으로 파악하려는 이미지스트의 자세를 보이는데, 파도의 역동성을 도마뱀의 민첩성과 결합하여 통일된 인상으로 자아 상실의 이미지를 부각하고 있다.

"흰 발톱에 찢긴/ 산호(珊瑚)보다 붉고 슬픈 생채기!"는 해변에 부서지는 파도의 감각적인 표현으로 자아의 내면 갈등의 상황을 표출하고 있다. 1~4연이 현미경적인 묘사라면 5~8연은 망원경적인 묘사로 확대함으로써 흰 발톱은 도마뱀의 발톱으로 바다의 파도가 끊임없이 빌려 왔다가 밀려가는 과정을 역동적으로 시각화시킴으로써 내면 갈등과 고통의 처절함을 암시하고 있다.

이 시는 특히 그의 이미지즘 수법에 의한 명확한 묘사의 창작 방법을 적용하고 있다. 최대한 불필요한 감정을 자제하고 언어의 낭비를 줄인 구조로 짜여진 이 시는 바다를 근원적인 공간으로 인식함으로써 자아가 지향하는 세계의 넓이와 깊이와 영원성을 유감없이 보여 준다고 하겠다.

---

51) 이종옥,「정지용의 바다 연작시에 나타난 수(水)의 상상력」, 한국문학회,『韓國文學論叢』 59집, 2011, p. 233.
52) 문덕수,『한국 모더니즘 연구』, 시문학사, 1981, p.117.

감각적 이미지

3) 김광균의 「외인촌」에 대한 감각적 이미지의 형상화

김광균의 시는 그림을 보는 느낌을 주는 감정의 풍경화이다. 신선한 시각적 이미지의 구사로 당시 충격적이었다. 음악성을 무시하지 않았지만, 과거의 리듬과는 다른 새로운 현대적 리듬을 모색하는 과정에서 회화성이 크게 부각되었는데, 시각적 이미지가 지성을 대표하는 것은 아니지만, 시적 정서를 결정시키고 그 감정을 한정하고, 그 윤곽을 구획하는 회화 및 지성의 작용을 기대하는 것이다.

김광균 시의 회화성에 대해 김현승 시인은 다음과 같이 요약했다.53)

① 객관적 사물을 있는 그대로 묘사한 경우.
② 객관적 사물에서 붙잡은 이미지를 묘사한 경우.
③ 주관적 관념을 그와 유사한 구체적 사물로써 비유하여 묘사한 경우.

①은 단순한 회화적 묘사에 머무른 경우이고, ② ③은 회화적 이미지에 의한 회화적 수법인데 「외인촌」은 주관적 관념을 그와 유사한 구체적 사물로서 비유하여 묘사한 경우에 해당한다고 볼 수 있다.

김광균 자신도 그의 시론 「서정시(抒情詩)의 문제(問題)」에서 다음과 같이 주장하고 있다.54) 그는 낭만주의적이고 자연 발생적인 시를 거부하고, 일종의 독특한 형태의 사상성을 가질 것을 주장했는데, 이는 내용과 형식을 분리해서 파악한 당시의 문학론으로서는 탁월한 안목을 지닌 주장이었으며, 이는 시의 형식과 형태를 강조하면서 이미지즘 기법을 염두에 두고 있었음을 알 수 있다. 따라서 그는 시 창작에 있어서 시의 배경이 되는 일정한 공간을 미리 설정해 두고 그 세부 모습을 묘사해내는 기법과 시각·청각·공감각 등의 감각어를 많이 사용함으로써 자신이 창조해낸 공간의 다양한 이미지를 이끌어 냈는데, 이는 그의 시의 특징인 추상(抽象)의 구체화(具體化) 수법, 무

---

53) 김현승, 『한국현대시해설』, 관동출판사, 1972, p.11.
54) 김광균, 「서정시의 문제」, 『인문평론』, 1940, p.73.

형(無刑)의 유형화, 조망(造塑)의 정신, 감정의 풍경보(風景譜) 등도 이와 매우 관련이 깊다. 그리고 그는 새로운 시에 사용된 언어가 목가적인 고전에 속한 것보다는 도시 생활에 관련된 언어여야 함을 역설했다. 그러면서 그는 "30년대의 시는 음악보다 회화이고자 하였다."[55]라고 말한 바와 같이 그는 줄곧 회화성을 추구하는 시를 써 왔다.

    하이얀 모색(暮色) 속에 피어있는
    산협촌(山峽村)의 고독한 그림 속으로
    파아란 역등(驛燈)을 달은 마차(馬車)가 한 대 잠기어 가고
    바다를 향한 산마루ㅅ길에
    우두커니 서 있는 전신주 위엔
    지나가던 구름 하나가 새빨간 노을에 젖어 있다.

    바람에 불리우는 작은 집들이 창을 내리고,
    갈대밭에 묻히인 돌다리 아래선
    작은 시내가 물방울을 굴리고

    안개 자욱한 화원지(花園地)의 벤취 위엔
    한낮에 소녀들이 남기고 간
    가벼운 웃음과 시들은 꽃다발이 흩져 있었다.

    외인 묘지의 어두운 수풀 뒤엔
    밤새도록 가느다란 별빛이 내리고,

    공백(空白)한 하늘에 걸려 있는 촌락의 시계가
    여윈 손길을 저어 열 시를 가리키면,
    날카로운 고탑같이 언덕 위에 솟아 있는
    퇴색한 성교당의 지붕 위에선
    분수처럼 흩어지는 푸른 종소리
                        — 김광균의 「외인촌」 전문

---

55) 김광균, 『문집 와우산』, 범양사, 1985, p.170.

감각적 이미지

　이 시는 외국인이 모여 사는 마을 배경으로 황혼 무렵부터 밤까지의 시간 순서로 시상이 전개되고 있다. 이 시의 전체적인 구조는 동(動), 정(靜), 동정(動靜)이 결합된 시각적 이미지로 짜여 있다. 1연의 정적인 산협촌의 그림 속으로 마차 한 대가 잠기어 가고 저녁노을이 진 정경에는 산마루길에 서 있는 전신주 위엔 노을에 젖은 구름이 있다. 2연에는 작은 집들이 창을 내린 조용한 마을과 함께 돌다리 아래 시냇물이 흐르는 시냇물을 제시하여 정중동 시각적 이미지를 보여 주고 있다. 3연에서는 화원지의 빈 풍경 속에 소녀들이 남기고 간 웃음과 꽃다발 등 흩어진 그림의 풍경이다. 이러한 풍경은 동정이 결합된 공감각적 이미지로 제시된다. 4연에는 별빛이 내리는 외인 묘지로 시각적 이미지를 보여 준다. 5연에는 성당의 종소리를 "푸른 종소리"로 시각과 청각이 결합된 공감각적인 이미지로 마무리하고 있다. 이처럼 비생명성·폐쇄성을 표상하는 정적 이미지와 생명성·역동성을 표상하는 동적 이미지를 결합하여 삶의 다양성을 효과적으로 나타내고 있다. 이 시에 나타난 풍경화 중의 '역등', '전신주', '화원지의 벤치', '외인묘지', '성교당', '분수' 등은 근대 문명의 인공적 풍경이다. 인공적인 자연미를 '하이얀 모색', '파란 역등', '푸른 종소리' 등의 생생한 색채어를 사용하여 특유한 시청각적 이미지로 이국적 풍경의 느낌을 자아낸다. 마치 한 폭의 유화 같은 느낌으로 '소리조차도 색체와 그림으로 형상화'시켜 회화적 이미지로 표현하고 놓고 있다. 물론 이 시는 전적으로 서구 풍경이라고 할 수 있는 '외인촌'을 선택하고, 시각적·회화적·공감각적 이미지를 보여 주었지만, 그렇다고 해서 한국적 정서가 드러나지 않는 것은 아니다. '하이한', '고독한', '잠기여'. '우두커니'. '공백한'. '여윈' 등은 나름대로 애상미를 느끼게 해 준다. 이러한 매개체를 통해 외롭게 소외되어 있는 내면세계를 보여 주고 있는 것이다.[56]

---

56) 엄성원, 「우울한 내면의 도시적 풍경화」, 김학동 외, 『김광균 연구』, 국학자료원, 2002, p.86.

이 시는 김광균의 모더니즘 시의 특성을 잘 드러내고 있다. 시각적 이미지를 중심으로 도시의 소시민들이 체험하는 비애나 우수를 풍경으로 제시하고 있다. 도시 문명과 자아와의 괴리, 자아의 소외를 가미하여 현대 문명과 동일성을 회복하지 못하고 방황하는 비관적 자아의 모습을 보여 주었다. 이러한 비관적 자아의 모습은 주로 소멸 의식의 이미지로 형상화 표출되거나 고독과 부재의 이미지로 표출된다. 또한, 그의 시에 등장하는 도시 공간은 또 다른 측면에서 보면 하나의 풍경에 불과하다. 그곳은 나와 남이 어울려 살아가는 공간이 아니다. 따라서 그의 시에서는 자아와 상호 주관적 현실을 엮어 나가는 타자가 존재하지 않는다.

김광균은 일련의 구속적인 시 기법과 세계를 넘어서 일상용어와 대화어, 현대어를 그대로 시 속에 접목시켜 한국적 현대시의 완성도를 높이는데 상당히 기여했다고 할 수 있다.

김광균의 시에서 비유적 기교와 감각적 이미지는 그의 낭만적인 정서와 시 정신을 구현하고 휴머니즘적 에스프리를 서정적으로 형상화하기 위한 방법이었던 것으로 이해된다. 김윤식 김현은 "그의 눈에 비춘 모든 현대적 사물들은 그의 슬픈 마음에 부딪혀 그의 주저와 회한을 묘사하는 도구가 되고 있을 뿐, 그의 감정상 갈등이나 세계 인식의 고뇌나 대상이 되고 있지 않다"[57]라고 평가했다. 그의 회화적인 수법이 시에 새로운 활력이 되지 못하고 하나의 기능만 던져 주었다고 부정적인 평가를 내고 있다.

그의 시는 사물시라기보다는 관념시에 접근하는 것인데 이는 반모더니즘적인 경향이라고 볼 수 있다. 문덕수는 그의 시를 모더니즘과 반모더니즘의 공존"[58]으로 평가했다.

모더니즘의 시가 기교는 빠지면서 그것을 벗어나려고 의도로 관념성을 추구했으나 오히려 그 때문에 김광균의 시가 갖는 긴장성을

---

57) 김윤식, 김현, 『한국문학사』, 민음사, 1973, p.214.
58) 문덕수, 「한국 모더니즘 시 연구」, 고려대 박사학위논문, 1998, p.288.

잃게 된다. 현실 생활의 소외와 상실, 고독감 등은 김광균 등의 모더니즘 시인들이 가진 참신성(嶄新性) 이전의 평범한 자탄(自嘆)의 상태로 환원해 간 느낌을 준다.59)

모더니즘 시인 중 김광균 시의 특성은 감각적인 특성으로 공감각적인 은유가 두드려지며, 감각과 감각 사이의 전이뿐만 아니라 정감과 대상까지도 형상화시키려고 노력하였다. 이 가운데 성공한 것은 시각에서 청각으로 전이이다. 이국적인 정취와 도시적 속성이 드러나는 시어들이 발견되는데 이는 이미지즘의 영향을 받는 시이며, 그의 시에서 감상을 배제하려 한 흔적을 엿볼 수 있다. 낯익은 감정을 낯설은 수법으로 독자들에게 참신성과 충격을 줄 수 있었던 것은 시어에 대한 미적 감각이다. 서정성과 애상성이 바닥에 흐르는 까닭은 시의 주제 때문이며, 시의 정서가 애상을 띠고 있기 때문이다. 그 때문에 그의 시를 리리시즘으로 규정하고 모더니즘에서 얻은 요소는 그의 기본정서인 리리시즘을 지적으로 여과하여 낯설게 하기로 표현함을 주요 논조(論調)로 한다.

정지용과 김광균은 1930년대 우리나라의 모더니즘을 대표하는 시인이다.

김광균은 도시 문명을 회상과 향수로 비관적 서정을 다루었으며, 그의 시는 화자의 감상이 배제된 사물시가 많은 것이 특징이다. 그는 추상적 사물까지 유형화, 구체화하여 이미지를 강조하고 있다. 여기에 도시 문명과 자아와의 괴리, 자아의 소외를 가미하여 현대 문명과 동일성을 회복하지 못하고 방황하는 비관적 자아의 모습을 보여 주고 있으나 그의 문명 비판은 역사의식으로까지 연결되지 못하는 소시민성에 불과하다는 평가를 받고 있다. '시는 음악보다 회화이고자 한다.'로 대변되는 김광균의 시적 방법은 언어의 조형성을

---

59) 이경애, 「김광균론」, 전북대학원 석사학위논문, 1982, p.61.

근간으로 시의 회화성에 주력한 것은 확인할 수 있다.

　정지용은 기법과 사회, 역사성을 의도적으로 연결하지 않고, 절제된 이미지즘으로 자연의 융합을 추구하였다. 그의 시는 청결하고 투명한 분위기가 나타나며, 화자의 감상, 역사와 현실의 문제를 철저히 배제되어 있다. 세계라고 하는 것은 개개인이 그리는 이미지이며 표상일 뿐, 세계 그 자체는 대단히 관념적인 특성을 지니게 된다. 따라서 정지용의 시에서는 감각이 그의 시의 미적 형식의 원리로 작용하는데, 그는 사물을 시각적으로 파악하고 이미지화하는 것에만 국한하지 않고, 더욱 생동감 있게 감각 체험을 제공하는 촉각에 근원한 창작 방법을 적용하고 있다. 정지용의 촉각적 체험은 사물이 몸에 닿는 촉감과 더불어 마음까지 함께 닿는 듯한 체험을 환기시킨다는 데 그 시의 특징이다.

　특히 바다 소재의 시에서는 바다에 대한 시인의 감각적 체험의 생생한 재현은 시인의 순수 직관에 의해 바다를 체험하는 시인의 인식 공간에서 상상력과 융합하여 의미 있는 공간을 획득하여 내면 세계를 역동적으로 형상화해 놓고 있다.

　"우리 시속에 현대의 호흡과 맥박을 불어넣은 최초의 시인"이라는 평가를 받는 정지용 시인은 이전 시의 음악성, 시간성과 대비되는 회화성, 공간성이 뚜렷하게 나타난다.

　시에서 회화성을 강조한 두 분의 시는 추상 언어를 사용하지 않았다. 추상적인 언어가 필요할 때는 반드시 다른 감각적 언어나 시각적 언어로 표현하고, 무형적인 것을 유형적인 것으로 형상화시켰다. 이러한 회화적인 기법으로서의 조형적 언어는 모더니스트로서의 김광균과 정지용의 시에 생명을 주었고, 입체감을 부여했다. 따라서 이들이 보여 준 회화적 이미지의 구도는 생생한 입체 그림을 보듯 상상의 공간을 보여 주게 된다. 회화적 이미지의 구도를 획득하기 위한 기법으로 색채 이미지의 사용을 들 수 있다. 회화적 영상을 구축하는데 색채어의 사용은 가장 쉽고, 효과적인 방법이며, 회화성을

감각적 이미지

강조하려는 의식적인 시작 방법을 활용했음을 알 수 있다. 김광균의 색채어를 회화성을 뚜렷하게 되는 요소가 되고 있으며, 색채어를 사용하여 그는 이미지의 형상화를 극대화시키는 창작 방법을 활용하고 있다. 반면 정지용은 관념이나 경험들을 하나의 이미지로 시 속에 구현함으로써 대상에 대한 감각적 경험을 불러일으키는 개개인의 이미지들은 언어의 조형으로 가시화된다. 이때 색채어를 사용하여 대상을 구체화시키거나 시인의 감정을 의탁하기도 하며, 추상적이고 관념적인 것을 구체적인 것으로 의미를 변용시켜 제시한다. 또한, 세계를 인식하기 위한 시인의 의식은 시간과 공간을 사유하는 것으로 시작하는데, 이때 무한한 시간과 공간을 채우고 있는 대상의 낱낱을 인식하여 그것을 선명한 이미지로 제시한다.

  1930년대 한국 모더니즘 시인들의 성과는 기법 면에서 크게 영향을 끼쳤다. 그러나 당대의 삶을 반영하지 못했다는 까닭으로 문학사적으로 비판을 받고 있지만, 한국 현대시 전개에 있어서 결정적인 역할을 해 온 것만은 부인할 수 없다.

시적 체험

― 오장환의 「다시 미당리」와
함민복의 「눈물은 왜 짠가」를 중심으로

    오장환의 「다시 미당리」와 함민복의 「눈물은 왜 짠가」라는 두 편의 시는 역사적인 거리와 경험 문화가 다른 시이다. 오장환의 「다시 미당리」가 일제 강점기에 모성에 대한 그리움과 감정을 토로하여 재현하였다면, 함민복의 「눈물은 왜 짠가」는 오늘의 시로 시와 산문의 경계를 무너뜨리고 산문 형식의 경험 묘사적 진술과 한 행으로 의문형으로 진술하여 이 시대에 문제의식을 던지는 방식으로 시적 체험을 형상화한 시이다. 두 시의 소재가 모두 각각 화자의 어머니와의 경험을 소재로 하고 있다. 따라서 시간적인 거리와 문화적인 차이가 있음에서 두 시편이 모두 똑같은 울림으로 다가온다는 사실은 인간의 근원적인 심성인 모성과 자식들의 어머니에게 받는 사랑의 감동에는 시대를 초월하여 변함없기 때문일 것이다.
    따라서 동일한 소재를 역사와 문화의 시간적인 거리가 있는 두 편의 시를 통해 동일한 소재가 민족 집단의 공동체적인 연대감을 자극하는 소재일 때 역사적인 시간의 거리가 상존하더라도 정서 체험이 같을 때 동일한 공감을 일으킬 수 있다는 사실을 전제로 하고, 시적 체험의 형상화 방법에 대해 살펴보고자 한다.

시적 체험

시적 체험에 대하여

《표준국어대사전》에 따르면, '경험'은 '자신이 실제로 해 보거나 겪어 봄 또는 거기서 얻은 지식이나 기능'을 뜻하는 말이고, '체험'은 '자기가 몸소 겪음 또는 그런 경험'을 뜻한다. 이러한 뜻풀이에 따르면, '경험'과 '체험'이 쓰이는 맥락이 확연히 구별되는 말이라고 보기는 어렵다.

미적이라는 말은 예술 작품과 자연 대상이라는 두 대상 모두 사용하는 말이다. 즉, 아름다운 대상들과 이와는 다른 방식으로 지각에 가치 있는 것, 즉 예쁘고, 숭고하고, 희극적인 대상들에 사용된다. 그리고 여기에 다 첨가하고 싶은 것은 예술 작품과 자연 대상이 아닌 나에게 보여지는 모든 의미 있는 어떤 것도 포함하고자 한다. 따라서 한 사물을 특정한 방식으로, 즉 사물을 단순히 보고, 향수하기 위해서 바라볼 때라면 그 대상은 언제나 미적이라는 제안한다.[60]

미적 경험과 미적 체험을 혼동해서 잘 사용하는데, 경험이라는 말이 대상과 얼마간의 거리를 예상한 것임에 대하여, 체험은 대상과의 직접적이고 전체적인 접촉을 의미한다. 즉, 미적 체험이란 말은 일차적으로 다섯 가지 감각 기관을 통해 얻게 된 체험이라고 할 수 있다. 서정시는 시적 대상을 통하여 자신이 경험했던 미적 체험의 정서를 다른 사람이 공감할 수 있도록 표현한다. 이때 '삶의 정서'는 일상의 삶을 영위하면서 겪는 온갖 경험들과 생리적인 요소나 경험적인 요소, 인지적 요소 등과 관련한 자극이 와 닿았음을 알았을 때 생성되는 것이다.[61]

결국, 정서는 외적 자극 혹은 외부 사건들에 대한 인간 존재의 느낌을 해석한 인식의 결과이다. 따라서 시적 대상을 통해 감각 정보를 지각하고 그것을 해석하는 일련의 의식 작용은 정서 체험을 형

---

60) 제롬 스톨리쯔, 『미학과 비평철학』, 이론과 실천, 1991, p.33.
61) 한명숙, 「문학 교육의 정서 탐구」, 『청람어문교육』 24집, 청람어문교육학회, 2002, p.235.

성하는 과정이라고 할 수 있다. 체험은 의미의 단일성 안에서 과거를 회상하고 미래를 예견하는 시간성을 가지며, 의미는 관계성과 전체 맥락 안에서 발생한다. 또한, 정서는 인지와 밀접히 연관되어 있다. 사람들이 세상을 해석하는 방식에 따라 정서의 양상 또한 달라진다. 그것은 같은 대상이나 사건에 대해 모두 같은 정서를 지니지 않는다. 그것은 창작 주체 개개인 내면의 인지적 과정에 해당하는 각자의 해석에 영향을 받기 때문이다.

또한, 정서는 대상이나 타자에 대한 연결, 즉 어떠한 정서적 인지적 지향성이 있기에 발생한다. 때문에 바로 '연결', 즉 '관계'를 의미한다. 대상에 대한 최소한의 관심이 없다면 정서는 유발되지 않기 때문이다. 이 관계성이 바로 '공감'의 시작이며 즉 정서란 분리된 주체와 객체를 '공감'을 매개로 연결하는 정신적 과정이다.

인지, 정서, 공감은 인격을 구성하는 요소와도 일치한다. 인간의 인격은 세계에 대한 대응 방식인데 그것은 인지, 정서, 공감의 동시적 작용과 관련이 깊다. 즉, 시적 체험은 인격체인 창작 주체의 인격적인 성장과 연결되어 있다. 시적 체험은 바로 이러한 체험이다. 지나쳐 가는 경험과 달리 의식화되고 체계화된 창작 주체의 내면에서 일어나는 일련의 정신 활동이다.

딜타이는 이러한 창작자가 누적된 경험을 시로 형상화하는 과정에서 시적 대상에 대한 이해는 작품의 창조 과정을 소급하여 추적하는 추체험을 통해 의미를 재구성함으로써 가능하다고 보았다. 체험→표현→이해가 서로 순환하면서 인간의 자기 성찰 구조를 형성하는데, 이는 감각적으로 주어진 심적 삶의 표현으로부터 삶의 인식으로 나아가는 과정이라는 것이다.[62]

결국, 시는 경험을 형상화하여 다른 사람의 정서 공감을 얻었을 때 감동을 일으키게 된다. 따라서 시인은 자신이 겪은 과거의 모든 경험이 자리 잡은 무의식 세계의 창고에서 어떤 대상을 보고 뛰쳐

---

[62] Wilhelm Dilthey, 이한우 옮김, 『체험·표현·이해』, 책세상, 2002.

시적 체험

나오는 의식화된 경험을 연상 작용에 의해 감각적 형상화, 해석적 형상화, 재현적 형상화 등 형상화 과정을 거쳐 언어로 표현된다고 할 수 있다.

오장환의 「다시 미당리」와 함민복의 「눈물은 왜 짠가」, 이 두 편의 시를 중심으로 시인에 따라 같은 소재라 할지라도 자라온 환경과 경험이 다르기 때문에 세상을 이해하고 해석하는 방법이 상이하게 다르다는 사실을 시적 체험의 형상화 방법을 통해 살펴보고자 한다.

시적 체험 만들기

1) 오장환의 「다시 미당리」 시적 체험

오장환 1918년 충북 보은에서 부유한 농촌 나이 많은 아버지에게 후처로 시집간 어머니 사이에서 삼남으로 태어났다. 그 후 잠시 경기도 안성에 이주하여 살다가 학업을 위하여 상경한다. 그 후 일시적인 동경 유학 시기를 제외하고는 주로 서울에서 혼자서 가족과 떨어져 생활하였다.

그는 1930년대 중반기부터 해방기에 이르는 동안에 여타의 시인보다 더 왕성한 창작을 해 왔으며, 모더니즘과 '시인부락'의 유파에서 중추적 역할을 했다. 1933년 11월 『조선문학』지에 「목욕간」이라는 시를 발표하면서 문단에 등단한 후 꾸준한 시 창작으로 『성벽』(1937), 『헌사』(1939), 『병든 서울』(1946), 『나 사는 곳』(1947) 등 월북 전까지 4권의 시집과 1권의 번역 시집을 간행하는 등 왕성한 작품 활동을 해 온 시인이다. 1936년 이후 『랑만』, 『시인부락』, 『자오선』 동인으로 참여하면서 문단의 주목을 받았다.

오장환은 동경 유학으로 근대 도시 문명을 체험하게 됨으로써 그의 현실 의식에 갈등을 국면을 형성시킨다. 즉, 근대적인 것을 지향하고자 하는 욕망과 식민지 지식인으로서의 현실적 소외감이 빚는 괴리 현상으로부터 근대화의 현실은 모순된 것으로 인식되게끔 된 것이다.63) 오장환의 시에 대해서는 서정주, 조연현, 오세영, 조동일 등은 생명파의 일원으로 간주하는 견해64)를 주장했고, 김기림, 서준섭 등은 1930년대 후반의 대표적인 모더니스트의 한 사람이라는 견해65)를 주장했다. 그리고 최두석 등은 모더니즘과 리얼리즘 사이에서 동요하다가 결국에는 리얼리즘으로 귀착되는 시인으로 평가하는 견해66)를 밝히고 있다.

이 가운데, 오장환 시를 모더니즘의 견해를 주장한 사람들은 모더니즘의 여러 가지 특성 중 세계의 불확실성 또는 불확정성이 모더니즘의 미학 보여 주는 가장 본원적인 특성 중의 하나로 보고, 세계의 불확실성, 즉 세계를 파괴는 개개인의 자아의 불확실성, 즉 파괴와 필연적으로 맞물려 있을 수밖에 없다. 삶의 현실로서의 세계 일반에 대한 자아의 이러한 면면은 오장환 시에서 그대로 드러난다.67)고 주장했다. 그러나 그의 모더니즘 미학의 특성은 크게 '전통의 단절', '실험 의식', '문명 비판' 등으로 초기시의 작품 세계를 형성하고 있다.

오장환의 삶은 방랑적이었으며, 자신에 대한 불신과 부정에서 발생하는 자괴감은 고향의 어머니로도 보상되지 못한다. 이러한 그의 유랑 의식은 비극적이고 절망적인 울음의 정서로 나타나는데, 두 번째 시집 『헌사』에서 많은 부분에서 죽음 이미지를 포괄하고 있다.

---

63) 서준섭, 『한국 모더니즘문학 연구』, 일지사, 1988, pp.49~63.
64) 서정주, 『현대조선시 약사』, 조선 명시선, 온문사, 1948. 조연현, 『한국 현대문학사』, 성문각, 1971. 정한모, 『한국 현대시 약사』, 박영사, 1984. 오세영, 「생명파 연구」, 『국문학 논집』제 11집, 단국대, 1983. 조동일, 『한국문학통사 5』, 지식산업사, 1989.
65) 김기림, 〈오장환 시집 『성벽』을 읽고〉, 조선일보, 1937.9.18. 서준섭, 『한국 모더니즘 문학 연구』, 일지사, 1988.
66) 최두석, 「오장환의 시적 편력과 진보주의」, 『오장환 전집 2』, 창작과비평사, 1988.
67) 이봉구, 「'城壁' 시절의 장환」, 『성벽』, 아문각, 1947, p.84.

이는 고통을 참아 가며 유랑의 현실을 인내하는 과정에서 억압된 생명 의지로 표출되어 나타난다.

일제의 강점기인 1930년대 중반 이후에 식민지 현실의 부정적인 모습을 직접적으로 표출하는 데에는 제약을 받은 당시 많은 문인은 식민지 현실의 모순을 간접적으로 묘사할 수밖에 없었다. 따라서 오장환의 시도 식민지 현실의 부정적인 모습을 '바다'와 '고향', '도시' 등 보편적인 소재를 통해 암시적으로 보여 주는 방식을 채택하고 있다.

그는 주로 억압받고 소외된 대상들의 모습을 형상화하였는데, 억압받는 하층민으로 '기녀'의 모습을 하는 경우가 많다. 그는 '기녀'를 천한 신분을 가진 여인이 아니라 동등한 인간으로 인식하여, 식민지 현실 속에서 핍박받는 하층민의 애환을 표출했다. 당시 사회의 구조적 모순으로 기녀가 될 수밖에 없었던 현실을 통찰하고, 그는 기녀들에게 따뜻한 시선을 보낸다. 이와 함께 힘없고 소외된 이웃인 '기녀'를 연민을 바탕에 둔 긍정의 대상으로 보았으나 기녀를 찾는 남성들을 인간을 억압하고 구속하는 관습과 같은 전통에 의해 행동하는 '점잖은 신사'라고 부정의 대상으로 인식한다. 오장환은 식민지 현실의 부정적 모습을 통해 그 현실에서 살아가는 인간을 억압하고 구속하는 유교적 봉건주의의 산물인 '전통'과 그 전통을 충실히 따르는 '권력 있는' 사람들의 삶을 비판하고 부정하는 반면, 그 현실에서 억압받고 구속받는 하층민인 '촌민', '농군', '기녀'의 삶에 대해 포용하는 긍정의 태도를 보여 준다.68)

해방 이후 오장환의 시는 고향과 어머니와 매우 밀접한 관련을 맺게 된다. 1946년에 발표한 「다시 미당리」에서는 고향으로 돌아가 어머니와 재회하는 모습을 보여 주고, 1947년 월북하기 직전에 발표한 「봄천지」는 사회주의 운동으로 인해 고향은 용기와 희망을 돋

---

68) 김현정, 「오장환 시에 나타난 탈식민성 연구」, 『語文硏究』 제49호, 어문학회, 2005, p.297.

우어 주는 고장으로 그려져 있다.

그의 시에 나타난 고향 의식의 특성은 양면성을 보이는데, 비판적 대상이면서도 그리워하고, 버리는 대상이면서도 찾고 싶어 하는 고향이다. 그의 잠재의식 속에 항상 고향 의식이 자리하고 있으면서도, 가장 이상적 고향으로 유년 시절의 고향이 자리 잡고 있는 양면성은 어머니의 자궁이나 종교적 귀착지로서의 다시는 그곳은 돌아갈 수 없는 대상이기 때문이다. 따라서 시간적 단절에 의한 상실감은 시인으로 하여금 지속적인 고향 찾기라는 내면 의식으로 자리하게 한다.

도시 지향의 좌절 의식 속에서도 그의 시작에 일관되게 표출된 것은 고향에 대한 그리움, 즉 고향 회귀 의식이라는 공통분모를 찾을 수 있다. 그 양상이 때에 따라서는 유교적 전통과 관습을 부정한 것 같으면서도 도시와 항구의 신문물을 비판적으로 바라보는 비판적 정신을 보이며, 어떤 때에는 고향과 가족에 대한 간절한 그리움으로 표현되고 있다. 또 사상과 정신의 지향점에 바탕을 둔 새로운 조국 건설의 민중적 열망으로 형상화되기도 한다.

여기에 비(比)하긴
늙으신 홀어머니 너무나 가난하시어

돌아온 자식(子息)의 상머리에는
지나치게 큰 냄비에
닭이 한 마리

아즉도 어머니 가슴에
또 내 가슴에
남은 것은 무엇이냐.

서슴없이 고깃점을 베어물다
여기에 다만 헛되이 울렁이는 내 가슴

시적 체험

여기 그냥 뉘우침에 앞을 서는 내 눈물

조용한 슬픔은 아련만
아 내게 있는 모든 것은
당신에게 받히었음을……

크나큰 사랑이여
어머니 같으신
받히옴이여!

그러나 당신은
언제든 괴로움에 못이기는 내 말을 막고
이냥 넓이 없는 눈물로 싸주시어라.

—「다시 미당리(美堂里)」전문

  이 시는 초라한 탕아가 되어 돌아간 그를 반겨 주는 것은 변함없이 자식을 바라보는 어머니에 대한 체험을 진술한 시이다. 어머니는 아무 말 없이 여윈 아들의 모습에 눈물 지으며 어머니가 베풀 수 있는 최대의 성찬을 밥상에 올리신다. 아들은 가슴이 미어지는 뉘우침과 눈물을 흘리며 밥상을 받고, 어머니의 무한대적인 조건 없는 사랑을 감지하게 된다. 또한, 이 시에서 시적 주체는 '귀향'으로 고향에 돌아온 자신을 성경에서 나오는 "돌아온 탕아"[69]로 인식한다. 성서에서는 '돌아온 탕자'를 위해 아버지께서 잔치를 베풀어 환영한다면, 이 시에서는 어머니가 아들을 맞이한다는 점이 서로 다르다. 그러나 어찌되었든 간에 고향을 가출한 탕아가 타지에서 방랑하다가 다시 고향으로 돌아오는 시의 짜임은 성서와 일치한 것으로 보아 성서 인용시라고 할 수 있다. 다만 주목할 것은 돌아온 탕아의 심정이다. 우선 '탕아'와 '늙은 홀어머니'를 서로 대비하여 서로의 상반된 이미지를 제시함으로써 보다 극적인 효과를 최대화하고 있다.

---

69) 기독교 성경, 『누가복음』 14장

'지나치게 큰 냄비'에는 가난한 생활에도 불구하고 변함없는 어머니의 사랑이 담겨 있다. 어머니가 올려 주신 고기를 베어 물다가 화자는 눈물을 흘린다. 그것은 어머니의 사랑에 대한 감화의 눈물이며, 가난 속에서 늙어 가는 어머니를 홀로 내버려 두고 자신은 탕아로 떠돌기만 했다는 것에 대한 뉘우침의 눈물이다. 이것은 '귀향'이 단지 공간적으로 고향으로 돌아왔다는 의미를 넘어 자신의 부정하였던 아버지나 조상, 더 나아가 전통을 승인한다는 의미를 내포한다.[70]

이 시는 일제 강점기 허무주의와 비애, 그리고 민족의 아픔을 형상화하는 데 성공한 시이다. 그러나 해방이 오장환에게 가져다준 사회 현실은 자유와 혼돈이라는 상반된 상황이었다. 일제 식민치하에서 벗어난 것은 민족이 바라던 희망이 실현되었으나, 이데올로기의 대립에 의한 분단 상황은 또 다른 시대적, 개인적 갈등을 초래하고 있었다. 이러한 상황에서 오장환은 해방 전 '나'라는 개체의 현실 인식에서 벗어나 해방 후에는 '우리'라는 공동체적 삶을 지향하는 현실 참여의 시로써 보여 주다가 광복 이후 월북한 후에는 사회주의를 찬양하는 글을 썼다.

오장환의 「다시 미당리」는 오장환은 암울하고 폭력적이던 시대에 당대 사회의 현실 인식을 토대로 하여 시적 형상화를 시도하며, 고군분투하였던 시인이었다. 무엇보다 오장환을 둘러싼 우울한 시대적 요소들은 자칫 팜므 파탈(Femme fatale)적 성향을 지닌 시인의 심리적 상흔을 깊이 파고 들기에 적합한 경향이 있다. 오장환의 경우 이러한 성향은 훨씬 짙은 감성적 사고를 바탕으로 자신의 시 세계를 형상화해 왔고 병적으로 우울한 사고의 논조를 작품 속에서 일관되게 드러내 보이고 있다.

그러면서도 그가 끈질기게 고향 회귀 의식과 어머니에 대한 체험을 시적 형상화한 점은 그의 시적 자아가 '어머니'를 통해 형성되었고, 또한, 그로 인해 부정적 자의식도 함께 형성되어 왔기 때문이라

---

[70] 이미순, 「오장환 시에서의 고향의 의미화 과정 연구」, 『한국시학연구』 제17호, p.110.

고 볼 수 있다. 서자(庶子)로 출생한 자신의 신분에 대한 콤플렉스, 그리고 이는 첩실로 살아야 했던 '어머니'로부터 얻어진 신분 체계로서 서자라는 자리가 주는 불안정한 사회적 위치의 콤플렉스가 시인에게 부정적인 영향을 끼쳤고, 가족이라는 공동체적 문화에도 영향을 주었다고 할 수 있다.

이와 더불어 전통과 습속들을 비판하는 작품들을 발표하면서 진보 의식의 선두를 향해 내달려 왔다. 그러나 아이러니한 현상은 '어머니'에 대한 원망이 짙을수록 그럼에도 시인은 늘상 '어머니'에 대한 그리움을 놓지 못하였다는 것이다. 그래서 '어머니'가 그리울 때면 '고향' 쪽을 바라보며 혹은 고향으로 가는 길목을 향해 다가서서 '어머니'를 애타게 부르고 있다. 그리곤 언젠가 돌아갈 고향을 향해 늘 귀를 열어 두는 것을 잊지 않는다.71)

이처럼 오장환의 어릴 때의 경험은 한 시인의 일생 동안 영향을 미치며, 현실이 어둡고 막막할수록 강력한 정신적인 인정을 되찾아 주는 심리적인 해방구와 안식처의 역할을 담당하는 것이라고 볼 수 있다.

2) 함민복의 「눈물은 왜 짠가」 시적 체험

함민복은 1962년 충북 중원군 노은면에서 태어나 수도전기공업고등학교를 졸업하고 월성 원자력발전소에서 4년간 근무한 시인으로 서울예술대학 문예창작과에 입학하여 2학년 때인 1988년에 〈성선설〉 등을 《세계의 문학》에 발표하며 등단했다. 1996년 우연히 놀러 갔던 마니산이 너무 좋아 인근 폐가를 빌려 그곳에 정착한 뒤 강화도 옮겨 정착한 이후 시집 《말랑말랑한 힘》과 에세이집 《미안한 마음》, 《길들은 다 일가친척이다》를 펴내는 등 왕성한 작품 활동을 해

---

71) 김희경, 「오장환 시 연구 : 시 의식의 변이 양상을 중심으로」, 국민대학교대학원 박사학위논문, 2009, p. 210.

왔는데 시집으로는 『우울氏의 一日』(1990), 『자본주의의 약속』(1993), 『모든 경계에는 꽃이 핀다』(1996), 『말랑말랑한 힘』(2005), 『꽃봇대』(2011), 『눈물을 자르는 눈꺼풀처럼』(2013), 『당신 생각을 켜놓은 채 잠이듭니다』(2013) 시선집, 동시집 『바닷물 에고, 짜다』(2009) 등을 발간했으며, 김수영 문학상, 윤동주상 등의 상을 받기도 했다.

그의 시는 어머니와 가난을 배경으로 한 도시 문명에 지친 고단함과 우울한 정서가 깔려 있다. 후기 자본주의 사회를 살아가는 오늘날 소외받은 자들의 욕망 주변에서 흔히 볼 수 있는 물건, 경험, 풍경을 통해 묘사하거나 사물들을 의인화하는 등 일상적 소재를 새로운 상상력의 차원으로 끌어올린다. 그리고 재발견된 사물과 경험은 지시적 의미를 넘어 확장된 사회적 의미를 획득하게 된다. 주로 모성과 자연 지향의 시를 통해 환멸과 부정의 사회 비판적이고, 성찰적인 시선으로 현대인의 모습을 포착하여 시로 형상화하였다.

일상성을 통해 욕망의 반복과 생명의 순환 이미지로 도시의 문명적 공간의 '일상성'이 휘두르는 폭력과 권력으로 주변인으로 전락한 현대인의 공동체 해체 상황과 소외감과 비판적 자아를 시로 형상화하였다. 오염된 자본주의적 도시 공간과 소비적인 미디어 매체의 공간에서 철저하게 소외되어 가는 자신의 모습을 냉철하게 인식하고, 마음의 위안과 안식처가 되는 공간, 즉 고향과 자연이 살아있는 생명 공간으로써 어머니를 상징하는 모성의 공간을 찾아 자아의 치유와 회복을 도모하려는 시 세계를 보여 왔다.

> 지난 여름이었습니다 가세가 기울어 갈 곳이 없어진 어머니를 고향 이모님 댁에 모셔다 드릴 때의 일입니다 어머니는 차시간도 있고 하니까 요기를 하고 가자시며 고깃국을 먹으러 가자고 하셨습니다 어머니는 한평생 중이염을 앓아 고기만 드시면 귀에서 고름이 나오곤 했습니다 그런 어머니가 나를 위해 고깃국을 먹으러 가자고 하시는 마음을 읽자 어머니 이마의 주름살이 더 깊게 보였습니다 설렁탕집에 들어가 물수건으로 이마에 흐르는 땀을 닦았습니다

시적 체험

"더울 때일수록 고기를 먹어야 더위를 안 먹는다 고기를 먹어야 하는데…… 고깃국물이라도 되게 먹어둬라"
  설렁탕에 다대기를 풀어 한 댓 숟가락 국물을 떠먹었을 때였습니다 어머니가 주인 아저씨를 불렀습니다 주인 아저씨는 뭐 잘못된 게 있나 싶었던지 고개를 앞으로 빼고 의아해하며 다가왔습니다 어머니는 설렁탕에 소금을 너무 많이 풀어 짜서 그런다며 국물을 더 달라고 했습니다 주인 아저씨는 흔쾌히 국물을 더 갖다 주었습니다 어머니는 주인 아저씨가 안 보고 있다 싶어지자 내 투가리에 국물을 부어 주셨습니다 나는 당황하여 주인 아저씨를 흘금거리며 국물을 더 받았습니다 주인 아저씨는 넌지시 우리 모자의 행동을 보고 애써 시선을 외면해 주는 게 역력했습니다 나는 그만 국물을 따르시라고 내 투가리로 어머니 투가리를 툭, 부딪혔습니다 순간 투가리가 부딪히며 내는 소리가 왜 그렇게 서럽게 들리던지 나는 울컥 치받치는 감정을 억제하려고 설렁탕에 만 밥과 깍두기를 마구 씹어댔습니다 그러자 주인 아저씨는 우리 모자가 미안한 마음 안 느끼게 조심, 다가와 성냥갑 만한 깍두기 한 접시를 놓고 돌아서는 거였습니다 일순, 나는 참고 있던 눈물을 찔끔 흘리고 말았습니다 나는 얼른 이마에 흐른 땀을 훔쳐 내려 눈물을 땀인 양 만들어놓고 나서, 아주 천천히 물수건으로 눈동자에서 난 땀을 씻어냈습니다 그러면서 속으로 중얼거렸습니다

  눈물은 왜 짠가

  ― 함민복의 「눈물은 왜 짠가」 전문

 이 시는 시와 산문의 경계를 해체시켜 정서 경험을 리얼리즘적인 수법으로 진솔하게 진술함으로써 공감을 획득한 시이다.
 「눈물은 왜 짠가」라는 시제부터 은유와 상징 등 내포적인 의미를 함축하고 있다. 모성을 진솔함을 통해 느끼는 자식의 진한 어머니의 사랑에 대한 감동의 눈물과 어머니의 자식에게 설렁탕을 더 많이 먹이기 위해 국물이 짜서 국물을 더 달라 하는 가난하기 때문에 짠 행동을 해야만 하는 어머니, 모자간의 진한 사랑의 표현을 통해 정서 체험의 공감대를 자극한다.

여기에 등장하는 어머니는 자신의 고통은 아랑곳하지 않고 자식을 위하여 모든 것을 내어 주는 전형적인 한국의 어머니상을 보여 준다. 비록 고기가 아닌 고깃국물을 먹이는 가난한 삶이라서 땀과 눈물이 뒤섞여 있더라고 그 속에 자본주의적 '일상성'을 넘어서는 더 큰 위안과 사랑이 녹아 있음을 간과할 수 없다. 전통적인 페미니즘 관점에서 보면 주체적인 삶의 태도가 아닌, 자식을 위해 무조건적으로 희생하는 여성의 삶이 답답한 일이기도 하겠지만, 자신의 것만 챙기기에 급급할 뿐 누구도 믿을 수 없는 경쟁 체제하에서 내 것보다는 자식의 것을 먼저 생각하는 어머니야말로 시인의 유일한 안식처가 될 수 있다.72)

한국적인 문화와 정서 체험을 바탕으로 모정을 리얼하게 묘사해 놓은 「눈물은 왜 짠가」는 경험을 그대로 진술함으로써 생생한 현장감이 바로 감동으로 다가온다.

이 시는 형식면에도 2연의 시적 구성으로 1연의 산문체 구성과 2연의 한 행으로 압축하여 시적인 의문형 진술로 마무리는 특이한 시의 구성을 보인다. 그것은 1연에서 리얼하게 산문체 구성의 시를 다시 한번 압축해서 꼬리를 파닥거려 독자들의 경이롭게 감성의 눈물샘을 자극하는 방식으로 표현되고 있다는 점이 특이하다.

오장환의 「다시 미당리」와 함민복의 「눈물은 왜 짠가」는 시의 소재가 어머니라는 점과 모성에 대한 화자의 감동을 바탕으로 한 시라는 점이 공통점이라고 할 수 있다. 그러나 이 두 편의 시는 시대상으로 볼 때 오장환의 「다시 미당리」는 일제 강점기에 화자가 어머니에 대한 경험을 떠올리며 애잔참과 감동의 정서를 영탄적(詠歎的)으로 진술한 주관적인 정서를 그대로 노출시킨 시이다. 반면에 함민복의 「눈물은 왜 짠가」는 현시대의 한국적인 어머니상을 리얼하게 시

---

72) 허현경, 「함민복 시에 나타난 '일상성' 연구」, 한국교원대학교 대학원 석사학위논문, 2012, p.63.

와 산문의 경계를 무너뜨린 포스트모더니즘적인 표현 방식으로 표현한 시이다.

두 시인이 역사적인 경험과 시간의 간격이 있고, 표현 방식에서도 어머니와의 경험을 재현적 상상력으로 재구성하는 방식에 현저한 차이가 있음에도 모성과 그 모성에서 느끼는 화자의 어머니에 대한 사랑은 변함이 없다는 사실은 인간의 본원적인 심성을 바탕으로 했기 때문이다.

오장환의 「다시 미당리」가 어머니에 대한 경험을 화자가 주관적인 정서를 객관화시키기 위해 이미지의 시각화, 감각화라는 구체적인 형상화 과정을 거치지 않고 감상주의적인 표현 방식으로 감정을 영탄조로 토로하는 방식을 채택하여 독백적으로 자신의 심정을 토로하고 있다. 반면에 함민복의 「눈물은 왜 짠가」는 어머니에 대한 경험의 진술 방식을 산문체 형식으로 자신의 감정을 솔직하게 밝히고 한 행을 한 연으로 시제와 일치한 「눈물은 왜 짠가」라는 의문형 진술로 문제의식을 독자에게 던지는 특이한 표현 방식으로 어머니와의 관계 경험을 재구성하고 있다.

오장환의 「다시 미당리」가 어머니에 대한 경험을 토로하는 방식이라면, 함민복의 「눈물은 왜 짠가」는 경험을 자세하게 묘사하여 보여주고 의문형 독백적 진술로 독자의 가슴에 감동의 비수를 꽂는 방식이다. 시는 시인이 같은 소재일지라도 역사적인 문화와 경험의 차이, 표현 방식에 따라 달라질 수 있지만, 인간의 근원적인 소재로 하나라나 민족의 정서적 연대 의식을 바탕으로 한 정서 체험을 표현할 때는 그 표현 형식에 관계없이 공감을 일으킨다는 사실을 알 수 있다.

따라서 시를 창작할 때 시적 체험을 형상화하는 방법은 정서적 연대 의식을 자극할 수 있는 소재와 이미지의 창출이 선행되어야 독자들에게 사랑을 받고 공감을 얻을 수 있다.

「풀」을 소재로

— 김수영의 「풀」과
나희덕의 「풀포기의 노래」를 중심으로

옛날부터 「풀」이나 나무와 같은 식물 소재는 문학뿐만 아니라 많은 예술 작품의 주요 소재가 되어 왔다. 동양의 사군자는 바로 식물 소재만을 그리는 그림이다. 어디 사군자뿐이겠는가 동양화 대부분이 자연의 풍광을 그리고, 시의 소재도 자연이 주된 대상이 되었다. 고대 고전시가 문학이 자연을 주술적 대상으로 노래했다면, 오늘날의 문학 작품은 자연 소재의 주술성이 비유법으로 문학적 표현 방식이 바뀌고 미적인 가치 기준이 달라진 것뿐이다.

풀은 나무와 더불어 우리 주위에 흔히 마주 볼 수 있는 자연을 구성하는 식물의 기초 단위의 생명력을 가진 존재이다. 꽃의 이미지는 화사한 꽃망울을 터뜨려서 순간의 생명력과 소멸을 보여 주며, 이듬해를 기약하는 연속적인 생명력과 아름다움을 발산하는 존재로 노래하고 있으나 풀은 일부 꽃의 이미지를 포괄하지만, 풀이 가진 범속성과 자생력에 초점이 맞추어져 거친 환경에서도 쉽게 뿌리내리고 번성하는 강인하고 끈질긴 생명력을 표상하는 이미지로 표출되어 왔다. 풀은 수직적인 이미지로 보았을 때 꽃과 나무보다는 대지와 더 가까이 있는 친근하고 안정된 자연의 매개물로 이미지화된다.

우리나라 시에서 식물적인 이미지는 크게 세 가지로 집약된다.[73]

---

[73] 이숭원, 「한국 현대시에 나타난 식물적 상상력에 대한 연구」, 『선청어문』 18권, 서울대학교 국어교육과, 1989. p.495.

첫째, 객체적 대상으로서의 식물, 둘째, 식물과 관련된 시인의 관념이나 정관을 형상화하는 것, 그리고 셋째, 시인의 내면적 지향점이 대상 식물에 투사된 경우가 그것이다. 이러한 기준으로 분류해 볼 때 최근 한국 현대시는 대부분 세 번째의 유형이 많지만, 어느 한 부분의 성향에 국한되었다기보다는 여러 경계를 넘나드는 경우가 많다고 할 수 있다.

「풀」 소재의 식물적 이미지를 형상화하는 방법을 김수영의 「풀」과 나희덕의 「풀포기의 노래」를 중심으로 두 시인의 내면적 지향점이 「풀」 소재에 어떻게 투사되었는지 살펴보기로 한다.

「풀」 소재의 식물적 이미지

1)「풀」 소재의 식물적 이미지 형상화

김수영은 초기에는 모더니스트의 일반적 경향인 현대 문명과 도시 생활을 비판적으로 노래하면서도 다른 시인과 달리 서구 사조의 새로운 시대의 전진로를 개척하려고 노력했다는 점에서 서구 취향 모더니스트의 자기 극복 과정을 보여 주는 시인이다.

김수영은 「풀」 소재의 식물적 이미지로 시인의 내면적 지향점을 「풀」 투사하여 형상화했다. 많은 연구자가 김수영의 시 「풀」과 밀접한 관계를 이루고 있는 '바람'과의 관계에 대해 대부분 대립 관계로 파악하고 있다.

대립은 '서로 반대되거나 모순됨, 또는 그런 관계'나 '서로 맞서거나 버팀, 또는 그런 관계'를 가리키는 말이다. 그런데 풀과 바람의 관계를 대립 관계로 파악한 까닭은 "비를 몰아오는 동풍"을 '비바람'으로 해석했기 때문이다. '비바람'을 연상시키는 시련과 고통의 이미지는 동시에 풀을 그러한 상황 속에서 고통을 당하고 있는 연약한 존재로 받아들이게 한다. 이처럼 연약한 존재로서의 풀에 가해지는 거세고 강한 '비바람'은 풀을 괴롭히는 악한 존재의 이미지가 되고, 그처럼 악한 존재인 '비바람'에게 시련을 당하는 '풀'은 도덕적으로 선한 존재의 이미지가 된다. '풀' 그 자체가 도덕적으로 선한 존재라고 단정할 수 있는 성질이 아니지만, 도덕적으로 악한 존재의 이미지가 된 '바람'에게 시련을 당하기 때문에 도덕적으로 선한 존재의 이미지가 되었다. '바람'은 거세고 강하기 때문에 부정적이고 악한 존재의 이미지가 되고 '풀'은 여리고 약하기 때문에 긍정적이고 선한 존재의 이미지가 된 것이다.

그러나 "비를 몰아오는 동풍"은 거센 바람의 이미지보다 오히려 부드러운 봄바람의 이미지에 더 어울린다. 그러므로 '풀'은 거센 바람에 흔들리는 것이 아니라 '나부끼'고 있는 것이다.74) 그러기에 이때 풀과 바람의 관계는 '날이 흐리면'이라는 상징 세계를 공유한다. 즉, 풀과 바람은 서로 대립되는 관계가 아니라 '날이 흐리면'이라는 상징 세계에서 서로 공존하는 상호 주체적인 관계이다. 따라서 시적 주체가 강조하고자 하는 것은 거센 바람에 의해 풀뿌리가 뽑히는 상황이 아니라 "풀의 자율적이고 능동적인 움직임"75)이다.

그러므로 작품 「풀」을 단순히 대립 구조로 보는 것은 작품의 다양한 해석의 가능성을 도외시한 것이라 할 수 있다. 또한, 이전의 작품에 등장하는 '풀'의 이미지를 전혀 고려하지 않은 평가이기도 하다.76)

또한, '바람'을 외세를 상징한다고 인식하여 풀과의 대립적 국면으로 보고 있는데, 그와 같이 관습화된 감정 이입으로 유추해 볼 때, '풀/ 바람'의 대립 의식은 그다음의 동작을 드러내는 동사들, 즉 '눕다/ 일어나다', '울다/ 웃다'와 긴밀히 관련되기 때문이다. 풀과 바람을 대립 관계로 보려는 인식 태도는 자연히 그 서술자들을 한

---

74) 강웅식, 『해석의 갈등』, 청동거울, 2004. pp.59~60.
75) 강웅식, 앞의 책, p.125.
76) 김 현, 「웃음의 체험」, 황동규 편, 『김수영 문학』, 민음사, 1983, p. 206.

「풀」을 소재로

정하는 어사들까지도 그 대립 구조를 '먼저/ 늦게' 혹은 '빨리/ 늦게' 하는 방식으로 파악하게 한다.

>풀이 눕는다
>비를 몰아오는 동풍에 나부껴
>풀은 눕고
>드디어 울었다
>날이 흐려서 더 울다가
>다시 누웠다
>
>풀이 눕는다
>바람보다도 더 빨리 눕는다
>바람보다도 더 빨리 울고
>바람보다 먼저 일어난다
>
>날이 흐리고 풀이 눕는다
>발목까지
>발밑까지 눕는다
>바람보다 늦게 누워도
>바람보다 먼저 일어나고
>바람보다 늦게 울어도
>바람보다 먼저 웃는다
>날이 흐리고 풀뿌리가 눕는다
>
>— 김수영의 「풀」 전문

 이 시는 김수영의 문학 세계를 가장 명징하게 보여 주는 대표작으로 손꼽고 있다. 이 시의 핵심 주제는 풀이 눕고 다시 일어나는 역동적 반복적인 운동성에 있다. 그리고 풀을 눕게 하는 '바람'과 '풀'의 상징적 의미에 대해서는 다양한 해석을 내리고 있다.
 또한, 김수영 시인이 마지막 남긴 시이다. 그의 시 세계를 전후기로 나눈다면, 전기는 「묘정의 노래」 이후 4·19 이전까지의 시편들에 해당하고, 후기는 4·19 혁명 이후부터 마지막 작품인 「풀」까지로 구분할 수 있다. 그의 전기 시에서는 전근대적인 전통에 대한 거부와 근대 지향의 성향이 두드려졌는데, 주로 근대의 폭력적 속도와 논리에 대한 저항 의식을 표출하고 있다고 볼 수 있다. 반면 후기 시에서는 전통을 매개로 새로운 역사와 여유를 보여 주며, 사랑의 변주를 통해 소외된 주변적인 것들과 공존을 모색하고 있다고 할 수 있다.

 1연에서 '풀'이 눕는 행위는 인간의 육체에서만 가능한 일이다. '비를 몰아오는 동풍'은 생활 세계의 인간에게 주어지는 고통과 시련을 의미한다. '울음'은 인간의 시련과 고통의 아픔을 표출해내는 신체 반응이다. 이 비애의 정서가 비를 몰아오는 동풍과 흐린 날이 배경이 되어 더욱 슬픔의 정서를 강화하고 있다. 그러므로 1연의 '눕는' 행위는 삶의 고통으로 인한 '좌절'과 '휴식'의 의미를 함께 가진다.

 1연의 풀이 울고 눕는 과정이 일상적인 행동이었다면, 2연의 풀의 행위는 인간 삶의 전체적인 국면을 드러낸다. 그러나 1연과는 대조적으로 그 발랄함과 힘이 느껴진다. 그것은 '바람'보다 빨리 눕고 울고 일어나는 풀의 역동성 때문이다. 이것은 활력에 찬 인간 삶을 나타내는 것으로 '사랑'을 의미한다. 이 사랑은 삶을 치열하게 살아가는 삶의 모습을 긍정하는 것이다. 그리하여 3연의 죽음에 이르는 과정이 사랑으로 살아왔던 지난 역사의 진정성으로 위로받고 땅으로 돌아갈 수 있게 된다.

 3연에서는 2연의 삶이 다시 한 번 변주되면서 '풀뿌리가 눕는다'는 가장 근원적 생명력이 존재하는 부분인 풀뿌리마저 마구 눕고 있다. 그러나 이러한 풀뿌리의 누움 속에는 바람보다 먼저 일어나고 먼저 웃을 수 있는 풀에 대한 기대가 포함된다. 그러기에 풀뿌리가 더 깊이 누운 만큼 풀은 다시 일어날 수 있는 존재가 되는 것이다. 그리고 죽음의 순간까지 치열하게 살아가고 사랑하는 인간의 모습에서 '죽음'의 비장미와 삶의 애틋함이 드러난다. 김수영의 시론처럼 삶도 온몸으로 밀고 가는 사랑이라는 것을 '바람보다 늦게 누워도, 울어도, 풀은 먼저 일어나고 먼저 웃는' 역동성에서 찾을 수 있다.

전체적인 시의 형식에서 볼 때 '풀이 눕는다'→'풀뿌리가 눕는다'는 삶과 죽음의 역사가 계속 순환하고 있음을 드러낸다. 개인의 삶과 죽음의 반복 속에서 저마다의 생의 진솔한 사랑은 역사의 시간을 이어 주는 가교 역할을 한다. 사랑은 개인의 죽음을 완성하며 역사의 시간을 이어 주는 희망이다. 이렇게 볼 때, 「풀」은 인간의 삶과 죽음, 그 안에서 사랑의 실천과 치열한 생활을 노래한 시라고 할 수 있다.

「풀」은 자연 세계의 모습을 시로 들여와 인간 현 세계를 재현해 낸다. 바람과의 관계 속에서 풀의 속성은 극명해진다. '바람'과의 관계 속에서 풀은 '눕고', '일어나고', '울고', '웃는' 행위에 대한 존재로서의 의미를 부여받는다. 생활 속에서 여러 국면인 '바람'은 '풀'로 상징된 인간의 모습을 세계 속에서 존재 지어 주는 것이다. 고통과 시련 또한 인간에게는 의미 있는 것이라는 것을 존재와 세계 속의 관계망에서 해석할 수 있다.77)

김수영의 식물 이미지 중에서 '풀'의 이미지는 범속하고 강인한 생명력을 지녔다는 점에서 김수영의 시적 자아와 가장 일치하는 이미지이다. '풀' 이미지가 제공하는 상상력의 세계는 우리가 뿌리내리고 있는 현실의 세계이며 김수영의 시 정신이 지향하는 미래의 세계인 것이다.

김수영 시에 나타난 식물 이미지는 현실 체험의 경험과 기억을 넘어서는 시적 사유의 구심점으로 시인은 초월 지향성의 자아 관념을 죽음과 생성을 반복하는 식물의 생태적 생명력으로 재생한다. 시인에게 진정한 자아 관념의 확립은 진정한 시적 성취를 이루는 것

---

77) 박정인, 「김수영 시의 변모 과정 연구」, 강원대학교 교육대학원 석사학위논문, 2007, pp.99-100.

과 동일하다. 인간을 억압하고 지배하는 현실 생활을 우주적 질서에 순응하는 자연의 진리로 풀어 가면서 자연에 대한 사랑에 눈을 뜨고 자신과 자신, 자신과 타자와의 관계는 온몸으로 실천하는 사랑의 이행 과정임을 역설한다.78)

김수영의 「풀」 소재의 시에서 등장하는 '바람'은 분명 부정적인 이미지로도 쓰였으나 '풀'을 더욱 성숙하게 만드는 의미도 담고 있다. 이처럼 「풀」 소재의 식물적 이미지를 형상화할 때 풀과 밀접한 관계가 있는 '바람'을 대조하여 형상화함으로써 실존적 각성과 자아를 성장할 수 있게 하는 상징적인 내포적인 의미를 드러내는 것이다.

2) 「풀포기의 노래」 소재의 식물적 이미지 형상화

나희덕은 시집을 7권을 냈지만, 그의 대표적인 이미지는 식물적 이미지이고, 이 시인만큼 일관되게 전체의 시 경향이 식물 이미지를 천착해 가는 시인은 드물 것이다. 신춘문예 등단 작품인 「뿌리에게」는 '풀'을 소재로 한 식물적 이미지이다.

> 깊은 곳에서 네가 나의 뿌리였을 때
> 나는 막 갈구어진 연한 흙이어서
> 너를 잘 기억할 수 있다
> 네 숨결 처음 대이던 그 자리에 더운 김이 오르고
> 밝은 피 뽑아 네게 흘려보내며 즐거움에 떨던
> 아 나의 사랑을
>
> 먼우물 앞에서도 목마르던 나의 뿌리여
> 나를 뚫고 오르렴,
> 눈부셔 잘 부스러지는 살이니
> 내 밝은 피에 즐겁게 발 적시며 뻗어가려무나

---

78) 이정화, 「김수영 시의 식물이미지 연구」, 고려대학교 인문정보대학원, 2011, p.71.

「풀」을 소재로

　　　척추를 휘어잡고 더 넓게 뻗으면
　　　그때마다 나는 착한 그릇이 되어 너를 감싸고,
　　　불꽃 같은 바람이 가슴을 두드려 세워도
　　　네 뻗어가는 끝을 하냥 축복하는 나는
　　　어리석고도 은밀한 기쁨을 가졌어라

　　　네가 타고 내려올수록
　　　단단해지는 나의 살을 보아라
　　　이제 거무스레 늙었으니
　　　슬픔만 한두름 꿰어 있는 껍데기의
　　　마지막 잔을 마셔다오

　　　깊은 곳에서 네가 나의 뿌리였을 때
　　　내 가슴에 끓어오르던 벌레들,
　　　그러나 지금은 하나의 빈 그릇,
　　　너의 푸른 줄기 솟아 햇살에 반짝이면
　　　나는 어느 산비탈 연한 흙으로 일구어지고 있을 테니

　　　　　　　　　　　　　　　— 나희덕의 「뿌리에게」 전문

　이 시는 흙과 뿌리의 관계를 어머니와 자식의 관계에 견주어 표현했다. 뿌리가 성장하면서 흙이 거칠어지는 자연 현상에서 자식을 향한 희생적인 모성애를 형상화하고 있는데, 의인화의 표현 기법으로 상징적 의미를 잘 살리고 있다. 특히 흙이 '착한 그릇→껍데기→빈 그릇'의 과정을 거쳐 다시 연한 흙이 된다는 과정과 또 다른 생명을 탄생·성장시키는 순환 과정의 구조를 보여 주고 있다. 의인적인 비유법과 영탄적 어조, 시간의 흐름에 의해서 시상을 전개하였고, 생명의 탄생과 성장의 순환 구조의 표현 수법 속에 희생적 모성애가 돋보인다.
　대지는 풀뿌리를 포용한다. 이는 바슐라르의 4원소 중 대지의 이미지로 대지의 희생 이미지를 바탕으로 하고 있다. 흙은 땅속의 뿌리가 더 넓고 깊게 뻗어 가도록 연하게 부스러지고, 나무가 성장하는 과정에서는 바람에 흔들리지 않도록 굳세고 단단하게 뿌리를 감싸 안는다. 어두운 땅속에서 뿌리가 튼튼하게 뻗을 수 있도록 헌신하는 흙의 모습은 풀들이 뿌리를 뻗고 자신의 생명력을 발휘할 수 있도록 무한한 포용력을 드러낸다. 이러한 포용력은 바로 모성성이라고 할 수 있다.

> 네 물줄기 마르는 날까지
> 폭포여, 나를 내리쳐라
> 너의 매를 종일 맞겠다
> 일어설 여유도 없이
> 아프다 말할 겨를도 없이
> 내려꽂혀라, 거기에 짓눌리는
> 울음으로 울음으로만 대답하겠다
> 이 바위틈에 뿌리 내려
> 너를 본 것이
> 나를 영영 눈뜰 수 없게 하여도,
> 그대로 푸른 멍이 되어도 좋다
>
> 네 몸은 얼마나 또 아플 것이냐
> ― 나희덕의「풀포기의 노래」전문

이 시는 폭포 옆이라는 특수한 환경에 놓여 있는 풀포기와 일체화하여 풀포기의 입장이 되어 독백적 진술한 시이다. 물의 하강 이미지와 "바위틈에 뿌리 내려" 물이 내려쳐도 기꺼이 고통을 인내하며 그것을 당연한 것으로 맞이하겠다는 의지를 표현하고 있다. 더구나 자기의 몸에 부딪치는 폭포수의 입장까지 배려하여 "네 몸은 얼마나 또 아플 것이냐"라고 상대를 오히려 배려하는 따뜻한 마음으로 포용력을 보인다.

「풀포기의 노래」는 고통을 부정적으로 받아들이지 않고 오히려 긍정적인 자세로 수용하고 자신에게 고통을 가하는 폭포수에 대해 "너를 본 것이/ 나를 영영 눈뜰 수 없게 하여도,/ 그대로 푸른 멍이 되어도 좋다"고 무한한 포용력의 자세를 보이고. 마지막 한 행을 한 연으로 상대방인 폭포수의 고통까지 역지사지하여 "네 몸은 얼마나 또 아플 것이냐" 하는 걱정하는 고백적인 물음을 하고 있다.

풀포기에 대한 식물적 이미지를 통해 상대의 입장을 따뜻한 시선으로 포용하는 모성적인 자세와 긍정적인 생명 의지를 보이고 있다. 폭포수의 역동적인 하강 이미지와 이에 맞서 풀포기의 인내력과 생명력, 그리고 모성성이 돋보이는 시이다. 폭포수와 풀포기가 하나의 생명 이미지로 융합되어 서로의 존재를 인정하고, 서로의 고통을 같이 나누었을 때 따뜻한 세계를 이룰 수 있다는 존재와 존재의 상호 유대가 선행되어야 진정한 사랑을 이룰 수 있다는 시의 내면세계를 표출하고 있다.

김수영의 「풀」과 나희덕의 「풀포기의 노래」는 풀을 소재로 한 식물적인 상상력으로 시인의 내면세계를 형상화한 시이다. 김수영의 식물 이미지 중에서 '풀'의 이미지는 범속하고 강인한 생명력을 지녔다는 점에서 김수영의 시적 자아와 가장 일치하는 이미지이다. 나희덕의 「풀포기의 노래」에서의 풀포기의 이미지는 풀 한 포기의 개체가 열악한 환경에서 폭포수의 하강 이미지를 연쇄적으로 맞아야 하는 고통을 인내하는 끈질긴 생명력은 김수영과 일치한 이미지를 보이나 나희덕은 더 나아가 상대의 입장을 배려하고 상대의 존재를 인정하고 서로의 고통을 배려하는 넓은 포용력을 보인다는 점에서 차이점을 보이고 있다.

김수영의 「풀」이 바람과의 관계를 대립적인 입장으로 고통과 시련 또한 인간에게는 의미 있는 것이라는 것을 존재와 세계 속의 관계망을 보여 준다.

반면에 나희덕의 「풀포기의 노래」는 폭포수와 풀포기와의 상호 대립적인 관계를 통해 고통과 시련을 긍정적으로 수용하는 프로메테우

스적인 삶의 자세를 보인다. 따라서 자신의 고통을 긍정하고 상대의 입장을 배려하며 따뜻한 마음으로 포용한다. 이러한 무한한 모성성은 나희덕 시인 자신의 긍정적인 내면세계를 이루는 바탕을 형성하고 있다할 수 있다.

 이와 같이 같은 풀 소재라 할지라도 서로 고통을 주는 존재에 대한 해석을 대립이냐 상호 이해를 바탕으로 상호 존재를 인정하고 배려할 때 더 큰 존재의 의미를 획득할 수 있다는 식물적인 상상력의 무한한 확장의 세계를 열어나갈 수 있음을 알 수 있다.

시에서의 여백 처리

— 김종삼의 「묵화(墨畵)」와 고진하의 「즈므 마을 2」를 중심으로

동양화에서 여백의 처리는 매우 중요하다. 우리가 날마다 마주하는 인쇄물이나 책자, 컴퓨터 화면, 텔레비전의 광고 화면에서 여백이 없으면 그 효과를 발휘하지 못한다. 그뿐만 아니라 도시 공간, 집안의 가구나 살림 도구 배치에서까지 여백의 미는 생활화의 미학으로 자리 잡고 있다. 여백은 여운을 남기고 무한한 세계로의 상상력을 확장하는 기능을 수행하기 때문에 회화에서뿐만 아니라 우리의 생활공간 등에서 매우 중요한 의미를 지닌다. 하물며 시에서도 여백은 함축과 생략이라는 언어로 표현할 수 없는 무한한 상상력으로 확대될 수 있는 기능을 발휘하게 된다.

김종삼의 「묵화(墨畵)」와 고진하의 「즈므 마을 2」를 중심으로 현대시에서 여백을 어떻게 처리하여 미학적인 효과를 거두었는지 여백의 처리 방법을 살펴보기로 한다.

여백에 대하여

여백(餘白)의 사전적 의미를 살펴보면 "종이 따위에, 글씨를 쓰거나 그림을 그리고 남은 빈자리", "화면에서 묘사된 대상 이외의 부분"이다. 즉, 여백이란 화면상에 아무것도 그려져 있지 않으면 무언가 여운이 감도는 듯한 공백의 부분을 말한다. 여백은 무의미한 공간이 아니라 의도된 공간적 개념을 내포하고 있다.

 여백이란 단순히 그림 속의 주된 모티브만을 화가가 시각적 대상으로 파악하지 않고 무한한 우주 속에 포함된 인간의 본질적인 모습과 융화시켜 그것을 상징화하여 인지하고 있다. 이러한 생각 속에서 자연스럽게 생성된 공간은 화면에서 아무것도 채워져 있지 않고 남겨진 공백으로, 무언가 여운이 감도는 듯한 분위기를 만들고 화면의 무한한 확장까지도 유도하게 되는 것이다. 이 부분을 우리는 여백이라 한다.[79]

 회화 장르에서의 여백은 '화면에서 그려진 대상 이외의 부분'이다.[80] 그러나 이때 여백은 '그리지 않고 남은 부분' 이상의 의미가 있다. 여백으로 정의되는 화면의 비어 있는 공간은 '아무것도 없는' 무의미한 공간이 아니라 작품 전체의 미학적인 영향을 미친다. '회화에서의 여백 개념이 작품의 공간적 차원에 깊이 연관되어 있다면, 공간성과 시간성, 그리고 리듬이 중시되는 시 작품에서의 여백은 보다 복잡하고 다차원적인 함의를 가지고 있는 것이 분명하다.'[81] 여백의 사전적 정의에 '공간'이라는 의미 자질이 포함되어 있어서 '여백'은 공간 예술인 회화 장르에서 미학적 효과를 위해 사용되었다. 시 또한 시구의 배열 등으로 인해 공간성과 시각적 효과가 시의 미학적 가치를 높이기 위해 중시되어 온 바가 있다. 그러나 시에서의 여백은 공간적 효과만을 위해 존재하는 것은 아니다. 시에서의 여백은 시어나 시구의 함축·생략을 통해 생성된 시의 미학적 이미지가 작품 전체의 내용과 연관된 것이다.

 노자(老子)도 『도덕경(道德經)』을 통해 무(無)의 관념을 말한 바가 있

---

79) 이자영, 「餘白의 표현연구」, 숙명여자대학교 대학원, 2002, p.3.
80) 월간미술, 『세계미술용어사전』, 월간미술, 1999, p.285.
81) 이상오, 『경계와 여백』, 푸른사상, 2011, p.12.

시에서의 여백 처리

는데, 무를 인용한 구절이 많음과 그 작용을 이야기한 것은 여백이 무라는 의미와 상통한다.

『노자』11장에 "三十輻共一轂, 當其無, 有車之用."라는 말이 있다. 이 말은 "서른 개의 바퀴살이 하나의 바퀴통으로 모여 있으니, 그 무가 있으므로 수레로서의 쓰임이 있다."라는 뜻으로 무의 쓰임이 화면에서의 여백과 같은 의미임을 밝히고 있다.

장자는 미의 본질은 우주의 근원에 있고 우주의 근원은 무에 있다고 하였는데 이러한 무(無)는 보는 관점에서 화면상에 여백의 표현이 이루어지고 무와 유(有)를 동일하게 보면서 그 관계가 상대적인 관계로서 존재하는 것이다.

노자가 바퀴의 중간에 빈 공간이 없다면 수레의 작용이 있다고 한 것은 빈 부분의 공간인 무가 없으면 수레로서의 구실을 할 수 없다는 것으로 수레라는 유가 편리하여 목적을 달성하려는 유가 되려면 반드시 무의 작용을 받아야 한다는 것이다. 쓸모 있음이라는 용(用)의 개념은 곧 무의 미적 가치를 증대시키는 것이다. 대상을 더욱 효과적으로 표현하기 위한 것으로 화면에 표현되지 않고 남아 있는 부분이 화면의 완성도에 결함을 초래하기 십상임에도 불구하고 오히려 대상을 더욱 돋보이게 하거나 연장시키는 상태로 보여지게 한다. 또한, 여백으로 남겨진 빈 부분이 표현된 부분과 동일한 상태로 생명력을 갖게 되는 것이다.

장자의 『외물(外物)』에서 혜자와의 대화를 살펴보면 "쓸모없음의 쓸모 있음 또한 분명한 것이 아니겠는가."라고 한 부분이 있는데 이것은 땅이 아무리 넓고 커도 사람이 쓰는 것은 걸을 때 발을 딛는 좁은 공간일 뿐이고, 발 디딘 곳만 남겨 두고 그 나머지 땅을 모두 파내어 황천까지 이르게 한다면, 사람들이 밟고 서 있는 그 땅이 쓸모 있을 수 있는 것이 된다고 하며 쓸모없음의 쓸모 있음을 이야기한 것이다.[82]

---

82) 심백강, 『쓸모없음의 쓸모있음』, 청년사, 2000, p.49.

여백의 미란 유, 무의 작용에 의해 성립된다고 볼 수 있다. 즉, 화면의 여백은 하나의 공간으로서 무위 사상이 깃들어져 있다. 이러한 정신적 바탕으로 이루어진 여백의 처리는 오히려 보다 많은 상상의 세계를 낳게 하고 암시하거나 함축하는 시각적 조형적 표현기술이기도 하다. 이런 기술로서 동양인은 이미 오랜 역사의 문화 속에서 여백의 미를 밝혀 왔다. 특히 표현 형체 이외의 부분을 공백(空白)으로 남겨 놓음으로 화면의 깊이와 심오함을 표현하는 전통 회화는 동양 사상의 정신이 깊게 깃들어 있다.

전통 회화의 화면에서 허(虛)·실(實)이란 묵(墨)으로 표현된 검은 부분이 실이고 필(筆)이 간 흔적 없이 표현된 부분이 표현되지 않은 여백의 허라고 한다. 허와 실의 공간에 나타나는 여백의 기법은 서로 대립 관계이면서도 조화시킬 수 있다. 이는 그림으로 표현된 부분이 표현되지 않은 여백으로써 존재 가치를 가지게 한다는 말이다.

보편적으로 화면에서 묵은 실이요 여백은 허이다. 그러나 상황에 따라서는 여백이 실이 될 수도 있다. 허·실이란 회화 예술에 있어서 중요한 구성 요소가 되며, 여기에 생겨나는 여백은 실제 공간은 아니지만, 형식과 내용의 서로 상보적 관계에서 작가의 내면세계의 표현 활동이 자유로워질 수 있고, 무한한 잠재적 공간인 여백을 이용함으로써 더 많은 것을 암시할 수 있다고 본다.[83]

여백의 효과는 관람자에게 각자 생각하는 공간을 상상(想像)할 수 있도록 함으로써 자유로운 공간의 이동을 유도할 수 있다고 생각한다.

문덕수는 시에서의 여백에 대한 정의에 대해 다양하지만, 그 본질적 의미는 크게 다르지 않다고 보고, 여백은 '동양인의 삶의 한 양식이면서 동시에 문학과 예술의 미학적·사상적 조건'이라고 설명한다. 그리고 시문학에서의 여백을 통사론적 여백, 구조적 여백, 정신적 여백, 상황의 여백으로 나누었다. 통사론적 여백이란 시구의 통사적 구조에서 필요한 성분이 생략된 경우를 말한다.

---

[83] 유희선, 「現代繪畵의 餘白表現 硏究」, 단국대학교 대학원, 2006. p.26.

김소월의 「가는 길」에서 '그립다/ 말을 할까'의 주격이나 여격이 생략되어 있는 경우를 예로 들 수 있다. 구조적 여백은 작품 내적 구조를 살펴보았을 때 구조상으로 시의 객체가 전제되어 있으면서도 그 객체가 부재되어 있을 때 나타나는 커뮤니케이션 구조 속에서의 여백이다. 정신적 여백은 시 안에서 시적 화자가 말을 하고 싶으면서도 말을 하지 못할 때 드러나는 심리적·정서적 세계의 여백을 의미한다.

마지막으로 상황의 여백은 작품 밖의 역사적·현실적 상황에서 바라본 작품 내의 여백의 세계이며 작품 외적 상황과 내적 의미의 상호 작용을 통해 형성된다. 여백은 동양인의 삶의 한 양식이면서 동시에 문학과 예술의 미학적·사상적 조건에 해당되는 것이다.[84]

서범석은 시에서 여백을 만들어 내려는 방법을 '숨김의 건너뜀'과 '변장으로서의 건너뜀'으로 설명하고 있는데, 숨김의 건너뜀은 형태적으로 일부분을 숨김(생략, 비약)으로써 의미를 건너뜀을 생성하여 빈자리를 만드는 것을 의미한다. 반면에 변장은 생략되어 있지는 않지만, 그 정체를 잘 알아볼 수 없도록 하는 것으로 비유나 상징 등의 수사적 방법을 통한 의미의 함축으로 빈자리를 만드는 것을 의미한다.[85]

김종삼과 고진하의 여백 처리

1) 김종삼의 여백 처리

김종삼의 여백 처리 양상은 생략을 통해 여백을 실현하고 있다.

---

84) 문덕수, 「여백의 시학」, 『시문학』 제287호, 시문학사, 1995. pp.115-117.
85) 서범석, 「김종삼 시의 건너뜀과 빈자리」, 『문예운동』 제115호, 문예운동사, 2012, p.282.

즉, 서술어를 생략함으로써 시적 정서를 감추기도 하는가 하면, 시 표현의 중심을 이루는 비유의 원관념을 생략함으로써 시 전체를 읽는 독자가 그 원관념을 유추, 시의 의미를 해석하도록 하였다.

또한, 숨김과 비약을 통해서 여백을 실현하기도 하는데, 말하고 싶은 것을 숨김으로써 독자들이 의미적 공백이 있음을 느낄 수 있도록 하는 여백이 존재한다. 그리고 시의 내용 전개를 비약함으로써 독자들로 하여금 시에서 어떤 부분이 의미가 비어 있다고 느끼게 하는데, 이때 드러나는 여백은 '의미의 비약'을 통한 여백이라고 할 수 있다.

김종삼의 「묵화(墨畫)」를 예를 들면, 이 시는 서술어를 생략함으로써 시적 정서를 숨김으로써 여백을 실현하고 있다.

> 물먹는 소 목덜미에
> 할머니 손이 얹혀졌다.
> 이 하루도
> 함께 지났다고,
> 서로 발잔등이 부었다고,
> 서로 적막하다고,
>
> — 김종삼의 「묵화(墨畫)」 전문

소와 할머니의 상호관계에 초점이 맞추어진 「묵화(墨畫)」는 시제가 상징하는 것처럼 추상적이고도 구상적인 한 폭으로 그림이다. 그런데 소외된 공간으로서의 주변부에다 초점을 맞추어 여백으로 남겨 놓아 보여 준다. 묘사하지 않은 농촌 공간과 생명성의 쇠락함을 넌지시 암시하는 할머니의 행동을 통해 도시의 이미지와 젊은이의 이미지에 대조되는 탈중심화된 대상들로 하여금 여운을 남긴다.

'소 목덜미에 얹'히는 '할머니의 손'은 농사를 지으며 소와 함께 살아온 할머니가 소를 친가족 이상으로 애지중지하는 모습이 그려진다. '이 하루도 함께 지났다고'에서는 오랜 세월을 함께해 온 가족처럼 살아가며 늙어간 동질적인 동지애가 묻어 있으며, 할머니께서 직접 소에게 물을 가져다주는 것으로 볼 때 이 집에는 할아버지나 다른 가족은 없이 오직 할머니와 소만 사는 것이라는 여백의 실현을 가져온다. 발잔등이 부을 정도로 우직하게 일을 한 할머니와 소가 서로 의지하고 아끼며 살아왔다는 정황이 한 폭의 그림처럼 선명한 이미지로 그려지는 한복의 동양화다.

이 시에서 생략된 부분은 '함께 지났다고', '서로 발잔등이 부었다고', '서로 적막하다고'에 이어지는 서술부이다. 시의 제목인 '묵화'는 시와는 무관한 듯 보이지만 시에서 느껴지는 적막함의 분위기를 효과적으로 함축하고 있다. 묵화는 색채가 생략되어 먹으로 짙고 옅음을 이용한 동양화의 한 종류인데, 선명한 색채 이미지는 없지만, 주의를 담고 있다.86)

김준오는 이 시의 여백의 의미가 고립주의에서 창출되는 비현실의 추상 세계이며, 현실에 존재하지 않는 '부재의 미'라고 칭한다. 「묵화」의 '~다고'하는 간접 화법을 즐겨 쓰고 있는 그의 특징적 문체에 주목하지 않을 수 없다. 이것은 단순하고 어눌한 유아적 언어와 더불어 그의 시의 지배적 문체다. 그의 시는 혼자 중얼거림의 독백체다. 함축적 청자에게 말을 건네는 대화체가 관습화되어 있는 우리 시에서 그의 독백체는 맹 유별나다. 그의 이런 독백체가 고립주의의 필연적인 산물임은 물론이다.

고립주의는 원래 모더니즘의 이데올로기이다. 인간 부재의 '비인간화'는 모더니즘 시의 한 전형이다. 이것은 김종삼 시의 절제가 띤 또 하나의 중요한 양상이다.87)라고 주장하고 있다.

김인환은 〈묵화〉에서 시적 화자가 "할머니가 손을 얹었다"라고 말하지 않고 "할머니 손이 얹혀졌다"라고 말하여 대상을 피동적 객체

---

86) 장은영, 「김종삼 시의 여백의 미학과 교육적 의의」, 고려대학교 교육대학원, 2016, p.16.
87) 김준오, 「고전주의적 절제와 완전주의」, 『도시시와 해체시』, 문학과비평사, 1992, p.257~258.

로 포착하거나, 화자의 목소리를 할머니의 목소리와 함께 울리게 하는 자유 간접 화법과 세 개의 쉼표를 활용함으로써 시의 객관성이 확보됨을 분석한다. 대상을 객관적으로 서술하면서 얻게 되는 효과는 독자에게 다양한 상상을 가능케 하고, 우리 시대의 매몰찬 이기주의에 대해서도 상상하게 한다는 것이다. "태평양 전쟁과 6·25 사변을 겪은 세대에 대한 상상과 아울러, 우리는 할머니가 쓸쓸히 소에게 이야기할 수밖에 없는 우리 시대의 매몰찬 이기주의에 대해서도 상상하게 된다. 모두가 제 나밖에 모르고 제집밖에 모르는 시대에 가장 쓸쓸한 사람들은 고아와 과부, 그리고 노인들이다. 우리에게 집은 제 아내와 제 자식으로 구성된 공간이다. 거기에는 노인들이 깃들일 자리가 남아 있지 않다. 주택공사는 서민 아파트의 방을 세 개로 한정함으로써 노인 추방을 공식적으로 허용하였다."88)

이 시에 등장하는 소와 할머니는 고된 노동을 함께 마치고 함께 휴식을 취하는 풍경 속에 존재한다. 이 풍경 속에서 소와 할머니는 대화를 나눌 수는 없지만 고된 하루를 위로하는 애틋한 감정을 적막함 속에서 공유하고 있다. 할머니와 소의 감정의 교류는 소 목덜미에 손을 얹는 할머니의 행위를 통해 실현된다.89)

따라서 물먹는 소 목덜미에 시인이 시 안에 만들어 낸 여백의 공간은 완성된 작품 일부분이 됨과 동시에 시인만의 여백으로 머무르지 않는다. 문학의 본질이 작품을 매개로 한 작가와 독자의 소통에 있다면 독자가 여백에서 시적 의미를 읽어 내야만 그 여백은 존재 가치를 획득한다. 따라서 독자가 확인하기 어려운 추상적이고 비가시적인 의미의 여백까지 읽어 내어 시인의 의도대로 혹은 그 의도와는 조금 다를지라도 독자가 논리적으로 재구성하여 의미를 만들어 나가는 과정이 시문학의 '여백'을 올바르게 감상하는 과정이 될 것이다. 이러한 과정을 거쳤을 때 시문학에서의 여백은 작품을 통해

---

88) 김인환, 상상력과 원근법 , 문학과지성사, 1993, p.95.
89) 이민호, 『김종삼의 시적 상상력과 텍스트성』, 보고사, 2004, p.44.

시인과 독자가 소통할 수 있는 공간으로 재탄생하게 된다.

어찌 되었든 간에 김종삼의 「묵화(墨畵)」는 '하루도 함께 지났다고,', '발잔등이 부었다고,', '서로 적막하다고,' 뒤의 서술어를 생략함으로써 묘사하지 않는 농촌의 피폐된 현실과 할머니와 소가 생사고락을 같이해 온 유대감에서 오는 애잔한 정서를 동양화의 여백을 남겨 두고 있다.

2) 고진하의 여백 처리

고진하의 여백 처리 방법은 마지막 연에 역동적인 촉각적 이미지를 제시함으로써 여백의 미를 실현하고 있다.

이 시인은 기독교적인 우주 공동체의 생태 윤리를 구현하는 시를 써 왔는데, 고현철은 첫 번째 시집을 평하면서 "고진하의 시는 농촌 현실을 통해 현대 사회에 만연하고 있는 소외와 절망의 한 극단을 뛰어난 서정으로 보여 주고 있다는 점과 기독교 시의 가능성을 여지없이 보여 준다는 점에 주목하고 그의 시가 뒤틀린 농촌 현실과 공동체의 꿈을 그리고 있다."[90]고 말했다. 또한, 이남호는 공간에 주목하면서 두 번째 시집 『프란체스코의 새들』의 서평을 통해 "자연적 감수성이 풍부한 시골을 생활 터전으로 하는 시인이 도시적인 삶의 비인간성과 반생명성을 그리는 한편, 현대 도시 문명의 '멀리하기에는 너무나 가까운 매혹'을 동시에 표현하고 있다[91]

박민영은 『우주배꼽』을 평하면서 사물과 교감하고 사물 속에서 명상하는 고진하의 시적 개성에 주목하고 그가 일련의 사물시를 통하여, 신의 사랑과 생명과 평화를, 그리고 인간의 욕망과 갈등과 구도

---

90) 고현철, 「고진하 론 : 뒤틀린 농촌현실과 공동체의 꿈」, 『오늘의 문예비평』 4, 지평, 1991.
91) 이남호, 「멀리하기에는 너무나 가까운 매혹 」, 『프란체스코의 새들』, 『현대시』4, 한국문연, 1993.

를 다양하게 변주하고 있다.92)

예시로 든 「즈므마을 2」는 『우주배꼽』에 실린 시로 '농촌 현실과 공동체의 꿈'을 노래한 첫 번째 시집인 『지금 남은 자들의 골짜기엔』과 자신이 거주하는 시골의 생활 터전에서 현대 도시 문명의 비인간성과 반생명성에 대한 비판 의식을 보인 두 번째 시집 『프란체스코의 새들』에서 공통적으로 보여 준 시 세계를 포괄한 우주 공동체적인 생태 의식을 반영한 시라고 볼 수 있다.

    산비알에 핀
    홍단풍 노을을 등에 지고 귀가하는
    늙은 농부

    집앞에 노을을 한 짐 부려놓고
    어둑발 먼저 들어 등목을 하는 계류에 나와
    발을 담근다

    퉁퉁 부은 발등 위로 찰랑찰랑 떠오르는 별들
    늙은 농부의 발은 누가 씻어 주나
    별들이 씻어 주나

    저 쇠가죽 같은 발에 엎드려 쪽쪽 입맞추는
    별빛!
                                — 고진하의 「즈므 마을 2」 전문

농부의 생활은 논밭에 나가 종일 일을 하고 노을 무렵이면 집으로 귀가한다. 그러한 농부는 "홍단풍 노을을 등에 지고" 귀가하는데 늙은 농부라고 지칭하는 것은 이미 노을의 지는 이미지와 많은 세월을 농사를 지으며 살아온 늙은 농부와 동일한 이미지로 농촌 현실의 피폐한 상황을 암시한다. 화자는 그 까닭에 대해서는 말하지

---

92) 박민영, 「숨은 신의 목소리」, 『우주배꼽』, 고진하 著 〈書評〉, 『현대시학』340, 현대시학사, 1997.

않고 노을을 등에다 지고 귀가한다고 함으로써 우주 질서에 순응하면서 살아온 농부를 미화한다. "집 앞에 노을을 한 짐 부려 놓고"를 통해 과거 우리의 전형적인 농촌의 풍경을 제시한다. 등지게를 짊어지고 노을과 함께 귀가하는 늙은 농부가 "동목을 하는 계류에 나와/ 발을 담근다"고 하여 하루의 일과가 끝났음을 이야기한다.

그런데 그 농부의 발은 발등이 퉁퉁 부었고. 발을 담근 발등 위로 찰랑찰랑 별들이 떠오른다. 계류에 발을 담그고 물 위에 비춘 별들을 바라보는 나르시즘적인 농부의 자기 모습을 통해 농부의 발등과 물과 별이 일체화됨으로써 자연과 교감하는 농부의 삶을 유추하여 계류의 물이 농부의 발을 씻어 주는지 농부의 별이 씻어 주는지 분별할 수 없다는 사실을 통해 자연과의 일체화, 우주적인 공동체의 삶을 지향하는 시 세계를 보인다.

마지막 연을 2행으로 "저 쇠가죽 같은 발에 엎드려 쪽쪽 입맞추는/ 별빛!" 별빛이 농부의 발등에 입을 맞추는 촉각적 이미지를 시각화하여 보여 줌으로써 자연과 농부가 일체화된 역동적인 이미지를 연출한다.

실존적인 소외된 80년대 농촌의 절망적인 현실을 늙은 농부를 통해 삶을 긍정하면서 "쇠가죽 같은 발"을 씻는 모습으로 여백을 남기고 있다. 그 여백에는 별빛을 비치시킴으로써 무수한 상상력으로 확장된 세계를 나아가게 한다.

이상에서 김종삼의 「묵화(墨畵)」와 고진하의 「즈므 마을 2」를 중심으로 현대시에서 여백의 처리 방법에 대해 살펴보았다. 김종삼의 「묵화(墨畵)」 서술어를 생략함으로써 여백을 구현하고 있는 반면에 고진하의 「즈므 마을 2」는 즈므 마을이라는 특정한 시골 마을을 공간으로 설정해 놓고, 늙은 농부가 들에 나가 일을 하고 돌아와 계류에 발을 씻는 장면으로 여백을 남기고 있다.

김종삼의 「묵화(墨畵)」와 고진하의 「즈므 마을 2」 두시의 공통적인 배경은 시골이다. 등장인물은 모두 소외받는 늙은이들이다. 김종삼의 「묵화(墨畫)」에서는 할머니를 등장인물로 하고 소와 관계를 설정해 놓고 있다. 인간과 소의 관계를 통해 농촌 현실 상황을 드러낸다. 소와 함께 고단한 하루를 마치고 소에게 물을 갖다 먹이는 장면에 초점을 맞추어 여백을 구현하고 있다. 반면에 「즈므 마을 2」는 등장인물을 할아버지로 설정해 놓았다. 그리고 할아버지가 등짐에 노을 짊어지고 귀가 후 계류 물에 발을 담그고 발을 씻는 장면을 통해 '퉁퉁 부은 발등', '쇠가죽 같은 말'을 보여 줌으로써 피폐한 농촌의 현실 상황, 그리고 그곳에서 사는 농부에게 초점을 맞추어 여백을 구현하고 있다.

　모두 장소가 시골이라는 점, 모두 일을 마치고 귀가하는 저녁 무렵이라는 시간적인 공통점, 늙은이라는 점, 발잔등이 부었다는 점에서 농촌에 사는 사람들의 고단한 생활 모습에 대해 무한한 동정심을 유발하게 하고 있으며, 김종삼의 「묵화(墨畫)」가 할머니를 등장시켜 여성적인 모성성으로 소에 대한 연대 의식을 여백으로 구현한 반면, 고진하의 「즈므 마을 2」는 등짐을 짊어진 할아버지를 등장시켜 일을 마치고 계루에 퉁퉁 부은 발을 씻는 장면을 별빛과 소통하게 함으로써 고독한 일상적인 농부의 모습으로 농촌의 현실 상황을 여백으로 남기고 있다는 점에서 그 차이점을 보인다.

　김종삼의 「묵화(墨畫)」는 할머니와 소와 연대감을 색깔이 없는 묵화로 울림을 주고 있고, 고진하의 「즈므 마을 2」는 할아버지가 노을 짊어지고 와서 계류에 퉁퉁 부은 발을 담그고 별이 발을 씻어 준다는 기독교적인 사상을 바탕으로 하고 있다. 마지막 연에 "저 쇠가죽 같은 발에 엎드려 쪽쪽 입맞추는/ 별빛!"은 천상에서 노동의 대가를 보상한다는 놀라운 감탄으로 마무리를 짓는다. 다만 별빛이 계루에 찰랑거린다는 것은 과학적으로 논리에 맞지 않는다. 달은 물에 드러나지만, 별은 물에서 보이지 않는다. 화자의 신앙심에 의한 내면세계의 느낌을 촉각적으로 묘사해 놓은 것이다. 그러나 독자는 의심

시에서의 여백 처리

없이 그럴 것이라고 받아들인다. 여기에 신앙의 영역은 과학의 논리를 벗어난다는 반증을 보여 준다 하겠다.

관찰을 통한 '몸'시

― 김기택의 「주정뱅이」와
박혜람의 「낡은 침대」를 중심으로

몸에 대해 정밀한 관찰을 하고 몸의 반응 상태를 형상화한 시가 몸시이다. 몸시는 언어로 전달되지 못한 정서를 환기시키는 시어 대체하는 효과를 거둘 수 있고 감각적인 이미지를 구체화시켜 생동감을 줄 수 있다는 점에서 몸의 언어가 시에 많이 활용되고 있다.

우리가 언어가 전달되지 않을 때 손짓과 몸짓으로 또는 얼굴의 표정으로 정서를 전달하는 비언어적 수단도 때에 따라서는 시어보다 더 효과적으로 정서를 환기시키는 기능을 수행하게 된다.

몸의 상태를 관찰을 통한 가시화, 상태에 대한 반응을 고백함으로써 가청화하여 비언어적 표현으로 효과를 극대화하고 있는 김기택의 「주정뱅이」와 박혜람의 「낡은 침대」를 중심으로 관찰에 통한 묘사와 진술로 표현한 몸의 언어에 대해 탐색해 보도록 한다.

관찰과 묘사로 표현한 몸의 언어

1) 현대시에서 묘사와 진술의 역할

현대시는 묘사와 진술로 표현된다. 묘사란 사물을 있는 그대로 그

관찰을 통한 '몸'시

려 내는 시의 표현 방법으로 시적 대상의 시각적인 현상이나 고유한 성질, 중심적인 인상 등을 감각적이고 구체적으로 그려 내는 것이 목적이다. 시 표현에서 묘사가 시적인 정서를 가장 효과적으로 드러내는 창작 방식이다. 대부분 설명과 묘사를 구분하지 못하고 혼돈하게 되는데 설명은 시의 문학성을 이완시키는 역할을 하지만 묘사는 시의 문학성을 극대화시키는 기능을 하는 만큼 좋은 시의 비결은 시적 대상을 어떻게 잘 묘사하느냐에 달려 있다고 해도 과언은 아니다. 현대시가 음악성보다는 회화성을 바탕으로 하고 있다는 점에서 묘사는 현대시의 가장 두드러진 특징이다. 따라서 현대시는 묘사가 생명이 될 수밖에 없는 것은 필연적인 현상이며 당연한 귀결이다.

묘사와 진술의 명백한 구분은 묘사는 관찰을 통해 구체적인 언어의 그림을 그린다는 것이다. 즉, 그림으로 정서적 등가물을 대체하여 가시화하는 표현 방식이라면, 진술은 시적 대상과 관련된 유사 경험에서 느낀 점이나 깨달은 사실을 고백함으로써 가청화하는 표현 방식이라고 할 수 있다. 시적 대상을 표현할 때 정서를 환기시킬 수 있는 구체적인 사물로 형상화하게 되고 감각 기관으로 환기될 수 있는 감각적인 언어로 묘사되고 진술되어야 정서가 독자에게 환기되어 공감을 얻게 된다.

2) 김기택과 박혜람이 묘사한 몸의 언어

김기택의 「주정뱅이」와 박혜람의 「낡은 침대는 몸시다. 이재복은 그의 저서 『한국 현대시의 미와 숭고』를 통해 다음과 같이 몸, 몸성, 몸의 구조를 지니고 있는 시를 분류해 낸다.

첫째, 몸시는 몸의 존재성을 미적으로 드러낸 시이다.
둘째, 몸시는 몸에 대한 자의식과 반성적인 인식을 통해 어떤 깨달음을 보여 주는 이다.

셋째, 몸시는 몸의 감각과 지각을 통해 세계를 재구성하는 시이다.

넷째, 몸시는 몸을 통한 무의식적인 충동을 표출하는 시이다.

다섯째, 몸시는 몸을 통한 우주와의 소통을 지향하는 시이다.

여섯째, 몸시는 몸을 수단으로 하거나 그 자체가 목적이 되는 노동의 세계를 노래하고 있는 시이다.

일곱째, 몸시는 몸의 확장과 몸의 개조 욕망의 차원에서 인류와 문명의 의미를 새롭게 규정하고 있는 시이다.[93]

몸 시는 신자유주의 시대 개인의 사회적 지위를 규정하는 권력의 지위 체계나 권력 관계를 표현한다. 신자유주의는 자유 자체를 착취하는 매우 효율적이고 영리한 시스템인 것이다.[94]

21세기의 사회는 규율 사회에서 성과 사회로 변모하였으며, 이에 따라 이 사회의 주민들은 규율에 복종하는 복종적 주체가 아니라 스스로를 경영하는 기업자인 성과 주체로 거듭나게 되었다.[95] 성과 사회라고 불릴 수 있는 신자유주의 사회에서는 개인의 직무 성과에 따라 차별적인 경제적 보상과 사회적 지위가 주어진다. 이때 경제적 보상과 사회적 지위라고 하는 것은 곧장 생존과 결부되는 것이다.

신자유주의 체제가 유발하는 병폐 중 가장 큰 문제는 인간 가치가 상실된다는 점이다. 신자유주의 사회에서 가장 큰 가치는 이윤이며, 최대 이윤을 산출하기 위한 노력이 사회 구동의 원리가 된다. 그 과정에서 인간은 생존권을 보장받기 위해 이윤을 산출하기 위해 최선을 다한다. 이에 따라 인간은 경제적 이윤이라는 목적을 산출하기 위한 수단적 존재로 인식되게 되었고, 그에 따라 인간 가치는 상대적으로 하락하게 되었다.[96]

---

93) 이재복, 『한국 현대시의 미와 숭고』, 소명출판, 2012, p.438.
94) 한병철, 「자유의 위기」, 『심리정치-신자유주의의 통치술』, 문학과지성사, 2015, p.12.
95) 한병철, 「규율사회의 피안에서」, 『피로사회』, 문학과지성사, 2012, p.23.
96) 홍규화, 「김기택 시에 나타난 몸의식에 관한 연구」, 아주대학교 교육대학원 석사학위논문, 2016, pp.45-46.

관찰을 통한 '몸'시

'몸'은 한 실존적 개체의 움직임을 통해 세계의 모든 변화 양상을 감지하고 포착할 수 있는 가장 근본적인 토대가 된 것이다.[97] 몸시는 신자유주의의 시대 몸의 언어를 통해 사회적 권력관계 속에서 현대 사회의 하층민들의 일상을 통해 인간의 실존 양상을 드러낼 수 있다. 김기택의 「주정뱅이」와 박혜람의 「낡은 침대」는 바로 산업사회에 사회적인 권력관계에 피지배층으로 전락한 도시 노동자의 일상을 생생하게 묘사하여 동질적인 생존 의식을 이끌어내고 있다.

① 김기택의 몸 언어

앨런 피즈와 바바라 피즈가 집필한 『당신은 이미 읽혔다』[98]에 의하면, "몸의 언어가 훨씬 풍부하고 정직하다"라고 주장하고 명탐정 홈즈의 이야기를 예시로 들고 있다. 홈즈는 손톱, 외투 소매, 구두, 바지 무릎, 굳은 살, 몸부림 등을 보고 범인의 정체를 파악한다. 이러한 현상은 배추를 소금에 절이면 물이 빠져나오게 되는데 이것을 삼투 현상이라고 한다. 반투막을 가운데 두고 양쪽에 농도가 다른 용액을 넣었을 때 용액의 농도가 옅은 쪽에서 짙은 용액 쪽으로 물이 빠져 이동하게 되는데, 이를 우리의 몸과 마음도 삼투 현상이 일어나게 된다. 사람도 온몸으로 이야기한다는 것이다. 속마음은 입이 아닌 몸에서 배어 나오게 된다. 이것을 보디랭귀지라고 하는데, 보디랭귀지는 감정의 삼투현상이다.

인간 진화의 긴 역사로 볼 때 언어가 의사소통된 것은 최근의 일이다. 인간이 의사소통을 하는 데 언어가 차지하는 부분은 약 7%에 불과하고 비언어적인 몸짓, 표정, 자세 등이 93%를 차지한다고 한다. 또한 인간이 말하는 한 문장의 평균 길이가 2.5초에 불과한 것에 비해 얼굴은 25만 가지의 표정을 짓고 그 의미를 이해한다고 한다. 즉, 몸짓을 통해 상대의 속마음을 읽어 낼 수 있다면 올바른 결

---

97) 이연승, 「몸의 구체성과 현존의 방식」, 『시와반시』, 제 65호, 시와반시사, 2008. p.238.
98) 앨런 피즈 바바라 피즈, 황혜숙 옮김, 『당신은 이미 읽혔다』, 흐름출판, 2012.

정과 신속한 판단을 내릴 수 있다고 세계적인 인간 행동 전문가 앨런 피즈와 바바라 피즈의 30년 연구를 집대성한 몸짓 언어 바이블 『당신은 이미 읽혔다』에서 위와 같이 밝힌 바 있다.

몸을 통해 자신의 시세계를 펼쳤던 김기택 시인은 주로 후기 자본주의 사회의 동일화의 구조가 초래한 획일성과 전체성의 폭력으로 소외된 인물들을 소재로 한 시를 써 왔다.

후기 자본주의 시대의 자본의 권력은 모든 것을 상품화하고 물신화한다. 이에 따라, 현대인들의 꿈과 사랑, 욕망, 무의식, 지식, 예술 등과 같은 상부구조 영역까지도 교환가치의 논리로 상품화된다. 인간 개개인을 상징계적 질서에 종속시키려는 동일성의 논리와 교환가치로부터 벗어나 있던 인간의 상부 구조 영역까지도 자본의 논리에 예속화시키는 사회가 바로 후기 자본주의 사회라 할 수 있다. 이러한 사회 구조의 획일성과 전체성이라는 현실적인 억압을 김기택 시인은 몸의 관찰을 통해 시로 형상화하였다. 그가 몸의 언어로 시적인 표현을 대체하는 것은 그 억압에 대한 저항의 장소도 곧 몸이 될 수 있음을 함축하고 있다고 할 수 있다.

사회적 동물인 인간은 불가피하게 사회와 끊임없이 관계를 맺고 생명 활동을 영위하며 살아가는 존재이다. 이때 사회적인 서로의 관계는 유익하든 무익하든 어떤 양상으로든지 인간에게 영향을 미치게 된다. 따라서 인간 존재의 욕망은 때로 사회와 충돌하게 되고, 존재는 비극에 직면한다. 비극적인 존재가 된 소외된 자들을 그는 시 속에서 철저히 냉정한 관찰자의 시점에서 제시하고 있다. 이러한 점에서 김기택의 시들은 오늘날 현대 도시 자본 사회에 함몰되고 소외되어 가는 인간을 보여 주는 데 중요한 자리를 차지한다고 할 수 있다.

이처럼 김기택의 시는 후기 자본주의 사회의 동일화의 구조가 초래하는 억압과 폭력에 대해 지속적인 관심을 기울이고 있다. 그래서 그의 시선은 그 억압과 폭력이 집중된 곳, 즉 하찮고, 사소하고, 소

관찰을 통한 '몸'시

외받는 자들의 몸을 향하고 있고, 그들과 함께 몸을 통해 대화한다. 이러한 만남과 소통은 그 자체로 상징계적 질서의 경계 짓기를 극복하려는 모색이라고 할 수 있다. 또한, 그들과 함께 공존하는 세계를 끊임없이 탐구하는 그의 시는 오늘날 후기 자본주의 사회를 살아가는 현대인들에게 반성적 성찰의 필요성과 윤리의 실천이 절실함을 일깨우고 있다는 점에서 그 의의가 크다고 본다.99)

 그는 말이 없는 사내이다. 어젯밤엔 내내 취해 끓었으나 날이 밝은 지금은 식어 차갑고 조용하다. 그의 굳은 몸은 바위처럼 제 무게 속에 깊이 틀어박혀 좀처럼 나오려고 하지 않는다. 끙끙거리며 그는 억지로 몸을 잡아 일으켜 세운다. 삐걱거리는 느린 몸을 힘들여 끌며 그는 하루 종일 자갈을 져 나르고 철근을 잇고 물과 모래로 시멘트를 갠다. 그리고 저녁. 어두운 몸이 환해지는 저녁. 그는 술집으로 간다. 술이 들어가면 몸은 무게에서 풀려난다. 굳어 있던 말들이 녹기 시작한다. 자물통 같던 입도 풀려 열리고 식은 심장도 끓기 시작한다. 끓는 몸속에서 녹아나온 말들은 쉴 새 없이 입으로 올라간다. 말들은 억양의 힘찬 리듬을 타고 경쾌하게 나왔다가 꼬부라진 혀끝에서 한 바퀴 빙그르르 돌아서 병목마다 귓구멍마다 붕붕거리고 잔마다 그릇마다 쩌렁쩌렁한 소리를 채운다. 말이 빠져 나간 자리에다 그는 연신 술을 채운다. 찰랑찰랑 술이 넘치는 뚱뚱한 몸을 기우뚱거리며 그는 술집 문을 나선다. 비틀거릴 때마다, 출렁거리며 좌우로 쏠리는 힘에 박자를 맞추어 걸으며, 그는 노래 부른다. 노래가 너무 기분에 취해 심하게 기우뚱거리자 그는 발을 헛디며 넘어진다. 엎어진 술통처럼 한꺼번에 쏟아져 나오는 말들. 소새끼, 말새끼, 개새끼, 막노동판에서 평생 질통이나 지다 뒈질 놈… 그는 자기를 넘어뜨린 자를 향해 고래고래 퍼붓는다. 몸에서 소화되지 못하고 부글거리던 말들이 때를 만났다는 듯 한꺼번에 토사물로 쏟아져 나온다. 한참을 쏟아내고도 다 꺼내지 못한 말을, 침과 토사물이 질질 흘러내리는 말을 거리에 흘리며 그는 비틀비틀 집으로 간다. 거의 다 끓은 그의 몸이 때 절은 이불 위에 쿵!

---

99) 김동연, 「김기택 시 연구-후기 자본주의 사회의 몸을 중심으로」, 한국교원대학교 대학원, 2016. p.23.

하고 쓰러진다. 욕들은 아직도 열기가 남아 쓰러져 있는 동안에도 침을 튀기며 나온다. 크고 거친 소리는 중얼거림이 되고 그것도 몇 번인가 끊기더니 이윽고 욕이 되다 만 상태에서 굳어진다. 그는 이내 잠이 든다. 말들은 제 몸무게에 눌려 이제 바위처럼 조용하다.

— 김기택의 「주정뱅이」 전문

「주정뱅이」를 관찰 이동 카메라로 촬영하여 영상으로 보여 주는 것처럼 생생하게 관찰로 시각화하여 묘사한 시이다. 주인공은 종일 자갈을 져 나르고 철근을 잇고 물과 모래로 시멘트를 개는 공사판 막노동자이다. 일하는 막노동자의 몸은 공사장이라는 공간에서의 종일 땀을 흘리며 육체적인 피로와 긴장감으로 정신적인 압박감이 짓눌려 스트레스를 받고 있다. 이 시에서 주인공인 공사판 노동자도 자신의 욕구와 능력을 충족시키지 못하는 소외 속에서[100] 굳은 몸으로 말이 없는 사내로 묵묵히 노동에 시달리고 있다.

그는 공사판에서는 말을 할 수가 없다. 일의 능률로 노동의 가치를 환산하는 공사 현장에서 그는 말 없는 사내가 되어야만 한다. 그는 몸이 노동으로 억압되어 입 밖으로 말을 토한다. 그래서 그는 말이 없는 사내가 된 것이다. 공사 현장에서 긴장해야만 하는 몸은 굳은 몸이 되고 심신을 병들게 한다.

종일 몸과 마음이 억압받아 몸을 가눌 수 없게 되면 어김없이 일이 끝난 저녁이면 술집으로 가서 술을 마신다. 그리고 만취한다. 술은 그의 굳은 몸을 '제 무게'에서 풀려나게 하는 역할을 한다. 술이 굳은 몸을 이완시켜서 낮 동안 '굳어 있던 말들'을 녹이게 되고, '식은 심장'을 다시 끓게 한다.

술이 뱃속으로 들어가 '끓는' 그의 몸에서는 굳은 몸에서 녹은 말들이 '쉴 새 없이' 쏟아져 나온다. 술에 취한 그의 몸에서 말이 계속 이어져 나오는 것은 '말이 빠져나간 자리'에다가 날마다 술을 채

---

100) 마르쿠제, 『에로스와 문명』, 나남, 1989, p.51.

관찰을 통한 '몸'시

워 넣기 때문이다. 채워 놓은 술은 '굳어 있던 말들'을 다시 녹아 내는 것이다.

그가 입 밖으로 연신 토하는 말은 '몸에서 소화되지 못하고 부글거리던 말'이다. 즉, 일상에서 입 밖으로 뱉고 싶었으나 뱉지 못하던 말이다. 따라서 기다렸다는 듯이 이때 엎어진 술통처럼 한꺼번에 쏟아져 나오는 말들이 술의 힘으로 "소새끼, 말새끼, 개새끼, 막노동판에서 평생 질통이나 지다 뒈질 놈. 그는 자기를 넘어뜨린 자를 향해 고래고래 퍼붓는다." 그리고 "때를 만났다는 듯 한꺼번에 토사물로 쏟아져 나온다"

소외된 노동자는 날마다 낮에는 노동, 그리고 밤에는 술을 마시는 일을 일상화되다시피 하여 결국에는 자연 「술주정뱅이」로 망가져 가는 비극적인 인간으로 전락해 가는 것이다.

다만 이 시가 「주정뱅이」를 세밀하게 관찰하고 묘사하여 새로운 시각으로 보여 준다는 점에서 공감이 가나 결정적으로 현실적인 상황에 대한 리얼리티를 의식하지 않는 시인의 주관적인 관점에 의한 묘사에 치중하고 있다는 점이다. 현실 속에서 「주정뱅이」들은 뚱뚱한 사람들이 없다. 마른 체구의 사람들이 대부분인데도 "찰랑찰랑 술이 넘치는 뚱뚱한 몸"이라는 주관적인 묘사가 현실 속의 「주정뱅이」가 아니라 시인의 관념 속에서 직조한 「주정뱅이」라는 점에서 리얼리티의 언밸런스가 일어나고 있다.

물론 시에서는 현실적인 상황과는 다른 모습으로 묘사하여 시적 효과를 노릴 수도 있으나 시도 현실적인 리얼리티를 벗어나 현실과 다른 「주정뱅이」의 인물을 묘사할 때 공감이 더 가느냐 가지 않느냐 하는 문제의식을 던져 주고 있다.

② **박혜람의 몸 언어**

사람은 몸을 통해 존재하고, 몸을 통해 타인과 세계와 관계를 맺고 살아간다. 몸은 살아있는 인간 존재의 실체이며, 타자와 소통하는 주체를 세계에 속하게 하는 공간이라고 할 수 있다. 따라서 인간의 몸이 세계이며, 우주이며, 하나의 기호이다. "몸의 언어는 어떤 면에서 일반적인 언어보다 더 많은 말을 건네 오는 정밀한 기호이다.101)

김기택과 박혜람의 시는 몸의 언어로 표현된 시이다. 이들은 몸으로 세계를 인식하고, 자기 존재를 확인하며, 세계와 소통하는 창작 방법을 채택하고 있다.

메를로 퐁티는 "우리 몸의 가장 단순하고 말초적인 제스처도 행위라는 기호 속에 이미 세상에 대한 주체의 실존적 태도를 암시하는 의미를 함축하고 있는 자발적인 언어"102)라고 주장한다.

일반적으로 언어는 보편성과 개별 언어적 특수성을 지니고 있다. 그렇지만 시각을 달리하면 몸의 언어를 하나의 확장된 언어의 영역으로 포괄해서 생각해 볼 수 있다. 그것은 몸도 의사소통의 기능을 수행할 뿐만 아니라 고유한 특성을 지니고 있는 하나의 언어 기호가 되는 기능을 수행하기 때문이다. 중요한 사실은 "인간의 몸의 언어에서도 은유화, 혹은 환유화가 일어난다."103)는 것이다.

몸의 언어는 은유 체계를 성립함으로써 내면세계를 짐작할 수도 있으며, 나아가 무의식을 해석하는 방법을 구체화할 수도 있다.104) 몸의 언어는 크게 신체 언어, 몸짓 언어, 침묵 언어로 나눌 수 있다.

> 모든 힘이 빠진 한 사내가 후줄근하게 돌아와
> 꽤 오래되고 낡은 충전기 안으로 들어간다
> 그의 몸에 딱 맞는 배터리
> 푹신하고 깊은 잠이 넘쳐나는 낡은 침대 안으로
> 안경을 벗고 조용히

---

101) 한국기호학회, 『몸의 기호학』, 문학과 지성사, 2002. p.146.
102) 메를로 퐁티, 김화자 옮김, 『간접적인 언어와 침묵의 소리』, 책세상, 2008, pp.105-11.
103) 한국기호학회, 앞의 책, p.26.
104) 한국기화학회, 앞의 책, pp.26-35.

관찰을 통한 '몸'시

그의 관절들이 혁대를 풀고 잠든다
얇은 모기장과, 빛의 속도로 몇억 광년쯤 날라 온 듯한 스탠드불빛.
그러고 보니 저 낡은 침대와 연결된 코드는
대기권 밖인지도 모른다

몇 번의 뒤척임으로 사내는 온몸에
잠을 골고루 바른다
신선하고 맑은 힘이 온몸으로 퍼진다
지지직거리는 몇 마디의 잠꼬대가 몸밖으로 버려지고
꿈과 꿈들 사이에 부드럽고 말랑한 연골이 채워진다
피로와 힘겨움 같은 것들을 밤새 먹어치우는 거대한 짐승,
결국 저 사내도 언젠가는 저 침대의 먹이가 될 것이다

간혹, 삐걱이며 새어나오는 전류
버려진 꿈들의 폐기장
산더미처럼 쌓인 저 권태와 피곤함이 베어 있는 덩어리.
점점 충전 속도가 떨어져
다시 이불 속으로 파고드는 저 사내
어쩔 수 없이 낡은 침대의 배후가 되는 저 사내.

— 박혜람의「낡은 침대」전문

「낡은 침대」는 하루의 일과를 마치고 돌아온 남자가 몸을 뉘어 쉬는 공간이다. 그가 잠자리에 누운 것은 내일의 일상을 성실하게 수행하기 위한 몸의 휴식을 위한 일이다. 그것은 마치 방전이 되어가는 핸드폰의 배터리를 충전하는 역할을 침대가 하기에 '낡은 침대'는 곧 '낡은 충전기'의 역할을 하게 된다. '낡은 침대'는 한 사람이 존재하는 공간으로 하나의 세계이고 작은 우주가 된다. 그 침대는 "낡은 침대와 연결된 코드는/ 대기권 밖인지도 모른다"라는 현실을 벗어나 아무런 간섭을 받지 않는 자연 상태로 대기권 밖과 연결되었다는 가정이 성립되는 까닭은 잠이 들면 꿈을 꿀 수 있기 때문이다.

2연에서 잠자는 모습을 "몇 번의 뒤척임으로 사내는 온몸에/ 잠을 골고루 바른다"라고 역동적으로 묘사하고 있다. "잠을 골고루 바르는" 행동을 통해 사내는 노동으로 지친 몸이 "신선하고 맑은 힘이 온몸으로" 퍼짐으로써 기력을 회복하게 되는 것이다. 결국, 침대는 물활론적인 사유에 의해 "피로와 힘겨움 같은 것들을 밤새 먹어치우는 거대한 짐승,"으로 변하는 상상을 하게 되고, "결국, 저 사내도 언젠가는 저 침대의 먹이가 될 것이다"라고 "낡은 침대"가 사내를 먹어 버린다는 상상을 하게 된다.
　　침대는 "간혹, 삐걱이며 새어나오는 전류/ 버려진 꿈들의 폐기장"이 된다. "산더미처럼 쌓인 저 권태와 피곤함이 배어 있는 덩어리"가 좀처럼 충전 속도를 더디게 한다. "낡은 침대의 배후"는 사내가 되고 사내와 낡은 침대를 일체화시키고 있다. 희망적인 상황이 아니라 똑같은 일상이 반복됨으로써 그 환경을 탈피하지 못한 채 충전을 위해 이불 뒤집어쓰고 다시 잠이 들어야 하는 소외된 사내의 일상이 사내의 잠자는 모습을 관찰을 통해 정밀하고 생생하게 묘사함으로써 독자들을 개인의 휴식 공간으로 빨려들게 한다.

　　김기택의 시 「주정뱅이」가 주로 관찰에 의한 객관적인 묘사로 시적 진실을 보여 주었다면, 박혜람의 「낡은 침대」는 관찰에 의한 묘사에 시인의 사유를 곁들여서 시적 진실을 상상할 수 있는 공간을 확장시켜 놓았다는데 그 차이가 있다. 이들의 각각 두 편의 시가 관찰에 통한 묘사와 진술에 의한 몸의 언어로 표현한 몸 시의 특징을 보인다. 즉, 투시적인 상상력으로 산업 사회에 소시민의 일상을 몸의 관점에서 생생하게 그려 내고 있다.
　　두 시 모두 가난한 하층민으로 노동에 지친 남자의 일상을 소재로 하고 있다. 사회 구조의 획일성과 전체성의 억압에 의해 반복적인 노동에서 오는 피로한 몸과 정신적인 스트레스를 풀기 위한 김기택의 「주정뱅이」에서는 매개체로 술이라는 음식을 등장시켰다면,

박혜람의 「낡은 침대」는 일상의 피로에 지친 몸을 쉬게 하는 매개체로 침대를 등장시키고 있다. 또한, 모두 후기 산업 사회의 도시 노동자라는 비극적인 인물을 객관적인 관찰을 통하여 독특한 상상력으로 그들의 일상을 적나라하게 묘사하고 진술하고 있다.

김기택의 「주정뱅이」는 굳은 몸을 녹이고 말을 할 수 없는 상황의 억압에서 벗어나기 위해 매일 밤에 술을 마시고 만취하여 자신을 억압하는 사회구조에 대해 욕설을 쏟아 내거나 토악질로 저항한다. 그러나 박혜람의 「낡은 침대」는 저항을 포기한 체 피로한 몸을 "낡은 침대"에 누워 잠을 통해 내일을 충전한다.

두 시가 도시 소외 계층의 살아가는 모습 중 밤의 일상을 다루고 있다. 투시적 상상력과 해부학적 상상력으로 인물의 행동과 내면 심리를 정밀하게 관찰하고, 영화를 촬영하듯이 카메라를 이동하면서 각각 무기력한 하층 노동자를 묘사함으로써 독자로 하여금 동정심을 불러일으키고 있다.

시와 에코 페미니즘

― 최승자의 「Y를 위하여」와
박혜경의 「도마뱀」을 중심으로

    에코 페미니즘이란 생태여성주의라는 말이다. 생태주의와 여성주의가 합쳐진 사상이며 1970년대 프랑수아즈 도본느에 의해 처음 사용된 용어이다. 여성해방론과 생태학 그리고 자연 해방론이 그 주류이다. 여성 억압과 자연 파괴가 오늘날의 세계관, 사회 구조와 밀접한 관계가 있다고 보고, 여성해방과 생태계 보호를 동시적으로 추구하려는 운동이며 이론이다. 자연의 억압과 여성의 억압을 동일한 관점으로 보는 에코 페미니즘은 「자연」이라는 개념을 바탕으로 여성의 억압과 자연의 억압 문제를 조명하고 있다. 생태 여성주의에서는 양성 차별과 생태 파괴 현상은 서구에서 나타난 이원론적 관점에서 비롯된 사회 모순이라고 지적한다. 오랫동안 동서양은 물론 우리나라 역시 여성을 억압해 왔다.
    특히 조선 시대 이후 유교 문화의 사회적인 구조와 현상에서 여성은 자연과 함께 남성 중심주의의 사유에서 철저히 배제되어 왔다. 한국 현대시는 1990년대에 이르러 자연 생태에 대한 새로운 인식과 더불어 페미니즘 운동이 확산되었다.
    따라서 페미니즘과 생태주의의 확산은 남성 중심의 유교 질서 문화가 초래한 많은 문제점에 대한 비판적 대안이 나오기 시작했다. 착취와 정복의 논리에 의해 훼손된 자연을 회복하기 위해서는 여성성이 요청되기 때문이다.

여성성은 생명의 출산과 양육이라는 생명력과 창조력으로부터 발현된다는 점은 생태 의식과 가장 밀접한 관련이 있고, 긍정적으로 검토할 때 생명 지향의 담론은 여성의 본질이라는 인식에 이른다. 이럴 때 여성성은 생태적 인식과 동일한 인식을 보이게 된다. 자연과 여성은 그것이 지니는 본질적인 속성과 자본주의적 논리와 유교적인 가부장제에 의해 취급받는 방식이 유사하다. 생명을 낳고 기른다는 점에서 자연과 여성은 동일 선상에 놓이게 된다.

에코 페미니즘에서 여성은 새로운 사회, 세계관 형성의 주체가 되어 현 사회의 위기를 새로운 방식으로 바꾸어 낼 수 있는 동력으로 설정하며 이는 여성과 자연과의 관계에 대한 통찰에서 나온다. 이 관계에 대한 통찰은 두 가지 뿌리는 가지는데 그 하나는 여성과 자연은 본질적으로 주어진 속성이 똑같으며, 여성이 남성에게 억압과 종속을 경험하는 것과 자연이 인간에 의해 이용되고 착취되는 것은 동일하다는 것이다.

에코 페미니즘의 입장에서 사랑하는 사람에게 버림받고 새로운 생명을 출산하는 여성과 생태계의 질서 파괴 현상을 동일 선상에서 분개하는 화자의 독백적 진술로 풀어낸 최승자의 「Y를 위하여」와 에코 페미니즘 시각으로 동물적인 생태 관찰을 통해 사랑이 지속되지 못한 아픔을 표출한 박혜경의 「도마뱀」의 시에 대해 자세하게 살펴보기로 한다.

현대시와 에코 페미니즘

에코 페미니즘적 관점이 세계적으로 문학 작품에 본격적으로 반영되기 시작한 것은 1970년대 초이다. 그리고 한국에서 생태 문학 논의가 시작된 것은 1990년대에 들어와서이다. 독일의 생태시가

『외국문학』에 소개되고, 김성곤이 「문학 생태학을 위하여」라는 글을 발표하면서 본격적인 논의가 시작되었다.[105] 그러나 우리나라 에코 페미니즘 문학 비평은 도식적 이해와 이론적인 틀에 입각한 산발적 개별 연구가 대부분이었다. 이와 같은 현상은 생태주의적인 인식 자체가 아직 널리 보편화되지 않은 상태이기 때문이라고 볼 수 있다.

  에코 페미니즘적 인식은 생명을 지향하는 여성성을 인간과 자연이 서로 대립적인 것으로 파악하고, 인간중심주의 시각으로 문명과 사회를 이룩해 온, 이원론적인 남성 중심 역사관을 극복하고자 하는 데서 출발한다. 따라서 대립보다는 포용을, 죽음보다는 삶을 지향하는 생명의 원리를 지닌 여성성은 여성 문학의 근원이며, 새로운 시적 상상력의 모태라고 할 수 있다. 이런 점에서 볼 때 남성 중심적 가치관으로 덧칠해 놓은 모성의 신화에서 탈피하여 여성 스스로가 체득한 새로운 시쓰기를 모색한다는 것은 삶과 죽음, 남성과 여성, 인간과 자연을 포용하는 에코 페미니즘적인 인식에 그 뿌리를 두고 있다.

  에코 페미니즘에서 새롭게 인식하여야 할 여성성의 개념은 이원론에 대항하고, 성별 이데올로기를 극복하는 것이어야 한다. 인간의 생존은 자연을 토대로 하고 있다. 이는 극복할 수 없는 인간의 조건이다. 지금의 생태 위기는 이러한 인간의 조건을 무시하고 인간의 한계를 외면한 결과이다. 자연에 대한 초월과 착취에 근거를 둔 이념은 근본적으로 불완전한 것임을 인식해야 한다. 에코 페미니즘이 비가부장제적이고 성별에 기반을 두지 않는 창조적 비폭력으로서의 여성성, 여성적 원리를 제시하는 이유도 인간이 생존하기 위한 우선 조건은 자연과의 공존임을 인식하고 있기 때문이다. 성별을 구분하지 않고, 이원론에 기반을 두지 않는 철학에서 여성적 원리는 여성들에게서만 찾아볼 수 있는 자질이 아니라 자연, 여성들, 남성들 모두에게서 발견되는 활동성과 창조력의 원리였다.

---

105) 김용민, 『생태문학, 대안사회를 위한 꿈』, 책 세상, 2003, p.80.

시와 에코 페미니즘

　에코 페미니즘은 여성과 자연에 대한 기존의 관점을 과감하게 전복시키는 새로운 시각이다. 이는 성별 이데올로기에 의해 남성의 지배적 위치와 여성의 피지배적 위치를 공공연하게 설정했던 것에 대한 반기이다. 남성:여성, 자연:문화, 정신:육체, 서구:비서구 등 이항 대립적인 이분법적인 사고를 극복하고 상호주의를 지향하는 관계로 나아가는 새로운 가치를 추구한다.
　에코 페미니즘적 상상력이 발현된 시는 생태 문제에서 단순히 환경 오염이나 파괴에 대한 복구, 자연의 문제를 해결하기 위한 것에 그치지 않는다. 여기서 나아가 여성의 주체적인 자각과 함께 여성에 대한 남성의 태도와 인식 변화를 유도하는 것이다. 궁극적으로 여성, 남성, 세계가 공존해 나가기 위한 철학적 사유이기도 하다. 그러므로 에코 페미니즘 시에 대한 사유와 창작, 연구 작업은 그 자체만으로도 "공존"과 "생존"이라는 현실적 문제를 인식하고 실천하는 가치 있는 일이다.
　'몸을 통한 재생과 생명 탄생'은 자연과 여성의 강력한 동질성을 드러낸다. 여성과 자연의 관계는 원형적 이미지와 원시적 생명력을 통해 발현되거나 혹은 일상에서 발현되는 것을 확인할 수 있다. 원형의 이미지들은 주로 어머니(모성)의 모습에서 혹은 대자연의 모습을 통해 비유, 상징화되어 나타난다.
　몸의 의미는 "육체"와는 그 의미 층을 달리한다. 단순히 육체적인 신체를 일컫는 말은 아니다. 여성적 몸의 사유 방식을 통하여 근원적인 생의 문제, 본능, 원초적 세계가 자연과 동일화된다. 여성의 몸이 자연과 한 몸을 이루는 생명체로서 끈질긴 생명력과 우주적 순환 질서를 생성하고 유지한다.
　여성의 몸을 통해 나오는 오줌, 생리혈, 양수 등은 여성의 몸을 터부시한 것에 대한 반기로 작용한다. 즉 여성의 몸은 단순히 물리적인 객체가 아니라 재생하고 성장하며 생명을 탄생시킨다.[106]

---

[106] 남진숙, 「한국 현대시의 에코페미니즘적 상상력 연구」, 동국대학교 대학원 박사학위논

그런데도 생명을 배태하는 자연과 여성에 대해 인간들은 자신의 욕망을 성취하기 위해 끊임없이 자연을 파괴하고, 남성은 힘의 논리로 여성을 지배하고 무시하며, 인간과 인간이 서로를 신뢰하지 못하고 경쟁과 탐욕 속에서 생활하는 현대 사회에 긍정적이며 희망적인 인간관계 및 인간과 자연 사이의 관계를 형성하기 위하여 새로운 문화적 패러다임으로서 에코 페미니즘이 출현하였다.

따라서 모든 생명체를 지속시키는 생물학적·문화적 다양성을 존중하며, 생물학적 또는 사회 구조적인 산물이라는 논쟁을 극복하고 여성의 타인에 관한 관심과 배려, 유기적 성향은 자연과 인간의 관계에 대한 새로운 패러다임의 기본이 되어야 한다는 것이 에코 페미니즘의 핵심이다.

따라서 에코 페미니즘에서 제시하는 새로운 여성성은 과학 혁명 이전의 여성적 원리를 회복하는 것이다. 인간적 상상력의 원천이면서 여성이 수행하는 사회적, 경제적 역할을 통해 영감을 얻을 수 있는 여성적 원리, 즉 에코 페미니즘은 여성 운동과 생태 운동과 접목한 것으로서, 양자 간의 공통성에 기초하여 심각한 위기를 직면하고 있는 인간사회와 생태계를 위기를 극복시킬 수 있는 통합적 원리로서의 대안 문화를 제시하고 있다.

최승자와 에코 페미니즘

최승자는 기존 시의 형식을 파격적으로 파괴함으로써 비시와의 경계를 허물고 현실의 모순에서 파생된 나와 너의 가면을 벗겨 내는 전위적인 실험을 감행한다. 최승자 역시 시 「Y를 위하여」에서 "너는 날 버렸지"로 자연을 파괴한 인간, 사랑하는 여자를 버린 남

문, 2007. pp.138-141.

성에 대해 노골적인 반감을 드러내며, 버림받은 자신에 대해 자학하는 노골적인 감정을 쏟아낸다. 생태계의 파괴하는 인간 중심의 생태적 세계관과 페미니즘적인 동일한 관점에서 시적인 발상을 전개하고 있다.

"나와 내 아이가 이 도시의 시궁창 속으로 시궁창 속으로/ 세월의 자궁 속으로 한없이 흘러가던 것을." 자연과 여성을 동일 선상이 놓고 "수술대 위에 다리를 벌리고 누웠을 때" 즉 출산이 임박한 상황에서 "시멘트 지붕을 뚫고 하늘이 보이고/ 날아가는 새들의 폐벽에 가득 찬 공기"를 보게 된다. 미세먼지로 "날아가는 새들"까지도 숨을 쉴 수 없는 공기 오염, "시궁창 속으로" 흘러가는 수질오염, 인간의 욕망에 의한 자연의 무방비한 폭력 상황과 남성 중심사회의 희생양이 되는 여성성을 오버랩시키고 있다.

> 너는 날 버렸지,
> 이젠 헤어지자고
> 너는 날 버렸지,
> 산속에서 바닷가에서
> 나는 날 버렸지.
>
> 수술대 위에 다리를 벌리고 누웠을 때
> 시멘트 지붕을 뚫고 하늘이 보이고
> 날아가는 새들의 폐벽에 가득찬 공기도 보였어.
>
> 하나 둘 셋 넷 다섯도 못 넘기고
> 지붕도 하늘도 새도 보이잖고
> 그러나 난 죽으면서 보았어.
> 나와 내 아이가 이 도시의 시궁창 속으로 시궁창 속으로
> 세월의 자궁 속으로 한없이 흘러가던 것을.
> 그때부터야.
> 나는 이 지상에 한 무덤으로 누워 하늘을 바라고
> 나의 아이는 하늘을 날아다닌다.

> 올챙이꼬리 같은 지느러미를 달고.
> 나쁜 놈, 난 널 죽여 버리고 말거야
> 널 내 속에서 다시 낳고야 말거야
> 내 아이는 드센 바람에 불려 지상에 떨어지면
> 내 무덤 속에서 몇 달간 따스하게 지내다
> 또다시 떠나가지 저 차가운 하늘 바다로,
> 올챙이꼬리 같은 지느러미를 달고.
> 오 개새끼
> 못 잊어!
>
> — 최승자의 「Y를 위하여」 전문107)

사랑하는 남자와 이별하고 아이를 혼자 낙태시켜야만 하는 버림받은 여자가 비속한 언어로 사랑의 대상에 대해 욕설을 내뱉고 있다. 최승자 시에서 여성은 사랑의 관계가 상실되었을 때, 혼자만이 고통을 짊어져만 하는 모성을 관계 대상에 대한 애증으로 자신의 존재 의식을 드러낸다. 그래서 애인에게 버림받고 산부인과의 수술대에 다리를 벌리고, 「Y를 위하여」 "이 지상에 한 무덤으로 누워" 애증의 양가적 감정을 욕설과 함께 내뱉는다.

화자가 '수술대 위에 다리를 벌리고 누워' '죽으면서' 독백하는 상황이기 때문에 직접적인 감정을 여과 없이 그대로 노출시키는 비속어의 시어들로 시를 구성함으로써 박진감과 저항 의식이 강하게 노출한다. "오 개새끼"하는 앙칼진 여성의 파괴적인 욕설과 이어서 "못 잊어"라는 미련의 언술로 사랑과 미움이라는 애증의 복합적인 감정이 시적인 긴장감을 더해 준다.

화자는 관계의 지속을 위해 타자의 사랑을 끊임없이 확인하려 하고, 그 사랑이 깨어져 버렸다는 것도 잘 알고 있다. 그래서 화자는 남성 중심의 수직적인 문화 속에서 철저하게 여성을 타자화시키는 사랑을 더 이상 수용을 거부한다. 남성과 동등한 위치에서 여성성을

---

107) 최승자, 『즐거운 일기』, 문학과지성사, 1984, p.64.

주체화함으로써 자신을 스스로 방어하려는 화자의 실존 의식을 극명하게 드러낸다.
　자신을 방어하기 위한 최승자 시인의 독설적인 언술 방식은 "나쁜 놈 난 널 죽여 버리고 말 거야"라든가 "나쁜 놈", "오 개새끼"와 같은 애증의 욕설이다. 특히 그녀의 시적 표현의 특성으로 앙칼진 독설, 비속어의 남발, 구어체의 시어 활용, 역설, 반어적인 어법 구사 등 구어체의 비속어 표현은 최승자 시인만의 전통적인 시적 표현 방식의 틀을 깨어 부숴 버린 매우 개성적이고 독특한 언술 방식을 구사한다. 이는 "수술대 위에 다리를 벌리고 누워" 있는 생명을 죽여야 하는 낙태라는 비시적인 공간 설정과 걸맞은 애증의 시어라고 할 수 있다. 따라서 구어체의 비시적인 시어가 실제 생활 현장의 리얼리티를 살려 내는데, 지대한 효과를 발휘했다고 할 수 있다.
　이러한 특성은 이미 최승자 시인은 첫 시집 『이 시대의 사랑』에서 나타나고 있으며, 계속적으로 개성적인 독특한 시적 표현을 구사해 왔다. 이때부터 개인적 고통과 광기의 분출, 세계에 대한 공포가 뒤섞여 자기 해체적 언술 방식으로 주체의 분열과 세계에 대한 부정 의식을 폭로해 왔다. 따라서 거기에는 여성 자아의 분열적 문제와 실존 의식, 남성 중심주의적 세계에 대한 저항적 담론이 투영되어 나타난다.108)고 불 수 있다.

　최승자는 1980년대를 대표하는 시인 가운데 한 사람이다. '나'와 '아이'는 '세월의 자궁'으로 표현되는 '시궁창 속으로', '한없이 흘러가'고 있다. 이 시에서도 '자궁'은 '오염된 자궁'으로 표현된다. 영원히 되돌릴 수 없는 상실된 낙원, 이것이 바로 어머니의 자궁이 가지는 존재성이다.109) 이처럼 시적 화자는 "지상의 한 무덤으로 누워" 죽어 가면서 이러한 절망적 상황을 목격한다. 그러나 화자는 오염된

---
108) 김향라, 「한국현대 페미니즘시 연구-고정희·최승자—김혜순의 시를 중심으로」, 경상대학교 대학원, 2010. P.73.
109) 이재복, 「자궁, 시투성이 피투성이」, 『몸』, 하늘연못, 2002, p.35.

자궁으로의 회귀를 꿈꾸지 않는다. 절망적 상황에 처한 '나'는 포기하지 않고 '널 내 속에서 다시 낳고야 말 거야'라며 생에 대한 적극적인 의지를 드러낸다. 이는 아기를 출산함으로써 새로운 몸으로의 재생하기를 염원하는 것임을 알 수 있다. 아기는 새로운 시간이자, 미지의 공간이며, 화자가 전이를 욕망하는 새로운 몸인 것이다. 출산은 자신의 분신을 낳는 것으로 자신의 삶을 영원히 이어 주는 유일한 방법이다. 동일적인 것의 생존과는 다른 방식으로 연속성을 보증해 주는 것이 출산이다.110) 그러므로 출산은 미래와의 관계를 통해 인간의 유한성을 벗어나게 해 준다. 출산이 가져오는 무한한 시간성으로 인해 인간은 죽음을 초월해가는 것이다.111) 출산의 행위가 내포하는 상징성과 마찬가지로 아기는 새로운 세계와 가능성의 상징이며, 오염되지 않는 나의 분신이자, 새로운 몸을 상징한다.112) 그러므로 시적 화자는 끊임없이 분만을 희망하며, 아기를 통해 새로운 생명과 새로운 세계를 꿈꾸는 것이다. 분만은 비극적인 세계의 난관을 극복할 수 있는 가장 적극적인 행위이기에 시적 화자는 분만을 통해 오염된 여성성의 복원을 그토록 갈망하는 것이다.113)

　이렇듯 최승자는 분만의 진정한 고통을 극복함으로써 세계와 타자와의 관계를 복원하고, 새로운 세계를 구체적으로 탄생시켰음을 알 수 있다. 이러한 시인의 정서는 앞서 연구한 "죽음의 상상력"과 "사랑의 상상력"을 모두 포괄하는 시인의 모성적 면모로 확장되며 귀결되었음을 확인할 수 있었다. 그러므로 최승자의 시는 무통분만이 아닌, 죽음의 고통을 불사하는 분만의 시인 것이다.114)

　최승자의 시를 떠받치고 있는 것은 파괴에 대한 열정으로 충만한 어떤 독기, 죽지 못하고 누추한 삶을 꾸려가는 데 대한 풍자와 욕설

---

110) 서동욱, 『차이와 타자』, 문학과 지성사, 2000, p.321.
111) 서동욱, 앞의 책, p.359.
112) 임현정, 「최승자 시의 죽음과 재생의식 연구」, 고려대학교 대학원, 2004, p.48.
113) 류원열, 「최승자 시 연구―상상력을 중심으로」, 경기대학교 대학원, 2009, p.59.
114) 류원열, 앞의 논문, p.67.

이다. 그가 선보인 시는 지난 1980년대의 황당무계한 죽임과 죽음의 문화에 대응하는, 충분히 공감되는 노래다. 이 세계를 무의미하다고 말하거나 부정하는 것은 어렵지 않다. 최승자는 이와 관련해 다채로운 죽음의 이미지들, 즉 몸속에 말뚝 뿌리로 박혀 있는 아버지, 병든 자궁 같은 인상적인 이미지들로 1980년대의 삶에 휩쓸린 사람의 절망과 부정 의식을 섬뜩하고 뚜렷하게 보여 준 시인이다.115)

「Y를 위하여」는 이제까지 기존 시단 여류 시인들이 보여 주었던 여성성의 시적 문법이 전혀 다르다. 시 전체의 어조가 단호하고, 강렬한 시어는 충격적이다. "위하여"하는 시어는 상대를 존경의 대상으로 받든다는 의미로 쓰이는 기존의 개념을 완전히 깨뜨리는 역설적인 시어로 사용한다. 결국, "너는 날 버렸지"라는 단호한 사실을 밝힘으로써 「Y를 위하여」라는 시제와는 전혀 상반되는 시적 분위기를 자아낸다. 그리고 "수술대 위에 다리를 벌리고 누웠을 때"의 상황은 "낙태 수술"의 한 장면임을 보여 준다. 그리고 이어서 마취상태로 들어가기까지의 낙태 수술의 전 과정과 "날 버린" 사랑했던 남자에 대한 저주와 욕설로 퍼부어 댄다. 그 저주의 욕설은 "나쁜 놈, 난 널 죽여 버리고 말 거야/ 널 내 속에서 다시 낳고야 말 거야"라고 생명을 재탄생시키겠다는 의지를 보인다. 여자들은 저마다의 몸속에 생명을 탄생시키기도 하고 죽이기도 하는 무덤을 갖고 있다고 보고 있다.

박혜경과 에코 페미니즘

박혜경은 문단에 그다지 알려지지 않은 신예 여류 시인이다. 시집

---

115) http://100.daum.net/encyclopedia/view/60XX69700066

으로 『나를 한없이 방출하고 싶은 날』(1997)에 발간한 바 있다. 그녀의 시 「도마뱀」은 동물적 상상력으로 여성을 사랑하다가 떠나 버린 남성에 대한 기다림과 미움이라는 양가적인 감정을 표현한 페미니즘적인 시이다. 주로 우리나라의 에코 페미니즘 경향의 시를 창작한 여류 시인을 손꼽는다면 김선우, 나희덕, 김혜순, 문정희, 최승자, 고정희, 강은교, 김승희 등을 들 수 있다.

이들 시인은 에코 페미니즘을 지향하는데, 에코 페미니즘은 생태 위기를 여성 억압을 주도해 온 가부장제에서 기인한 것으로 인식한다. 때문에 자연과 관련성이 많은 여성성의 가치가 회복됨으로써 생태도 살리고 인간 세계도 살릴 수 있다고 본다. 그래서 생명 창조, 돌봄, 살림, 보살핌, 부드러움, 배려 등 여성적 가치를 여성과 닮은 자연을 직접 접하면서 확인한다. 에코 페미니즘 사상의 핵심을 통해 속성을 정리해 본다. 첫 번째, 만물은 동일하며 그 각각 내재적 가치를 가지고 있고 상호 관련성을 맺으며, 먹고 먹히는 생태적 상황이 존재한다. 생명 유지가 역동적으로 발전해 간다는 생태 중심적 사유 또는 '생태학적 인식'이 담겨 있다. 두 번째, 자연과 여성은 본질적으로 '생명, 탄생, 돌봄, 살림' 그리고 '포용과 배려'의 속성을 갖고 있다. 세 번째, 가부장적 위계 사회에서 자연에 대한 억압과 착취는 여성에 대한 억압과 착취와 관련을 맺고 있다는 점이다. 이 원인이 가부장제 구조와 지배 문화에 의한 이원론적 사고, 서구적 사고로부터 기인하였음을 파악하였다. 이를 극복하기 위해서는 여성적 가치—생명력, 돌봄, 보살핌, 살림 등을 통해 가능하다는 것이다. 네 번째 모든 억압의 근본 원인이었던 이원론적 사고를 극복하고 남성과 여성이 분리된 것이 아니라 통합, 상호 협력적인 입장에서 평등 세계를 지향해야 한다는 점이다. 다섯 번째 자본주의와 상업주의의 개발 논리, 획일적인 관점에 의한 문화에서 벗어나 자급적 관점, 다양화의 추구에 있다. 또한, 생태계 위기를 가져오는 문명 기술의 배척 등의 삶의 원리를 추구하는 것이다.

아직도 우리 삶의 곁에 인간 중심, 서구 중심, 남성 중심의 자본주의로 인해 자연의 파괴 및 훼손, 여성에 대한 억압, 끊임없는 개발 논리의 패러다임이 존재한다. 이것에 대하여 문학은 자신과 인간, 인류의 구원을 위해 가장 먼저 예리한 통찰과 진실의 칼이 담긴 언어로 사람들에게 자각의 경험과 결단의 용기를 준다.116)

에코 페미니즘은 가부장제하에서 자연과 여성에게 가해지는 억압과 부조리함을 문제 삼고, 이러한 이분법적이고 위계적인 사고를 탈피하고자 한다. 그리고 위기에 직면한 우리 사회를 회복시킬 방안으로 남성성:여성성으로 분리된 단순한 이분법적 여성성이 아니라, 남성과 여성을 동시에 포괄하는 새로운 인간성으로서의 여성성을 내세운다. 따라서 에코 페미니즘에서는 기존에 고정된 여성성을 재평가하고, 새로운 여성적 원리에 따라 인간과 인간, 인간과 자연의 평등이 에코 페미니즘에서는 이항 대립 구조에 바탕을 둔 이분법적 사고를 지양하지만, 여성과 자연의 동질성, 남성과 문명의 동일성에 기반을 두는 쌍방향적 시각을 견지하고 있다. 즉, 남성은 이성, 경계, 소유, 문화, 도시 등으로 여성은 감성, 상호침투, 무소유, 자연 등의 의미와 동반자적인 성격을 띤다고 보며, 이러한 시각은 남성과 여성을 이질적으로 분리하고자 함이 아니라 인간과 자연, 인간과 인간이 함께 조화로운 사회를 건설하기 위해 여성 특유의 원리들이 필요하다는 주장으로 이어진다. 따라서 에코페미니즘은 여성적 원리인 모성, 감성, 직관 등을 포함한 다양성, 생명력, 역동성, 순환성, 관계성을 지향하고 조화롭게 살아가는 사회를 궁극적으로 추구한다.117)

      평생 목마르지 않을 샘물 하나 주겠다던 그가
      나를 따르라고 꼬리치던 그가

---

116) 이상철, 「고정희 시와 90년대 여성시의 에코페미니즘 연구」, 서강대 교육대학원, 2012. p.147.
117) 남진숙, 앞의 논문, p.136.

내가 좋아하는 사람들을 배설물처럼 버리게 하던 그가
내 마음 다 떼어 먹은 그가
몸통은 가져가고 꼬리 하나 달랑 남겨 놓고 날랐네

안개 같은 그가
바람 같은 그가
밥도 쫄쫄 굶고 쫓아다니게 하던 그가
화장실도 못가고 뛰어다닌 오동통한 시간을
몽땅 거머쥐던 그가
꼬리를 감춰서 더 보고 싶은 그가
오늘 눈물나게 하는 그가
죽지도 않는 그가
왜 안 오나

나를 목마르게 하는 그
개코 같은 그
더러운 그
멋진 그

— 박혜경의「도마뱀」전문118)

 이 시는 남자가 사랑을 쟁취하기 위해 "평생 목마르지 않을 샘물 하나 주겠다" 하며, "나를 따르라"라고 하면서 "내가 좋아하는 사람들을 배설물처럼 버리게 하"였고, 결국 사랑의 포로가 되어 "내 마음 다 떼어 먹은" 사랑의 상대자는 도마뱀처럼 "몸통은 가져가고 꼬리 하나 달랑 남겨 놓고 날랐네"라고 떠나간 남자를 도마뱀으로 유추해서 보여 준다. 도마뱀이 꼬리 하나를 떼어놓고 달아나는 것은 자신의 생존을 위해서이다. 남자도 자신을 위해서 결국 꼬리를 떼어내듯 화자를 버리고 떠났다. 그것은 자연의 생태환경과 비유했을 했을 때 떠나간 남자는 "안개", "바람"이었다. 그는 화자를 "밥도 쫄쫄 굶고 쫓아다니게" 했을 정도로 그의 매력에 빠져 "화장실도 못가고

---

118) 박혜경, 『나를 한없이 방출하고 싶은 날』, 문학세계사, 1997.

뛰어다닌 오동통한 시간을/ 몽땅 거머쥐던" 대상이다. 그는 나의 신체를 구속했고, 나의 시간을 송두리째 빼앗아 갔다. 그런데 도마뱀이 꼬리를 남겨 놓듯 "꼬리를 감춰서 더 보고 싶"다. 화자는 남자를 못 잊어 한다. "오늘 눈물 나게 하"고, "죽지도 안" 했는데, "왜 안 오나"하고 떠나간 남자를 기다리는 자신을 확인한다. "나를 목마르게 하는 그/ 개코 같은 그/ 더러운 그/ 멋진 그"로 떠나간 남자를 그리워하며 증오하는 양가적인 감정으로 홀로 버려진 자신의 고독한 상황을 애절하게 표현하고 있다.

박혜경은 도마뱀을 품는 자연을 모성성으로 생명 창조, 돌봄, 살림, 보살핌, 부드러움, 배려 등 여성적 가치를 여성과 닮은 자연의 포용력으로 도마뱀이 돌아오기를 기다린다. 그녀의 포용력은 「사이버 스페이스」에서 명징하게 드러난다.

　　　　날 보러 와요
　　　　부담없이
　　　　당신 편한 시간에
　　　　이빨 안 딲고 와도 돼요
　　　　머리가 수세미 같아도 돼요
　　　　곧장 내 안으로 들어오세요
　　　　나의 안색을 살릴 필요 없어요
　　　　표정 관리 필요 없어요
　　　　나는 당신의 이상적인 동반자가 될께요
　　　　죽여줄게요
　　　　제2의 인생을 즐기세요
　　　　반납했던 당신의 욕망을 모두 충족시키세요
　　　　여기는 새로운 이상향
　　　　추천 소개 필요 없어요
　　　　마음대로 들어오고 마음대로 발　뺄 수 있어요
　　　　멈칫저리지 마세요
　　　　자신을 가지세요
　　　　그렇게 두려웠던 죽음도 마음놓고 죽어볼 수 있어요

그렇게 어려웠던 희생도 밥먹듯이 할 수 있어요
현실이 더럽다고 생각하는 분 모두 오세요
다 잊고 이곳에 파묻히세요.
여기가 바로 당신의 뼈를 묻을 곳이에요
행복은 바로 지금 당신 손에 달려 있어요
여기는 신락원 여기는 실낙원

— 박혜경의 「사이버 스페이스」 전문

 대자연의 품처럼 모성성을 사이버 스페이스 공간으로 접맥해 놓고 있다. 에코페미니즘의 시에서 '자연과 여성의 동일화'는 주로 여성 시인이 체득한 경험을 통해 드러냈지만, 이 시에서는 사이버 공간이라는 현대인의 가상 공간으로 모성성을 상징화하여 끌어들이고 있다.
 '몸을 통한 재생과 생명 탄생'은 자연과 여성의 강력한 동질성을 드러낸다. 여성과 자연의 관계는 원형적 이미지와 원시적 생명력을 통해 발현되거나 혹은 일상에서 발현되는 것을 확인할 수 있다. 원형의 이미지들은 주로 어머니(모성)의 모습에서 혹은 대자연의 모습을 통해 비유, 상징화되어 나타난다.[119]
 박혜경의 「도마뱀」은 남성의 이미지를 동물적인 상상력으로 형상화한 시이다. 따라서의 그녀의 시는 생명을 지향하는 여성성으로 표현되며, 인간과 자연을 대립적인 것으로 파악하여 인간 중심주의적 이원론적인 남성 중심 역사관과는 전혀 상반된 자세를 보인다. 대립이 아니라 포용적인 자세로, 죽음이 아니라 삶을 지향하는 생명의 원리를 지닌 여성성으로 떠나간 남성을 버리지 않고 돌아오기를 기다리는 자세를 보이는 성숙한 에코 페미니즘의 자세를 보이고 있다고 할 수 있다.

 이상에서 최승자의 「Y를 위하여」와 박혜경의 「도마뱀」을 중심으

---

[119] 남신숙, 앞의 논문, p.140.

로 현대시에서 에코페미니즘 전개 양상을 단편적으로 살펴보았다.
　에코 페미니즘 사상은 크게 다음과 같이 정리해 볼 수 있다.
　첫째는 가부장적 남성 권력 이데올로기에 의해 억압받는 여성에 대해 새로운 관점에서 남녀평등 지향을 진술하고 있다. 에코페미니즘은 결국 여성의 주체적인 자각과 함께 여성에 대한 남성의 태도와 인식 변화를 유도하는 것이다. 궁극적으로 여성, 남성, 세계가 공존해 나가기 위한 철학적 사유이기도 하다. 최근 한국의 미투 운동은 억압받은 여성 인권에 대한 평등을 지향하고자 하는 사회의식을 보여 준다고 할 수 있다. 에코 페미니즘에서는 여성과 자연을 동일한 상황으로 인식하고 타자에 대한 부당한 지배와 폭력, 그리고 생태주의 생태관으로의 패러다임의 변화를 촉구한다고 할 수 있다.
　둘째는 인간과 자연은 공동체의 운명으로 인식하고, 서로 공생 관계임을 인식해야 한다는 것이다.
　셋째는 생명체 존중 의식에 대한 경각심과 의식 개혁을 요구한다. 생명의 중요함을 인식 못한 난개발로 생태계의 질서가 파괴되었다. 생태계의 파괴는 결국 인간의 생존까지지 위협한다. 따라서 지속 가능한 발전을 위해서는 개발만을 위한 자연 파괴는 더 이상 그대로 방치할 수는 없는 일이다. 이제부터 자연 생태계의 파괴를 멈추고 자연과 더불어 살아갈 수 있도록 자연을 가꾸고 다시 되돌려야 자연이 되살아나게 되고 결국은 인간도 지속 가능한 발전을 이룰 수 있는 세상을 만들 수 있다는 것이다.
　넷째는 에코토피아에 대한 갈망이다. 지구촌의 녹색 혁명을 통해 생태계가 균형을 이루는 녹색 자연의 낙원을 가꾸어 나감으로써 인간을 포함한 모든 생명체가 평화롭게 서로 함께 공생하며 살아갈 수 있는 세상을 만들 수 있다.
　이상과 같은 에코 페미니즘 사상을 기반으로 1980년대부터 우리나라 여류 시인 중 가장 저항적이고 격렬하게 여성의 억압구조에 대해 저항 시인으로 최승자의 「Y를 위하여」와 도마뱀을 품는 자연을 모성성으로 생명 창조, 돌봄, 살림, 보살핌, 부드러움, 배려 등 여성적 가치를 여성과 닮은 자연의 포용력으로 도마뱀이 돌아오기를 기다리는 박혜경의 「도마뱀」을 중심으로 에코 페미니즘의 경향이 다른 두 시를 비교해 보았다.

최승자의 「Y를 위하여」가 앙칼진 독설, 비속어의 남발, 구어체의 시어 활용, 역설, 반어적인 어법 구사 등 구어체의 비속어 표현하여 전통적인 시적 표현방식의 틀을 깨어 부셔 버린 매우 개성적이고 독특한 언술 방식을 구사한 시라면, 박혜경의 「도마뱀」은 동물적인 생태 관찰을 통한 상상력으로 떠나간 남성을 못 있어 그리워하며 다시 돌아와 관계를 회복하기 바라는 포용력 있는 모성성을 보여 주고 있다는 점이다.

표현하는 방식에 있어서 최승자의 「Y를 위하여」에서 자학과 욕설로 부정적인 남성 인식과 불만을 직접적으로 보여 주는 반면에, 박혜경의 「도마뱀」은 동물적인 생태 특성을 통해 남성의 일방적인 관계 단절을 포용하고, 대자연의 원형 이미지를 비유, 상징화하는 모성성의 자세를 보여 주고 있다는 점이다.

제3장 서정시 습작 방법의 실제

1. 서정시란 무엇인가

　서정시는 주관적 경험의 정서나 감동을 표현한 시로 이야기 형식으로 사건을 설명하는 서사시와 극시와 함께 3대 부문의 하나이다. 시인 자신의 내면세계를 드러내는 정서의 반응으로 시각화하여 시인이 느낀 정서를 독자도 공감하여 정서의 환기 반응을 일으키도록 가장 적절한 언어를 선택하여 묘사와 진술로 표현하는 시다.
　우리 인간들이 반응하는 기본적인 정서로는 기쁨, 슬픔, 외로움, 허무, 절망, 분노. 공포 등의 정서가 있다. 감각적 자극으로 빚어지는 정서로는 고통, 환희, 전율, 구역질 등이 있고, 자기 자신이 반응하는 정서로 자존심, 피해 의식, 타인에 대한 정서 반응은 애정, 증오, 연민 등으로 구별할 수 있다.
　서정시란 기쁨, 슬픔, 분노, 공포, 허무, 고독, 절망, 그리움, 연민, 경이, 권태, 우울, 불안 등의 정서 반응을 언어를 통해 타자에게 똑같은 정서 반응을 일으키게 하여 공감을 불러일으키도록 정서를 환기시키는 일련의 언어 형상화 작업이라고 할 수 있다. 따라서 시인의 개성을 반영하여 시어를 선택하게 되는데 시어는 의미, 감정, 어조, 의도를 내포한 시어가 된다. 최대한 주관적인 정서를 객관화시켜야 만이 독자들에게 동일한 정서의 반응을 일으키는 공감을 얻게 된다. 그러므로 주관적인 정서를 그대로 드러내는 관념어나 추상어, 한자어를 배제하여야 하며, 시로써 관심을 끌지 못하는 상투적인 말이나 일상어를 쓰지 말아야 한다. 새롭고 참신한 언어를 시어로 선택하여 새로운 언어의 의미를 창조해내야 한다. 예를 들면, '강아지'라는 시어를 선택한다 했을 때, 토속적이고 시적 분위기가 시골과 관련이 되어 있을 때 '똥강아지'라는 시어의 선택이 분위기를 더 살릴 수 있고, 조금은 상스러운 인물이 시에 등장하고 싶을 때 '개새끼'의 표현이 적절하다는 등 가장 적합한 시어를 선택하여 정서적인 느낌을 환기시킬 수 있도록 해야 한다.

2. 서정시에서 배제해야 할 사항

1) 시는 철학, 종교, 역사, 웅변, 자연과학이 아니다. 따라서 이러한 용어를 함부로 쓰거나 자신이 좋아하는 사상을 설명하거나 전문용어를 사용하여 유식을 자랑한다면 이미 진실과는 위배된 자신의 내면세계의 공허함을 타자에게 전달하게 되는 것이다.

2) 시는 공상의 유희가 아니다. 시는 자신의 생각을 아무렇게나 늘어놓는 것이 아니다. 공상은 매우 주관적인 생각에 지나지 않는다. 공상은 시에서 아무런 의미가 없다. 어떤 질서에 의한 초현실적인 생각은 환상이다. 환상은 문학에서 생각의 깊이를 무의식의 세계까지 반영하여 표현하는 확산 효과가 있으나, 내적인 질서에 의해 펼쳐져야 하며 현실에 기반을 두지 않는 환상을 위한 환상은 결국 내적인 질서가 없어 공상으로 전락되게 된다.

3) 시는 즉각적인 감정이 아니다. 내면세계의 정서적 반응을 순간 포착한 것이지 변화하는 즉각적인 감정은 상황에 따라 가변적이어서 공감을 얻지 못하게 된다.

4) 시는 공상의 유희가 아니다. 시가 자유롭게 자기 생각을 쓴다고 하여 공상에서 즐거움을 느끼는 주관적인 자기 이야기를 기술하는 것은 아무런 의미가 없다. 그냥 언어의 쓰레기에 불과한 것이다.

3. 시적 발상

　시적 발상이란 우연히 어떤 사물이나 광경을 목격하고 번뜩 떠오르는 생각, 즉 영감을 자신이 경험한 것들과 관련지어서 어떤 이미지의 형태로 연상하고 상상하여 다듬고 재구성하여 하나의 통일된 의미 있는 형태로 창조하는 일련의 행위를 의미한다. 오스본은 "발상이란 작품의 아이디어를 산출하는 그 사람 나름의 고유하고 창조적인 이미지의 발상, 즉 작품의 아이디어를 내고 선택하고 구체화하는 과정"이라고 했다.
　좋은 시는 똑같은 소재를 다른 사람과 동일한 눈으로 보고 생각한 평범한 것보다는 자기 나름대로 사물을 새롭게 보고 새롭게 창조해낸 발상이 참신한 시를 말한다. 좋은 시는 참신한 발상을 기본으로 하고 있다. 따라서 참신한 발상으로 좋은 시를 창작하려면 기존에 존재하는 사물을 새로운 눈으로 보고 사물과 일체감을 이루도록 고정 관념의 틀을 깨부수는 획기적인 변용이 전제되어야 한다.
　이러한 발상의 원리는 과학자들이나 발명가들의 아이디어를 찾아내는 것과 매우 흡사하다. 이들은 일상생활에서 불편한 점을 개선하려는 부단한 노력을 하게 되는데, 한 사물에 대해서 여러 가지 관점에서 생각해 보고, 남이 미쳐 발견하지 못한 원리를 일상의 것에서 발견해내는 인지 능력을 향상시키기 위해 스스로 부단히 노력한 결과라고 할 수 있다.
　시 창작을 위한 발상은 영감에 의해 아이디어를 생성하게 되며, 이 과정에서 시적 변용 과정과 재창조하는 형상화 단계를 거쳐 이미지로 성숙시켜 나가는 과정이 바로 시적 발상이다.

3. 시적 발상

　우리들의 잠재의식 속에 있는 경험들이 어떤 사물을 보는 순간 수면 위로 번뜩 떠오르게 되는데 이를 시적인 영감이라고 한다. 즉, 시적 영감은 발명의 원리에서 아이디어가 떠오르는 순간적인 이미지라고 할 수 있다. 이러한 시적 영감을 감각적인 발상으로 채택하여 자신의 경험이나 정서를 바탕으로 구조화된 시상, 형상화하여 쓸거리를 창조해내는 인지적, 정의적인 활동을 우리는 시적인 발상이라고 한다. 따라서 발상은 시의 구체적인 출발점으로 시적 대상으로부터 시적 진실을 발견하는 일련의 과정이라고 볼 수 있다.
　발상 단계는 머릿속에서 떠오르는 아이디어로 연상 작용을 거쳐 여러 유사 이미지와 융합하여 관념의 상태를 구체적인 이미지나 사물로 변용하게 되며, 이때 가장 적합한 시어를 선택하여 표현하게 되는데, 시어는 발명품의 경우 재료에 해당된다.
　가장 적합한 재료가 적절하게 결합될 때 유용한 발명품이 만들어지듯이 시 창작 과정에서 형상화라는 설계도가 완성되었더라도 그에 꼭 알맞은 시어로 표현되어야 비록 허구이지만 허구가 아닌 진실로 받아들여지게 된다. 누구나 공감이 할 수 있는 객관인 상관물을 통해 정서를 환기시켜야 공감을 얻게 되는 것이다. 이때 주관적인 자기감정을 억제하지 못하면 주관적인 정서에 머물러 독자들에게 공감을 주지 못한 주관적인 발상은 결국 혼자만의 넋두리의 시가 창조된다.
　시적 발상은 꾸준한 훈련을 통해 창의적인 인지 능력을 신장시킬 수 있다. 바로 훌륭한 시인은 이러한 훈련 기간을 많이 거쳤기 때문에 남보다 좋은 시를 쓸 가능성을 지니게 되는 것이다. 바로 창의적인 인지 능력을 신장시키기 위해 좋은 시를 읽고 감상하고 많이 써 보는 꾸준한 훈련 기간을 습작기라 한다. 훌륭한 시인은 이러한 인지 능력의 신장을 위해 신인의 자세로 꾸준히 훈련을 하게 되는데 이러한 노력이 없으면 매너리즘이 빠지게 된다. 시인은 시 창작을 하면서 기쁨과 희열을 느끼는 사람을 말하며, 평생을 숙명처럼 시 창작을 위해 노력하는 과정에 있는 사람이다. 시를 쓰지 않고 멈추는 순간은 시인이 아니다. 시인의 칭호를 한번 얻고 시를 쓰지 않으면서 시인 노릇을 하는 행위는 자신을 기만하는 시인답지 않는 가식적인 삶을 살아가게 된다.

따라서 시인은 시를 창작하는 과정에 붙여진 칭호이다. 시를 쓰지 않으면 스스로가 시인임을 포기하는 일이며 진실을 전달하는 시인의 숙명을 저버린 타자의 눈에 자신을 시인으로 인식하도록 허위적인 행동으로 명리적인 가치에 집중하게 된다.

운동선수가 운동을 하지 않으면 몸이 굳어 운동선수의 역할을 할 수 없는 것처럼 시인이 시를 쓰는 일을 일상화하지 않으면 시적인 발상력이 마비되어 붓을 놓게 되는 것이다.

습작을 많이 할수록 창의적인 인지 능력이 신장된다. 이의 구성 요인은 주어진 시간 내에 정해진 주제를 가능한 많은 아이디어를 생각해내는 등 발상의 속도가 빠르고 다른 사람들보다 월등한 아이디어를 생성해내는 능력으로 유창성이 있고, 다른 사람이 생각해내지 못한 다른 수준의 아이디어를 창출해내는 평범한 방법이 아니라 다른 형태의 사고방식으로 아이디어를 도출해내는 유연성, 다른 사람이 생각해내지 못했던 새로운 아이디를 생산해내는 그 사람만이 만들어 낼 수 있는 독창성, 다소 엉성한 핵심 아이디어를 구체화하거나 세부 사항을 덧붙여 디테일하게 만들어 내는 정교성으로 구성된다.

이러한 창의적인 인지 능력을 일컬어 창의성이라고 부른다. 훌륭한 시인은 선천적으로 창의성이 뛰어나지만, 대부분 후천적으로 여러 시인의 좋은 시를 읽고 다양한 기법을 익히기 위해 꾸준히 시 창작 활동을 생활화하여 독특한 시 세계를 구축하게 된다.

습작이란 결국 자신만의 독특한 시적인 발상 기법을 익히는 과정으로 시인이 죽을 때까지 숙명처럼 습관화해 나가야 할 사명적인 과업이라고 할 수 있다.

3. 시적 발상

　발상은 경험→발상(영감—순간적 이미지, 연상, 변용)→형상화→시어 표현→시→퇴고의 과정으로 한 편의 시가 완성된다. 시를 발상할 때 기본은 경험을 바탕으로 시적인 소재와 내면적인 정서를 결합한 이미지를 생성하고, 독백적 진술, 권유적 진술, 해석적 진술로 시상을 펼쳐 나가거나 감각적으로 서경적으로 묘사, 심상적인 묘사, 서사적인 묘사 등으로 시적 대상을 사실적으로 또는 변형하여 묘사하는 방법을 기본으로 한다. 따라서 경험은 시적 발상의 가장 기본적인 원천이라고 할 수 있다.
　예를 들어 시적 대상이 '꽃'일 때, 보는 이에 따라서 '벚꽃→눈보라', '목련꽃→붕대', '장미→징소리', '아파트→벌집' 등으로 경험에 의한 연상 작용, 즉 유사한 이미지를 확장하여 번뜩 떠오르는 생각을 키워서 재미있게, 상상, 보이지 않는 것을 보이는 것으로 형상화하게 되는데 어디까지나 새롭고 참신해야 한다. 시 창작의 성공 여부는 발상에 좌우된다 해도 과언이 아니다. 독자의 호기심을 자극하여 시를 읽게 하려면 발상이 좋아야 한다.

4. 시의 표현(묘사와 진술)

시의 표현은 묘사와 진술로 이루어진다.
1) 묘사→어떤 대상이나 현상 따위를 있는 그대로 언어로 서술하거나 그림으로 그려서 감각적으로 나타냄. 서경적 묘사, 심상적 묘사, 서사적 묘사→시각, 청각, 후각, 미각, 촉각→2개 이상 결합하면 공감각적 이미지.

예) 붉은 울음

◎ 묘사가 잘 된 시

눈먼 사람

김기택

똑똑 눈이 땅바닥을 두드린다
팔에서 길게 뻗어 나온 눈이 땅을 두드린다
땅속에 누가 있느냐고 묻는 듯이
곧 문을 활짝 열고 누가 뛰어나올 것만 같다는 듯이

눈은 공손하게 기다린다
땅이 열어준 길에서 한 걸음이 생겨날 때까지

팔과 손가락과 지팡이에서 돋아난 눈이 걷는다
한 걸음 나아가기 전까지는

4. 시의 표현(묘사와 진술)

거대한 어둠덩어리이고 높은 벽이고 아득한 낭떠러지다가
눈이 닿는 순간
단 한 발자국만 열리는 길을 걷는다

더듬이처럼 돋아난 눈은 멀리 바라보지 않는다
하늘을 허공을 올려다보지 않는다
나아갈 방향 말고는 어느 곳도 곁눈질하지 않는다
눈에 닿은 자리, 오직 눈이 만진 자리만을 본다

어쩌다 지나가는 다리를 건드리거나
벽이나 전봇대와 닿으면
가늘고 말랑말랑한 더듬이 눈은 급히 움츠려든다

눈이 두드린 길이 몸속으로 들어온다
온몸이 눈이 되고 길이 된다
허리가 잔뜩 줄어들었다가 쭉 퍼지며 늘어난다
몸 안으로 들어온 길만큼
한 평생의 체중이 실린 또 한 걸음이 나아간다

멸치

김기택

굳어지기 전까지 저 딱딱한 것들은 물결이었다
파도와 해일(海溢)이 쉬고 있는 바닷속
지느러미의 물결 사이에 끼어
유유히 흘러 다니던 무수한 갈래의 길이었다
그물이 물결 속에서 멸치들을 떼어냈던 것이다
햇빛의 꼿꼿한 직선들 틈에 끼이자마자
부드러운 물결은 팔딱거리다 길을 잃었을 것이다
바람과 햇볕이 달라붙어 물기를 빨아들이는 동안
바다의 무늬는 뼈다귀처럼 남아

멸치의 등과 지느러미 위에서 딱딱하게 굳어갔던 것이다
모래 더미처럼 길거리에 쌓이고
건어물집의 푸석한 공기에 풀리다가
기름에 튀겨지고 접시에 담겨졌던 것이다
지금 젓가락 끝에 깍두기처럼 딱딱하게 집히는 이 멸치에는
두껍고 뻣뻣한 공기를 뚫고 흘러가는
바다가 있다 그 바다에는 아직도
지느러미가 있고 지느러미를 흔드는 물결이 있다
이 작은 물결이
지금도 멸치의 몸통을 뒤틀고 있는 이 작은 무늬가
파도를 만들고 해일을 부르고
고깃배를 부수고 그물을 찢었던 것이다

2) 진술→대상의 현상이나 성질, 인식 등을 직접 묘사하지 않고 상대방에게 들려주듯 드러내는 것을 말하며, 진술의 종류로는 독백적 진술, 권유적 진술, 해석적 진술로 분류된다.

특히 시 창작에서 주의할 사항은 상투적인 표현이나 관념어는 쓰지 말아야 한다는 점이다. 이미지의 시각화, 형상화로 구체적으로 보여 주어라. 사랑-꽃다발, 편지, 어깨 주물러드리기, 명품가방 등으로 사랑의 정서를 이미지로 형상화하여 시각화하여야 한다.

◎ 진술이 잘 된 시

눈물은 왜 짠가

함민복

　지난 여름이었습니다 가세가 기울어 갈 곳이 없어진 어머니를 고향 이모님 댁에 모셔다 드릴 때의 일입니다 어머니는 차시간도 있고 하니까 요기를 하고 가자시며 고깃국을 먹으러 가자고 하셨습니다 어머니는 한평생 중이염을 앓아 고기만 드시면 귀에서 고

4. 시의 표현(묘사와 진술)

름이 나오곤 했습니다 그런 어머니가 나를 위해 고깃국을 먹으러 가자고 하시는 마음을 읽자 어머니 이마의 주름살이 더 깊게 보였습니다 설렁탕집에 들어가 물수건으로 이마에 흐르는 땀을 닦았습니다 "더울 때일수록 고기를 먹어야 더위를 안 먹는다 고기를 먹어야 하는데…… 고깃국물이라도 되게 먹어둬라"

설렁탕에 다대기를 풀어 한 댓 순가락 국물을 떠먹었을 때였습니다 어머니가 주인아저씨를 불렀습니다 주인아저씨는 뭐 잘못된 게 있나 싶었던지 고개를 앞으로 빼고 의아해하며 다가왔습니다 어머니는 설렁탕에 소금을 너무 많이 풀어 짜서 그런다며 국물을 더 달라고 했습니다 주인아저씨는 흔쾌히 국물을 더 갖다 주었습니다 어머니는 주인아저씨가 안 보고 있다 싶어지자 내 투가리에 국물을 부어 주셨습니다 나는 당황하여 주인아저씨를 흘금거리며 국물을 더 받았습니다 주인아저씨는 넌지시 우리 모자의 행동을 보고 애써 시선을 외면해 주는 게 역력했습니다 나는 그만 국물을 따르시라고 내 투가리로 어머니 투가리를 툭, 부딪쳤습니다 순간 투가리가 부딪치며 내는 소리가 왜 그렇게 서럽게 들리던지 나는 울컥 치받치는 감정을 억제하려고 설렁탕에 만 밥과 깍두기를 마구 씹어댔습니다 그러자 주인아저씨는 우리 모자가 미안한 마음 안 느끼게 조심, 다가와 성냥갑만한 깍두기 한 접시를 놓고 돌아서는 거였습니다 일순, 나는 참고 있던 눈물을 찔끔 흘리고 말았습니다 나는 얼른 이마에 흐른 땀을 훔쳐내려 눈물을 땀인 양 만들어 놓고 나서, 아주 천천히 물수건으로 눈동자에서 난 땀을 씻어냈습니다 그러면서 속으로 중얼거렸습니다

눈물은 왜 짠가

5. 기초 연습 방법

날마다 한 가지 식물이나 동물의 이름을 날마다 바꿔 가며, 이미지 연습해야 한다. 예를 들면, 코스모스, 오동나무, 강아지풀, 고양이, 참새, 등등 미술 학원의 데생 연습과 같다.

이미지 데생 연습·1 : 제재-도마뱀

① 기쁨 : 잠자리가 죽었다.
　　　　　왕도마뱀 침을 흘린다.
② 슬픔 : 돌무덤 위에 앉아 비를 맞는다.
③ 고독 : 사막의 모래 언덕에 오도카니 앉아 있다.
④ 절망 : 도마뱀, 절벽을 오르다가 떨어지다
⑤ 허무 : 비늘이 흩어진다. 또 한해가 갔다.
⑥ 분노 : 피를 내뿜는 왕도마뱀
⑦ 공포 : 잘린 꼬리 팔딱팔딱

이미지 데생 연습·2 : 제재-새

① 슬픔 : 잉꼬새 한 마리/ 죽었다// 짝 잃은 잉꼬새/ 꼼짝하지 않는다

— 「잉꼬새」

5. 기초 연습 방법

② 기쁨 : 곤줄박이/ 좋은 점괘// 야호
— 「곤줄박이」

③ 공포 : 솔개 발톱/ 잡힌/ 오목눈이// 벌벌 떨고 있다
— 「오목눈이」

④ 분노 : 빼앗긴 고향/ 아파트 자리// 베란다에/ 둥지 틀었다
— 「황조롱이」

⑤ 허무 : 솔개/ 날개의 깃털을/ 뽑아내다
— 「솔개」

⑥ 고독 : 돛대 끝에/ 앉아// 바다를 바라보는/ 갈매기 한 마리
— 「갈매기」

⑦ 절망 : 달리는 자동차/ 유리창에// 부딪친/ 직박구리// 고개 떨구고 있다
— 「직박구리」

⑧ 불안 : 둥지에서/ 떨어진 아기 물레새// 어쩔 줄 몰라 하는/ 어미 물레새
— 「물레새」

⑨ 그리움 : 가을 제비// 제집 마당을/ 빙빙 돈다
— 「제비」

이미지 데생 연습·3 : 제재—동백꽃

① 슬픔 : 강진 백련사 동백 숲 봄이 오자 겨울에 핀 동백꽃이 떨어졌다. 무수히 땅에 떨어진 동백꽃 죽어서도 다시 한 번 꽃을 피워 내고 있었다.
② 기쁨 : 온 세상이 눈으로 덮고 매서운 추위가 몰아쳐도 나는 아랑곳하지 않고 동백꽃을 피워 냈다. 겨울 햇살이 나를 반겨주었다
③ 허무 : 동박새 떠나갔다. 꽃잎을 떨구었다. 동박새와의 이별의 입맞춤이 어제였던가?
④ 공포 : 꽃가게 아저씨가 나를 꺾으려고 왔다.
⑤ 절망 : 가지가 꺾여 화환의 장식으로 꽂아졌다.
⑥ 고독 : 신축년 장례식장 화환으로 왔다. 아무도 찾지 않는 코로나 시대 장례식장
⑦ 분노 : 꽃집 아저씨 내 가지를 꺾어 돈을 받고 잔칫집에 팔아넘겼다. 그 화환을 수거 해다가, 또 다른 잔칫집에 그대로 또 보내졌다. 돈이 좋다지만 너무들 한다. 꺾여서도 두 번 팔려나가는 내 신세.

이미지 데생 연습·4 : 제재-흑염소

① 슬픔 : 탕제원 아저씨 트럭에 살려간 흑염소, 멍하니 바라보고 있는 흑염소 농장 염소들
② 기쁨 : 사육장에서 겨울을 보낸 흑염소를 봄이 되자 풀어놓았다. 우르르 풀밭을 향해 달려가고 있었다.
③ 허무 : 저녁노을 무인도에 흑염소 방금전 낭떠러지에 떨어져 죽은 흑염소를 바라보고 있었다.
④ 공포 : 바닷가 낭떠러지 밑에서 피투성이 꿈틀대는 흑염소를

5. 기초 연습 방법

바라보고 벼랑 위 흑염소들이 부르르 떨고 있었다.
　⑤ 절망 : 염소 사육장 방금 전까지 메애메에 울던 염소 주인에게 발목이 잡혀 끌려갔다. 발버둥쳤지만 주인은 내게 총을 겨누었다.
　⑥ 고독 : 사육장 늙은 흑염소 한 마리가 일어서지 못하고 되새김질을 하고 있다.
　⑦ 분노 : 염소 삽니다. 나발을 불고 온동네 돌아다니는 개장수에게 주인은 흑염소를 팔았다. 사료 값도 안 나와 판다는 말을 듣고 그동안 쌓은 정보다 나를 돈으로 환산하는 것을 보고 부르르 치가 떨린다.

이미지 데생 연습·5 : 제재-참깨

　① 슬픔 : 참기름집 참기름을 짜고 난 깻묵은 식물의 거름이 되었다. 자식들 뒷바라지 하다가 진국이 다 빠져 이제 쓸모가 없어진 김 노인, 품안에 자식이라더니 품을 떠나 얼굴 한번 보기가 힘든 자식들을 생각하면 자랑스럽기도 하지만 한편 자신이 슬퍼졌다.
　② 기쁨 : ㉮ 하얀 방울 모양의 꽃을 피웠다. ㉯ 손수 참깨 농사를 지은 참깨로 기름을 짜 요리할 때 쳐넣었다. 고소한 향기가 음식 맛을 더했다.
　③ 허무 : 가을 참깨는 열매를 모두 털리고 버려졌다.
　④ 공포 : ㉮ 참기름집 뜨거운 불에 달구어진 볶음통에 들어갔다. 앗 뜨거 톡톡 뛰쳐나오려고 몸부림해도 뛰쳐나올 수 없었다. 점점 뜨거워진다. ㉯ 참깨대가 마당에 말려졌다. 주인은 방망이로 나를 두들기려 했다.
　⑤ 절망 : 볶음통에 불에 볶아졌다. 이제 볶은 참개들이 가루방아 기계 속으로 들어갔다.
　⑥ 고독 : 참깨 씨앗을 모두 털린 깻단 묶음

⑦ 분노 : ㉮ 씨앗으로 다시 태어나지 못하고 참기름집으로 갔다. 운이 없다. 주인의 선택을 받아 씨앗으로 남겨진 참깨가 부럽다. ㉯ 기름 짜내고 깻묵이 되었다. 쓸모가 없다고 버려졌다.

이미지 데생 연습·6 : 제재-박쥐

① 슬픔 : ㉮ 우리가 사는 곳에 사람들이 들락거린다. 우리들이 살던 동굴도 관광지로 개발하고 산들이 모두 도로와 집터로 바뀌어 우리들이 살 곳이 없어졌다. ㉯ 흡혈박쥐 때문에 우리들을 두려워한다. 해충을 잡아주고 과일만 먹는 종족들도 있는데 사람들은 우리들을 싫어한다. ㉰ 동화 속에서 날개가 있으니 날짐승이라 하고, 쥐처럼 포유류라 하고 이리 붙었다 저리 붙었다하는 이중인격자로 낙인 찍혀놓았다.
② 기쁨 : 우리 몸에 병균이 들어와도 우리는 병을 앓지 않는다. 병균을 옮기기는 하지만 우리 몸에서는 꼼짝 못한다. 우리 종족 중에는 병원을 찾는 종족이 없다
③ 허무 : 평생을 어둠 속에서만 살다가 죽는다. 햇빛 한번 보지 못하고 사는 우리들이다.
④ 공포 : 우리가 사는 동굴을 사람들이 관광할 수 있도록 개발하는 공사가 한창이다. 전깃불이 들어오고 있다.
⑤ 절망 : 공사가 끝나고 전깃불이 동굴 안을 환하게 밝혀다. 사람들이 몰려오고 있다.
⑥ 고독 : 떼로 몰려다니는데 박쥐 떼들과 함께 날아다닐 힘이 없다. 늘 혼자 뒤쳐져서 밤하늘을 날고 있다.
⑦ 분노 : 사람들이 우리 터전을 모두 앗아갔다. 우리가 맘 놓고 잠 잘 곳이 없다. 우리는 잠을 잘 때 둥굴 천정에 거꾸로 매달려 산다. 똥오줌을 처리할 만 바로 날아서 처리한다.

6. 연극 무대 연출가 가정 무대 배치 훈련

 앞에서와 같이 시의 이미지 데생 연습하면서 그중에서 시로 연극 무대 배치(형상화)가 가능한 정서를 선택하여 연극 무대 연출가가 되었다고 가정하고 연극 무대를 배치하여 적절한 언어로 꾸며서 시적인 형상화 연습을 한다. 이와 같은 방법에 의해 형상화된 이미지 데생 연습·3 : 제재-동백꽃, 데생 연습·4 : 제재-흑염소, 데생 연습·5 : 제재-참깨, 데생 연습·6 : 제재-박쥐 중 한 가지 정서를 선택하여 연극 무대 연출가의 입장에서 무대 배치하여 연극시를 완성한 예시를 살펴보도록 하자.

데생 연습·3의 연극시 : 동백꽃(슬픔)

김관식

경자년 봄
강진 백련사 동백 숲 찾아갔네.

다산 선생
걸었을 산책길

지난겨울
눈보라 맞으며

피워낸 동백꽃 길
동박새처럼 따라 걸어갔었네.

신축년 봄
다산 선생 다시 뵈러 갔더니
백련사 동백 숲 피울음 삼키고 있었네.

땅에 떨어져
다시 또 한 번
붉어진 눈시울 치켜뜨고 있었네.

그냥 밟고 지나칠 수 없어서
고양이처럼 살금살금 걸어 나왔네.

   등장인물 : 화자, 다산 선생.
   무대 : 공간적 배경-강진 백련사 동백숲
         시간적 배경-경자년 봄, 신축년 봄
   음향 : 동백꽃 떨어지는 소리, 발걸음 소리
   소품 : 동박새, 고양이
   동작 : 땅에 떨어진 동백꽃의 눈뜸

데생 연습·4의 연극시 : 흑염소(슬픔)

김관식

겨울 염소농장
탕제원 아저씨 오는 날
흑염소 한 마리

6. 연극 무대 연출가 가정 무대 배치 훈련

철망 안에 갇혀
봉고 트럭에 실려 갔다.

매에매에
팔려가는 염소
검은 눈물 뚝뚝

멍하니 바라보는
흑염소들
뒷발질 하고 있었다.

   등장인물 : 탕제원 아저씨, 흑염소들
   무대 : 공간적 배경-흑염소 농장
         시간적 배경-겨울
   음향 : 흑염소 울음
   소품 : 봉고 트럭
   동작 : 흑염소의 뒷발질

데생 연습·5의 연극시 : 참깨(허무)

김관식

깨알 같은 눈물
참기름 집으로 보내졌다.
볶음 솥으로 들어갔다.

압축기가 내 몸을 조여 왔다.
참기름을 모두 뽑아 냈다.

자식들 모두 서울로 떠나보내고
시골집에 껍질만 남아
해마다 참깨를 턴다.

내 몸 속 참기름은
빈 소주병 속으로 들어갔다.
주인의 자식들 집으로 보냈다.

빈 몸만 버려져
깻묵처럼 오래된 시골집을 지켜왔다.

고소한 참기름 요리할 때 쳐 넣고
자식들은 깔깔거렸지만,
향기 다 빠진 깻묵처럼
빈 시골집에 남았다.

    등장인물 : 참깨, 농부 , 농부의 자식들
    무대 : 공간적 배경-시골집, 참기름 짜는 집, 농부의 자식들 집
          시간적 배경-가을
    음향 : 깨볶는 소리, 참기름 압축기 소리
    소품 : 참깨, 볶음솥, 압축기, 깻묵, 빈 소주병에 넣은 참기름

데생 연습·6의 연극시 : 박쥐(분노)

김관식

어둠이 좋아라
어둠이 좋아라

6. 연극 무대 연출가 가정 무대 배치 훈련

컴컴한 어둠은 거리낄 게 없다.

제 잘 났다고 열기를 뿜어대는
원수 같은 해가 싫다. 햇빛이 싫다.
컴컴한 동굴 천정에
거꾸로 매달려 낮을 보냈다.

천정에 거꾸로 매달려 살아야지
이 세상
바로 보고 못 살겠더라.

내가 바로 설 때는
바로 서서 바르게 산다고 하는 자들에게
오줌을 갈겨주고 싶을 때뿐이다.

어둠 속에서
거꾸로 살며 올바르게 사는 척하는
지킬박사의 위선보다는
하이드처럼 본능으로 떳떳하게 살고 싶다.
금 수저로 태어나 햇빛 받고 설쳐대는
놈들이 보기 싫어
낮 동안 동굴 속에 숨어서
거꾸로 누워 잠을 자고

밤이 되면
사람들이 사는 마을 불빛을 우르르 몰려가는
해충들을 처단했다.

낮에 잠자고
밤에 활동하는
우리는 야행성
우리는 남에게 그림자를 만들지 않는다.
쥐새끼처럼 남의 것을 훔쳐 먹지 않는다.
사람들에게 구걸하지도 않는다.

어둠을 틈타 사람의 피를 빨아먹기 위해
날아가는 모기떼들을 단죄한 죄 밖에 없다.

밤에만 일한다고
새도 아닌 게 날아다닌다고
우리를 함부로 비난하지 말아라
오직
의로운 일에 앞장서고
오른 손이 한 일 왼손이 모르게 살아왔다.

우리들에게 조명을 들이대지 마라.
우리는 익명으로 살고 싶다 .

　　　등장인물 : 박쥐, 모기떼, 해충
　　　무대 : 공간적 배경-동굴 천정
　　　　　　시간적 배경-밤
　　　조명 : 불빛, 조명
　　　소품 : 금 수저

　이 시는 박쥐가 포유류이면서 날개가 있어서 포유류와 조류 두 영역에 소속되어 잇속을 쫓아 신의를 내동이치는 이중인격자로 우리 인간에게는 나쁜 동물로 인식되고 있다. 이 시에서는 사람에게 해로

6. 연극 무대 연출가 가정 무대 배치 훈련

운 해충을 잡아 주는 등 좋은 일을 하는 동물이며 박쥐를 통해서 위선적인 명사들을 비판하는 등 사회 풍자를 하고 있다.

부엉이

김관식

밤이다
부엉이 운다.
마을 뒷산 병풍바위 위에 앉아있을 게다.
부헝, 부헝, 부헝.
문풍지가 바르르 떤다
으스스
온몸에 소름
이불을 뒤집어쓴다

뒤안의 대숲
댓잎 서걱거리는 소리
등잔불이 흔들거린다
부엉이가 또 우리 집을 찾아 왔는갑다.
갑자기 천장에서 쥐들이 쿵쾅거린다.
쥐오줌 지린내가 방안을 확 풍겨온다
부엉이 또 운다
산마을이 숨죽이고 귀 기울인다
부헝, 부헝, 부헝

　주인공 : 부엉이

무대 : 공간적 배경-산마을, 대숲이 있는 집 방안
          시간적 배경-겨울밤
    조명 : 등잔불 불빛
    음향 : 부엉이 울음소리, 문풍지 떠는 소리. 대나무 잎새 소리,
          쥐들이 쿵쾅거리는 소리
    품 : 등잔불, 이불
    냄새 : 쥐오줌 지린내

 이 시는 늦가을이나 겨울밤 부엉이가 울어대는 고즈녁한 산마을의 6,70년대 어린 시절을 보낸 어른의 사향의식(思鄕意識)을 재현적 상상력으로 시상을 전개한 연극시이다. 산마을 밤의 고요한 정서 경험을 진술하고 있다.

7. 병치 기법

　병치(竝置)는 두 가지 이상을 한 곳에 나란히 배치하는 것을 말한다. 치환 은유는 사물의 형태, 정서, 상징, 행동, 언어 등의 유사성에 의해 한 대상을 다른 대상으로 이동하여 자리바꿈을 하는 것이지만, 병치 은유는 자리 이동이 아니라 함께 놓아두는 방식이다. 두 개 이상의 사물들을 함께 놓아두어서 그것들이 서로 기능함으로써 새로운 의미를 창출하게 하는 것이다. 휠라이트는 병치 은유를 조합이라는 말을 사용했는데, 조합이란 치환 은유처럼 사물들 사이에 유사성에 의한 자리바꿈이 아니라 서로 다른 사물들이 나란히 병치시킴으로써 새로운 의미를 창출해내는 '새로운 결합'의 형태를 말한다. 병치기법을 적용할 때 두 사물 간의 유사점을 찾는 방법으로는 첫째, 형태의 유사점→모양의 유사점을 찾는다(예 ; 빌딩—하모니카). 둘째, 정서의 유사점→느낌의 유사점을 찾는다. 셋째, 상징의 유사점→의미의 유사점을 찾는다. 넷째, 행동의 유사점→움직임의 유사점을 찾는다. 다섯째, 언어의 유사점→동음이의어, 발음의 유사점을 찾는다.

　　그대 아는가
　　나의 등판을
　　어깨서 허리까지 길게 내리친
　　시퍼런 칼자욱을 아는가
　　疾走하는 전율과
　　전율끝에 斷末魔를 꿈 꾸는
　　벼랑의 直立
　　그 위에 다시 벼랑은 솟는다
　　그대 아는가

석탄기(石炭紀)의 종말을
그때 하늘 높이 날으던
한마리 장수잠자리의 추락(墜落)을
나의 자랑은 자멸(自滅)이다
무수한 복안(複眼)들이
그 무수한 수정체(水晶體)가 한꺼번에
박살나는 맹목(盲目)의 물보라
그대 아는가
나의 등판에 폭포처럼 쏟아지는
시퍼런 빛줄기
2억년(億年) 묵은 이 칼자욱을 아는가

— 이형기의 「폭포」

이 작품을 부분적으로 보면 병치 은유이지만, 작품 전체로 보면 치환 은유가 됨으로써 병치 은유와 치환 은유의 결합 형태가 된다. 왜냐하면 "시퍼런 칼자국", "질주(疾走)하는 전율", "벼랑의 치위(値立)", "석탄기(石炭紀)의 종말", "장수잠자리의 추락(墜落)"의 이미지들은 병치 은유로 보이지만 전체적으로는 폭포를 비유하고 있기 때문이다.

예시1)

둘이 좋아서 몸을 섞었습니다
사랑은 젖은 이슬이 되고
어머니 아닌 처녀 뱃속에서
사랑을 확인했습니다
단단히 조여 오는 압박 벨트도
저희들의 몸부림을 막지는 못했습니다
남이 볼까 두근두근
스스로 싹을 틔우고
세상 밖으로 나왔습니다
달콤한 사랑도 모두 멈추고
엄마의 품을 떠나

7. 병치 기법

> 영아원의 엿기름이 되었습니다
> 이제 사랑도 산산이 부셔져 가루가 되고
> 허공으로 흩어져 낯선 나라
> 물과 밥알에 섞여 분노를 삭혀왔습니다
> 타국 땅에서 밥알로 동동
> 한때 뜨거웠다 차갑게 식어 버린
> 미혼모의 젊은 날 한 순간
> 엿 먹은 은혜입니다
>
> — 김관식의 「식혜」

식혜 빚는 과정과 젊은이들의 사랑과 미혼모들의 출산, 해외 입양으로 보내는 과거 우리나라의 고아 수출이라는 사회 병리적인 현상을 전체적으로 병치시켰다.

식혜 만드는 전 과정을 미혼모들이 젊은 혈기로 사랑을 나누다 그만 임신을 했을 때 몰래 아이를 낳아 영아원에 맡기게 되면 입양기관을 통해 이 아이들이 다른 나라에 입양이 되어 갔다. 가끔 신문과 방송에 이 입양간 아이가 자라서 친모를 찾겠다고 나서나 대부분은 타국에서 한국 사람으로써의 정체성을 찾지 못하고 입양된 나라의 국민이 되어 살아간다. 이러한 두 사건의 유사성은 엿기름이 보리 싹의 자람을 멈추게 하여 만든다는 점, 그리고 식혜를 만들면 단맛을 내며 우리나라의 고유한 전통 음료라는 점, 식혜를 더 졸이면 엿이 된다는 점, 식혜에는 밥알이 동동 떠있다는 점 등의 식혜 특징과 미혼모들의 사랑 이야기가 처음에는 달콤하여 빠져든다는 점, 남에게 말을 못하고 숨겨오다가 몰래 아이를 낳게 된다는 점, 이 아이는 영아원에 맡겨져 고아가 되고 다른 나라에 입양된다는 점 등 미혼모의 사랑 이야기가 전혀 유사점이 없는 것 같으나 곰곰이 살펴보면, 사물의 형태, 정서, 상징, 행동, 언어 등의 유사성이 발견되게 된다. 따라서 식혜 만드는 과정과 미혼모의 입양이라는 두 사건을 병치시켜 놓고 유사점을 찾아서 빈틈없이 엮어 내면 이질적인 두 사물의 병치가 완성된다.

따라서 이와 같이 시 창작 습작은 시는 정서의 이미지화 기초 연습을 날마다 하고, 이어서 묘사 연습 또한 날마다, 그리고 익숙해지면 두 가지 상황을 조합한 병치 기법 연습하면 어느 정도 경지에 이르게 됩니다.

예시2)

>아파트 분양
>떴다방
>밀물이 몰려든다
>
>기회는 이때다
>밀려들 때
>분양받아 웃돈 얹어
>잽싸게 빠져야 나와야 한다
>
>떴다방들 다 빠지고
>어물어물
>썰물인 줄 모르고
>모델하우스 분양사무실
>꾸역꾸역 멸치 떼들이 몰려든다
>
>죽방령 입성
>로또 당첨
>환호성을 지르며
>펄쩍펄쩍 뛰는
>남해 바다
>
> ― 김관식의 「죽방렴」

이 시는 남해바다에 고기를 잡기 위해 설치해 놓은 죽방렴, 즉 좁은 바다의 물목에 대나무로 만든 그물을 세워서 물고기를 잡는 일, 또는 그 그물을 말하는데 이는 자연 현상을 이용한 인간의 지혜이

7. 병치 기법

다. 그렇지만 자연의 현상을 이용한 것이다. 밀물과 썰물의 조류에 따라 물고기들이 죽방렴에 갇히게 되는데, 이러한 상황을 아파트 분양으로 떴다방들이 몰려드는 모델하우스와 병치시킨 시이다.

예시3) 기생충의 상징성에 의해 매국노와 병치

평생 동안
떵떵거리며
뜯어먹고 살아왔다

시커먼 뱃속
구린데 붙어서
일진회 앞잡이로
기생파티
능글능글

동족들이
배 움켜쥐고
아파해도
못 본 체했다

실컷 도둑질해
똥구멍으로 자식들을
동경 유학 보냈다

핵폭탄
산토닌 처방 앞에
독립투사 신분 세탁
힘 있는 사람
뱃속에 착 달라붙어
꿈틀꿈틀
대대로 배 채우며
당당하게 살아간다

— 김관식의 「기생충」

이 시는 일제 강점기 매국노를 기생충과 병치시켰다. 일본 사람의 앞잡이가 되어 민족을 배신하고 자기 혼자만 호의호식하고 자식들을 동경 유학을 보낸 매국노들이 해방이 되자 독립운동가로 신분 세탁하여 떵떵거리며 살아가는 민족 반역자 처단하지 못한 우리 역사적 사실을 폭로하고 어떻게 살아가야 바른 삶인지를 깨우쳐 주는 시이다.

예시4) 언어의 해체, 의미를 바꿔서 병치

언어를 해체시켜서 그 의미가 바뀌지는 것을 병치시키는 방법이다. 우리나라 말에는 한 낱말을 분해시켰을 때 두 가지 의미가 생긴다. 이 두 가지 의미를 서로 병치시키는 방법인데, 최근 포스트모더니즘적인 경향으로 장르간의 해체, 낱말의 해체 등의 방법을 이용하여 병치할 수 있다.

나
비다

구름 동동
하늘 떠돌다
되돌아올 줄
정말 몰랐다

팔랑팔랑
꽃을
찾아다닐 때
나를
잊었다

그땐 정말

7. 병치 기법

눈물
흘릴 줄
전혀 몰랐다

비틀비틀
낙하하는
나비
나
비다

― 김관식의 「나비」

이 시는 "나비"라는 시어를 "나"와 "비"로 분해해서 해체시켰다. "나"라는 인간과 "비"라는 자연현상으로 분해하여 병치시킴으로써 새로운 의미를 창출해낸 것이다.

※ 서정시 기초 연습 방법(매일 식물이나 동물의 이름을 날마다 바꿔가며 이미지 연습해야 함, 코스모스, 오동나무, 강아지풀, 고양이, 참새, 등등 미술의 데생 연습과 같음. 이 연습을 꾸준히 하면 시적 경험을 이미지로 형상화하는 기능이 익혀지는 시 창작의 지름길임.)

◎ 이미지 연습 사례

1) 고양이 소재의 이미지 연습 사례

① 슬픔 : 마을길 길양이 한 마리 차에 치여 파닥거린다/ 또 한 마리의 길양이가 갑자기 달려와/ 쓰러진 길양이의 몸을 발로 흔들어대고 있다.

② 기쁨 : 고양이가 쥐 한 마리 잡아 방 안으로 가져왔다/ 내 앞에 물고 던지고 발로 흔들고 가불거렸다// 머리를 쓰다듬어 주었더니/

골골골 소리를 내며/ 꼬리를 세우고/ 내 몸에 제 몸을 비벼 댔다.

③ 공포 : 시골 빈집/ 검은 고양이 한 마리/ 눈을 시퍼렇게 뜨고// 날 노려보고 있었다.

④ 분노 : 고양이가 방안으로 쥐 한 마리 물고 왔다/ 징그럽게 쥐를 물고 왔다고 자로 때리려고 하니 으르렁거리며/ 내 팔뚝을 발톱으로 할퀴고 달아났다.

⑤ 허무 : 쥐약 먹은 쥐를 잡아먹고/ 고양이가 방 안에서 나뒹굴다가/ 눈알을 뒤집고 쓰러졌다.

⑥ 고독 : 고양이 한 마리가 밤마다 아파트 주위를 맴돌며/ 응애응애 아기 울음소리로/ 잠을 깨운다.

⑦ 절망 : 올무에 걸린 고양이 한 마리/ 얼마나 몸부림쳤는지 숨을 할딱거리다/ 고개를 힘없이 떨구었다.

⑧ 불안 : 고양이를 케이지에 담아/ 이사 갔다.// 새로운 방안에서/ 이리저리 왔다갔다/ 서성거렸다.

⑨ 그리움 : 길양이 한 마리 우리 집을 찾아와 서성거렸다// 배가 고파 그러려니 밥을 챙겨주었더니/ 날마다 찾아왔다/ 태풍이 불고 난 후부터/ 발길을 끊었다.

2) 새 소재의 이미지 연습 사례

① 슬픔 : 잉꼬새 한 마리/ 죽었다// 짝 잃은 잉꼬새/ 꼼짝하지 않는다

― 「잉꼬새」

② 기쁨 : 곤줄박이/ 좋은 점괘// 야호

― 「곤줄박이」

③ 공포 : 솔개 발톱/ 잡힌/ 오목눈이// 벌벌 떨고 있다

7. 병치 기법

―「오목눈이」

④ 분노 : 빼앗긴 고향/ 아파트 자리// 베란다에/ 둥지 틀었다
―「황조롱이」

⑤ 허무 : 솔개/ 날개의 깃털을/ 뽑아내다
―「솔개」

⑥ 고독 : 돛대 끝에/ 앉아// 바다를 바라보는/ 갈매기 한 마리
―「갈매기」

⑦ 절망 : 달리는 자동차/ 유리창에// 부딪친/ 직박구리// 고개 떨구고 있다
―「직박구리」

⑧ 불안 : 둥지에서/ 떨어진 아기 물레새// 어쩔 줄 몰라 하는/ 어미 물레새
―「물레새」

⑨ 그리움 : 가을 제비// 제집 마당을/ 빙빙 돈다
―「제비」

◎ 연극시(형상화 연습)

　시의 이미지 훈련하고 나서 그중 하나를 선택하여 연극시로 꾸며서 시적인 형상화 연습을 해야 한다.

운수승(雲水僧)

김관식

탁발 나간
구름들
고갯마루 성황당 지나간다

늦가을
빈 옥수수 밭
띄엄띄엄
깡마른 옥수수단

밭둑길
서걱거리는
흰 억새꽃
울음 같은 노을

빈 바랑
긴 그림자
어디선가 개 짖는 소리

    주인공 : 운수승
    무대 : 공간적 배경-밭둑길
           시간적 배경-가을 저녁무렵
    조명 : 노을빛
    음향 : 개짖는 소리
    소품 : 억새꽃

7. 병치 기법

홍어

김관식

나합이 태어났다는 영산포
뱃길이 끊긴 뒤부터
홍어냄새가 코를 찔렀다.
포구 선창가 냉동 창고마다 항아리 가득한 홍어들
장맛비 질척거리는 홍어의 거리
쥐회색 우산들이 흘러간다
내장에서 갓 꺼낸 홍어애
한 사발의 막걸리
조껍데기 막걸리 한 사발
달그작작한 그 맛
그 맛은 나합을 떠오르게 한다.
부패한 조선 기생 나합을……

　　　주인공 : 홍어, 나합
　　　무대 : 공간적 배경-영산포, 냉동 창고, 항아리
　　　시간적 배경 : 여름
　　　조명 : 희미한 조명
　　　음향 : 빗소리, 발걸음소리
　　　소품 : 우산, 홍어애, 조껍데기 막걸리
　　　냄새 : 홍어 냄새

◎ 「산 벚꽃」을 객관적 상관물로 하여 자신의 정서 경험을 연극시로 형상화하여 표현한 사례

형상화 기초 실습(이미지 데생연습)

대상물 : (✓식물, 동물)(산 벚꽃   )

정서의 구분	정서 경험의 이미지화
슬픔	버짐/ 놀림받다. 봄비/ 눈물. 중중모리장단/ 멧새 소리
기쁨	산마을 호수가 피어있는 벚꽃, 물총새 날래짓, 바람에 떨어지는 꽃비, 햇살. 비린내
고독(외로움)	고독산 외딴집, 혼자 사는 산지기 기침 소리—까치 소리, 코로나 병동
허무	구경꾼 와글와글/ 사진 찍는다. 꽃잎 떨어지니/발길 끊겼다—공연끝난 무대
절망,✓실망	봄비, 봄바람, —벌들이 발길 끊음, 코로나 사회적 거리와 병치
분노	벼랑끝의 산벚꽃. 겨우 싹 틔우고 뿌리발, 비바람, 눈보라—휘청, 봄—못참겠다 분노폭발
공포(두려움)	관악산(서울대 상징) 벚꽃, 버찌 주렁주렁, 자식 뒷바라지 부모, 초록잎 빛더미, 가을 낙엽—빚 독촉장, 빈 몸뚱이, 겨울바람 —회초리(부모의 지식 학비 빚 독촉 공포 병치)
그리움	벚꽃과 뒷산에 묻힌 죽은 어머님 연상, 생전의 어머니 생활모습 드러냄. 벚꽃—어머니가 하고 싶었던 말씀, 저승 어미 안부 덕담
그 밖의 정서 : 오만, 혐오(증오), 질투, 경멸, 시기, 불안, 실망, 고통, 사랑, 존경, 기대감, 감사(고마움), 감격, 우월감, 승리감 등	

7. 병치 기법

형상화 기초 실습(이미지 데생연습)

대상물 : (식물, 동물)(   )

정서의 구분	
슬픔	
기쁨	
고독(외로움)	
허무	
절망, 실망	
분노	
공포(두려움)	
그리움	
그 밖의 정서 : 오만, 혐오(증오), 질투, 경멸, 시기, 불안, 실망, 고통, 사랑, 존경, 기대감, 감사(고마움), 감격, 우월감, 승리감 등	

산 벚꽃(기쁨)

김관식

산마을 호숫가
지렁이 길
산 벚꽃 피라미 떼
파르르
물그림자

낭떠러지
둥지에서
물총새 한 마리
날아올랐다

번뜩번뜩
출렁거리는
봄 햇살

살랑 바람
우르르 달려가는
꽃 비늘

비릿한 냄새
물큰 풍겼다

    등장인물 : 산 벚꽃, 물총새
    무대 : 공간적 배경-산마을 호숫가, 도로변
        시간적 배경-봄

7. 병치 기법

    조명 : 햇살
    음향 : 물총새 날아오르는 소리, 물결, 바람소리
    소품 : 피라미 떼, 물그림자,
    냄새 : 비린내

산 벚꽃(슬픔)

김관식

산머리
듬성듬성
산 벚꽃 버짐

봄비
훌쩍훌쩍

중중머리
해금 시나위
멧새
울음소리

    등장인물 : 산 벚꽃, 버짐, 봄비
    무대 : 공간적 배경—산머리
           시간적 배경—봄
    조명 : 낮
    음향 : 봄비 소리, 해금, 멧새울음

산 벚꽃(허무)

김관식

산 벚꽃
구경꾼들
날마다 와글와글

오메!
점점 커지는 눈동자
딱 벌어지는 입

보고 또 보고
찰칵찰칵

봄바람
꽃잎 모두
떨구어냈다

공연 끝난
무대
발길 끊겼다

    등장인물 : 산 벚꽃, 구경꾼, 봄비
    무대 : 공간적 배경―산
          시간적 배경―봄
    조명 : 낮
    소품 : 핸드폰
    음향 : 탄성,

7. 병치 기법

산 벚꽃(분노)

김관식

벼랑 끝에
부들부들
이 악물고 살아왔다

산새 똥 흙 수저
바위 틈 비집고
싹 틔우고
겨우겨우 뿌리 발

비바람 눈보라 휘몰아칠 때
휘청거리는
몸뚱이
조마조마

겨우내
참다 참다
더는 못 참겠다
가지마다 한꺼번에
쏟아놓은
하얀 만세소리

　　　　등장인물 : 산 벚꽃, 산새, 비바람
　　　　무대 : 공간적 배경-산, 절벽
　　　　　　　시간적 배경-봄
　　　　조명 : 낮

소품 : 산새 똥, 뿌리 발
음향 : 만세소리

산 벚꽃(공포심)

김관식

관악산 산자락
꽃잎 다 떨구고
버찌 주렁주렁

오직
자식 위해
검게 탄
부모 속마음

비바람 몰아치는 날
자식들 모두
가지에서 떠나갔다

이제 남은 것은
초록 빛더미만
무성해졌다

가을 되자
빚 독촉장
가진 것

7. 병치 기법

모두 빼앗기고
빈 몸뚱이만 남았다

매서운
겨울 회초리
윙윙윙
눈앞이 캄캄하다

    등장인물 : 산 벚꽃, 부모, 비바람 ,
    무대 : 공간적 배경-관악산
          시간적 배경-봄, 여름, 가을, 겨울
    조명 : 낮
    소품 : 버찌, 독촉장, 회초리
    음향 : 바람 소리

산 벚꽃(외로움)

김관식

고독산 고갯마루
외딴집
홀아비 산지기집
산벚꽃 흐드러졌다

콜록 콜록
기침소리
까악 까악
까치소리

산지기
산까치
산벚꽃

코로나 119
격리 병동
확진자

    등장인물 : 산 벚꽃, 산지기, 까치
    무대 : 공간적 배경—고독산 고갯마루, 외딴집, 격리 병동
          시간적 배경—봄
    조명 : 낮
    음향 : 까치 소리, 기침 소리

산 벚꽃(그리움, 사랑)

김관식

보고 싶었다
기다렸다

토요일 아침
까치소리

혹시나
너희들 올까 봐
푸성귀 반찬 장만해 놓곤 했다

7. 병치 기법

하루 종일
설레발레
동구 밖 눈길
역시나 였다

살아있을 때
가슴앓이
차마 하지 못 한 말
내가 잠든
산자락에 다 쏟아놓았다

저승 어미
안부 덕담
산 벚꽃이다

　　　등장인물 : 산 벚꽃, 까치, 어머니
　　　무대 : 공간적 배경―시골집, 산
　　　　　　시간적 배경―봄, 토요일 아침
　　　조명 : 아침
　　　소품 : 무덤, 푸성귀 반찬
　　　음향 : 안부 덕담

산 벚꽃(오만)

김관식

추운 겨울
벌벌 떨고 있을 때

아무도 찾아주는
친구 없었다

너무도
분하고
야속했다

이제야
하찮던 내가
친구로 보이니?

4월
온 세상
휘어잡고 보니
너희들 쯤이야

입 쫙 벌리고
침 질질
쳐다보는 너희들은
이제 조롱거리다

가소로운
산 벚 꽃잎
깔깔깔
날려 보낸다

        등장인물 : 산 벚꽃, 친구
        무대 : 공간적 배경—시골집, 산
            시간적 배경—4월

7. 병치 기법

조명 : 낮
소품 : 침
음향 : 웃음소리

8. 시의 제목 붙이는 방법

• 시제는 주로 시의 소재나 주제, 줄거리를 압축하는 명사로 붙이는 것이 좋다. 예) 백일홍, 코스모스, 고양이 등 식물과 동물 명, 주홍글씨, 감자, 계절 명, 지명, ○과○
• 시의 내용을 암시하거나 상징적인 것으로 궁금증을 유발하는 제목이 좋다.
• 분위기를 나타내는 것으로 시제를 잡을 수도 있다. 예) 달빛 고요.
• 매혹적인 것으로 제목을 붙일 수도 있다. 예) 안개의 유혹.
• 인상적인 것을 시제로 잡을 수 있다. 예) 압구정동에는 비상구가 없다
• 내용과 너무 동떨어진 것은 피해야 한다.
• 평범하지 않고 특색 있는 제목을 택하는 것이 좋다.
• 제목은 간결하고 선명한 것이어야 한다.
• 흥미를 끌고 매력적인 것으로 제목을 붙여야 한다.
• 절대로 장식적인 수사를 피하라. 예) 춤추는 낙지, 아름다운 백일홍, 하얀 눈
• 상투적인 시어, 관념적인 시어는 제목으로 좋지 않다. 시제가 관념적이고 뜻이 넓은 말을 붙이면 시의 내용은 구체적이어야 한다. 그러나 초보자들은 시제가 관념적이면 시의 내용도 읽으나 마나 관념적이다. 이러면 독자는 제목만 보고 시를 읽지 않는다. 시의 제목은 호기심과 궁금증을 유발할수록 좋다.
• 소재를 지칭하거나 시의 내용을 상징할 수 있는 구체적인 시어로 제목을 붙이면 무난하다.

8. 시의 제목 붙이는 방법

- 시제에 주제가 노출하거나 설명적인 시제는 좋지 않다. 예를 들면 '사랑', '행복' 관념어로 제목을 붙이면 뻔한 이야기이므로 제목만 보고 시를 읽으려 들지 않는다.
- 당연한 것을 당연하다고 말하는 장식적인 수사는 시제나 시의 내용에 들어가서는 안 된다.

  예) 하얀 눈, 파란 하늘, 푸른 새싹 등 당연한 색깔을 지칭하는 수식어는 절대로 사용해서는 안 된다. 눈이 하얗고 하늘은 파란 것은 당연하다. 그러나 검은 눈, 붉은 하늘, 등은 당연하지 않으므로 호기심을 자극한다. 왜 눈이 검지, 왜 하늘이 붉은지 궁금증을 유발하여 시를 읽게 되는 것이다. '해가 동쪽에서 뜨는 것은 당연하다.' 이런 시는 쓰나 마나다. '해가 서쪽에서 뜬다'라고 했을 때는 궁금증이 생기게 된다.

- 관념에서 벗어나 구체적인 이미지로 형상화하여 감각적으로 표현해야 한다. 우리가 다섯 가지 감각으로 사물을 인식하듯이 시의 표현도 다섯 가지 감각 상태로 표현해 주어야 독자에게 그 상황의 느낌을 환기시킬 수 있는 것이다.
- 시에서 행복, 소망, 슬프다, 기쁘다 등 관념적인 말과 한자투, 직접적인 정서의 표현은 않고 그러한 경험을 끌어와 구체적으로 보여 주면서 말해야 정서가 전달되는 것이다.

9. 습작기 시인의 일반적인 시 경향

1) 시를 수수께끼처럼 어렵게 써야 한다고 생각한다.
2) 무리하게 너무 많은 것을 담으려다가 초점을 잃어버린다.
3) 자연스러운 흐름에 따르지 않고 어색하다.
4) 피상적으로 사물의 겉모습만을 그리려고 한다.
5) 같은 어휘를 반복한다.
6) 상투적인 "세월", "그리움", "임", "미소", "그대", "사랑" 등의 사어를 즐겨 쓴다. 이런 상투적인 시어로 쓸 수 없는 사어를 쓰는 시인은 습작을 거치지 않고 무턱대로 시단에 뛰어든 사람들이 대부분이다.
7) 관념어나 추상어를 그대로 쓴다.
8) 자신의 주체할 수 없는 감정을 감탄사와 곁들여 마구 쏟아 낸다.
9) 고어투, 한자투를 즐겨 쓴다. 이런 시인은 나이가 많으신 분들이 뒤늦게 등단하여 활동한 분들이 많다.
10) 시가 인생의 지침서 같은 철학적인 개똥철학으로 명언이나 경구 등을 넣는 것을 시로 착각하는 시인이 있다. 시는 철학이나 과학 등 지식을 전달하는 것이 아니라 정서를 그림으로 전달하는 것이라는 현대시의 원리를 전혀 모르는 사람들이 이런 류의 시를 쓴다.
11) 우스갯소리, 개그맨이나 드라마, 영화 주인공의 명대사 같은 유행어 등을 남발하는 시인도 시를 전혀 모르고 쓰는 시인이다.
12) 행이나 연의 종결 어미가 통일되지 못하고, '―다', '―요', '―가', '―소' 등 중구난망이다.
13) 글자 수를 3자나 4자 등을 맞추어 정형적인 리듬에 빠져 시

9. 습작기 시인의 일반적인 시 경향

를 쓴다.

14) 의성어, 의태어를 지나치게 많이 쓴다.

15) 정서가 통일되어 있지 않다. 예를 들어 슬픈 이미지의 시인데 박수 치고 미소를 짓기 까지 하는 등 정서가 혼란스럽다.

16) 유명 시의 형태나 시 귀절을 일부 모방하거나 변형한다.

17) 시 쓰기보다는 무턱대고 발표하기를 좋아한다. 부끄러운 줄 모르고 발표를 일삼는다.

18) 시어의 한 낱말이나 구절에 주관적인 의미 부여를 한다, 객관성이 없는 시어에 매달려 헤어나지 못한다. 이는 머릿속에 있는 관념 상태를 이미지로 혼돈하여 자기 혼자 의미 부여하고, 남에게 설명한다. 시는 설명이 필요 없다. 해석의 몫은 독자의 것이다. 여러 가지로 해석이 되는 시가 좋은 시이다.

19) 당연한 것을 당연하다고 쓴다. 특히 색깔을 즐겨 쓴다. '하얀 눈'. '파란 하늘', '초록 이파리' 등 눈이 하얗고, 하늘이 파랗고, 나뭇잎이 초록색인 것은 당연하다. 당연한 색깔의 시어를 왜 넣는가? 시는 압축이어서 한자라도 불필요한 낱말을 줄여야 하는데 당연한 것들을 당연하다고 쓰는 시인은 시를 모르는 초보 시인이다.

20) 시는 정서의 전달이다. 기쁨, 슬픔, 허무, 고독 등의 정서를 전달함에도 정서와는 동떨어진 시어의 의미를 쫓아가며 언어의 의미 전달에 의존하여 시를 쓰는 사람은 습작기 시인이다.

21) 장황한 수식어가 많다. '~는 00', 행하나 또는 연 전체가 하나의 낱말을 꾸미는 구조로 '~너'라고 쓰는 시인은 시를 전혀 모르는 시인이다.

22) 시의 형상화를 모른다. 사물의 외형을 자기감정을 섞어 자기 기분대로 기술한다. 시는 독자들에게 읽히기 위해 쓴다는 전제를 망각하고 자기 기분 내키는 대로 장황하게 늘어놓는 것은 독자를 전혀 의식하지 않는 독선적인 행위이며 이는 마치 남에 대해서는 전혀 신경을 쓰지 않고 자신의 기분대로 지껄여 대는 술 취한 취객과

다를 바가 없다.

23) 묘사와 설명을 구별하지 못한다. 시는 묘사와 진술로 표현되는 것임에도 이를 무시하고 장황한 장식적 수사나 설명으로 시적인 분위기를 망친다.

24) 자신의 능력은 생각하지 않고 능력 밖의 문학상을 기대한다. 문학상이 인플레이션이 되어 시인이 되면 문학상으로 도배질한다. 상패, 꽃다발 장사들의 돈벌이에 도움이 되고 서민 경제 활성화에 기여할지 모르지만, 시적인 능력의 향상과는 거리가 멀다.

25) 등단을 시인 자격으로 알고 시 쓰기를 게을리 한다. 일 년에 고작 서너 편의 시를 쓰고 시인 행세하기를 좋아한다. 시 공부는 하지 않고 잘 쓰는 시인들 험담이나 늘어놓고 시를 자기 맘대로 엉터리로 해석하고 비판하며 유식한 척 떠들어 댄다. 바로 자기가 거짓임을 스스로가 자인한 결과다. 일고의 가치가 없는 시에 대해 언급하지 않으면 되는 데 굳이 왈가왈부하는 일은 시인으로서 자격 미달이다. 인간은 불완전하다. 따라서 이 세상에 완벽한 시는 존재하지 않는다. 노력하는 과정이 아름답고 가치가 있는 것이다.

맺음말

시를 바라보는 사람

　시인이 되려는 사람은 내면적인 심미감과 정신적인 가치를 존중하는 사람이다. 여기에 더욱 인간다운 삶을 살고자 하는 사람들이 시를 쓰게 된다. 하지만 고대 학자 중 플라톤은 『대화』 중 「향연」에서 "사람은 사랑할 때 누구나 시인이 된다."라고 말하며 시에 대해 부정적인 태도를 보였다.
　그는 『국가』를 통해 "시란 훌륭한 사람까지도 타락시킬 만한 힘을 지니고 있으며, 현실의 모방, 이데아 모방의 모방에 불과하다."라는 '이데아설'로 '시인 추방론'을 주장했다. 그가 주장하는 이데아란 현실 세계 밖에 있는 세계이며 모든 사물의 원인, 본질, 절대 관념으로 시간이 지나도 절대 변하지 않는 영원불변한 것을 말한다. 우리가 현실 세계에 존재하는 것이라 인식한 것들은 이런 이데아의 관념을 모방한 것이라고 보았다.
　따라서 플라톤은 시인을 모방만을 일삼는 자로 여겨 진리의 세계에서 두 단계나 떨어져 있는, 이상적인 생활을 저해하는 연민이나 두려움을 북돋는 죄를 범하는 자들로 깎아내렸다. 시는 신성 모독이며 인간 교육에 해로운 내용을 담고 있을뿐더러 허위적인 생각을 제시하여 올바른 행동을 하는 데 방해가 되는 것으로 시인을 이상 사회인 이데아에서 추방하여야 한다고 역설했다.
　이러한 주장들은 20세기 산업 사회에 직면하여 물질주의적 가치관에 의해 이와는 전혀 다른 새로운 국면에서 시인 추방론이 제기되고 있다. 정신적인 가치가 퇴색되고 물질주의적인 가치관이 팽배한 오늘날 시인의 역할은 절실하다. 하지만 진실한 속물적인 가치 지향의 시인들이 많아졌다. 물질적인 풍요로 인한 무분별한 시집 발간, 이를 부추기는 악덕 상인, 문학 단체의 감투 난립, 문학상의 남발로 이어져 시인 추방론을 가져오는 결과를 빚고 있는 것이 현실이다.

현재 500~600개의 문예지와 이들 문예지에서 배출하는 등단 제도에 의한 문인들의 수는 기하급수적으로 불어나고 있다. 문제는 시인으로서 자격을 갖춘 시인을 내보는 것이 아니라 문예지의 운영상 무조건 작품을 써 오면 등단을 시켜 무자격 시인들을 양산하고 있다는 데 있다.

이러한 문예지의 출현은 수많은 시인의 발표 지면을 충족시켜 주는 역할을 하는 중요한 매체 기능이기도 하지만, 한편으로는 존경받는 많은 시인은 물론 시에 대한 인식을 저급한 것으로 타락시키는 시의 속물화를 가져와 '시인 추방론'이 제기되고 있다.

시인이란 평생을 정신적인 가치를 지향하며 노력하는 인간다운 진지한 태도부터 갖추는 것부터 시작하여야 한다. 등단은 형식적인 절차에 지나지 않는다. 이제부터 시를 쓰겠다는 사회적인 공표 행위일 뿐이다.

시인은 이 시대의 진실을 말하는 양심가이다. 하지만 진실을 위장하기 위한 도구로 시를 쓰고 시 쓰기보다는 시인 노릇을 하기에 바쁜 시인이 많은 현실이 비참하다. 윤동주의 「서시」는 현실에 사는 우리에게 시인들이 가져야 할 자세를 노래하고 있다.

> 죽는 날까지 하늘을 우러러
> 한 점 부끄럼이 없기를
> 잎새에 이는 바람에도
> 나는 괴로워했다.
> 별을 노래하는 마음으로
> 모든 죽어가는 것을 사랑해야지.
> 그리고 나한테 주어진 길을
> 걸어가야겠다.
> 오늘 밤에도 별이 바람에 스치운다.
>
> — 윤동주의 「序詩」 전문

현대시 창작 방법과 실제
－시 창작 길라잡이

정가 21,000원

지은이   김관식
펴낸이   신기용
표   지
편   집   StoryFarmbook 송영미

2021년 7월 1일 초판 1쇄 발행

펴낸곳   도서출판 **이바구**
주   소   부산광역시 부산진구 서전로47번길 27, B자동 301호
전   화   010-6844-7957
등   록   제2020-000006호

ISBN 979-11-91570-04-5